U0636602

2014 年度国家社科基金项目结项成果（批准号 14BFX030）

法治建设指标体系的权利指数研究

尹奎杰　著

吉林大学出版社

·长春·

图书在版编目（CIP）数据

法治建设指标体系的权利指数研究 / 尹奎杰著.——长春：
吉林大学出版社，2021.10
ISBN 978-7-5692-9300-5

Ⅰ.①法… Ⅱ.①尹… Ⅲ.①社会主义法制－建设－评价指
标－研究－中国 Ⅳ.① G920.0

中国版本图书馆 CIP 数据核字（2021）第 223586 号

书　　　名：法治建设指标体系的权利指数研究

FAZHI JIANSHE ZHIBIAO TIXI DE QUANLI ZHISHU YANJIU

作　　　者：尹奎杰　著
策划编辑：朱　进
责任编辑：安　斌
责任校对：高珊珊
装帧设计：王　强
出版发行：吉林大学出版社
社　　　址：长春市人民大街 4059 号
邮政编码：130021
发行电话：0431-89580028/29/21
网　　　址：http://www.jlup.com.cn
电子邮箱：jdcbs@jlu.edu.cn
印　　　刷：廊坊市海涛印刷有限公司
开　　　本：787mm×1092mm　　1/16
印　　　张：17
字　　　数：270 千字
版　　　次：2022 年 1 月第 1 版
印　　　次：2022 年 1 月第 1 次
书　　　号：ISBN 978-7-5692-9300-5
定　　　价：68.00 元

版权所有　翻印必究

目 录

引　言

一、问题的由来

法治指标作为社会指标的一种,是在"社会指标体系运动"[①]兴起的背景下进入人们研究视野的。作为一种对法治实践质量和实际状况的研究与认识方法,法治建设指标体系旨在通过设定一定的与法治相关的评价指数和评估标准,对国家法治建设实践情况进行描述和反思,并通过这种描述和反思进一步促进和推动国家法治建设。正是从这个意义上来说,法治建设的指标体系在某种意义上就构成了法治评估的基本标准和尺度,这些标准和尺度涵摄了评估者对法治标准的一般认识和判断,反映了评估者对

[①]社会指标体系运动,兴起于 20 世纪 60 年代的欧美发达国家,后向世界范围延伸,一些国际组织、国家和地区纷纷将社会指标作为理论研究和实践操作的重要选择,使社会指标体系成为一种世界性的理论和实践潮流。其产生的根源是 20 世纪 60 年代前所形成的经济增长至上的发展战略遇到巨大挑战,单纯以经济增长来衡量社会发展的指标愈来愈不适应于社会发展的需求,各类社会、生态、文化问题成为决策者必须关注的问题。美国为衡量空间发展计划对于经济和社会的影响,在 1966 年出版了《社会指标》一书,强调制定社会指标必须从开放性、社会发展相关性等角度入手。其后,世界各地,尤其是经济合作与发展组织、联合国教文组织、联合国环境规划署等国际组织建构了生活质量指标体系、社会指标体系、环境质量指标体系,并将其诉诸实践,进而掀起了世界性的社会指标体系运动。社会指标体系运动反映出经济社会向综合性、开放性的方向发展的趋势,是人类经济、社会、生态协调发展的客观要求和必然结果。参见邓伟志:《社会学辞典》,上海:上海辞书出版社,2009 年版。

待法治的价值观点和基本态度,也在一定程度上呈现出评估者对法治发展和未来的期待想象。应当说,各种法治建设指标体系的设计既能体现这些指标体系设计者对法治的思想信念和理想认识,也能折射出社会上一般公众通行的法治观念和文化意识状况,是一定社会的经济文化发展程度在人们法治观念认识和法治实践效果上的反映。无论如何,指标体系都是设计者以一定主观的标准设计出来的,都与法治实践和法治现实有着一定的距离,但这种通过法治指标体系和各种具体法治指数的量化设计进行法治评估的做法,反映了设计者和实践者在法治建设上对未来法治社会的美好期许与价值认同,是被社会普遍接受的一种做法,它在一定程度上体现了效果评价的"倒逼"效应,使法治成为可量化、可评估、可视化的一种实实在在的治国方略,对具体的法治实践有着不可估量的实际效果和重要意义,它对法治建设实践的推动是有形的、积极的和正向的。尽管指标设计无论如何设计都可能存在着一定的误差或者模糊,但这种方法本身已经成为法治建设不可或缺的一环。

目前,国际上通行的与法治建设有关的国家治理指标体系的设计基本上是围绕国家权力运行的实际状况[①]展开的,通过对国家权力运行的法治

---

①当前国际上主要有四种与法治相关的国家治理指标体系:一是"世界廉政指数",也称为"全球清廉指数"(Corruption Perceptions Index,简称 CPI),是由国际上著名的非政府组织"透明国际"(Transparency International,简称 TI,全球著名非营利性反腐败组织)建立的清廉指数排行榜,这一指数体现了世界上各国商业领域的经营者、学术界的学者和一些有关专业的风险分析人员对世界各国政府存在的腐败状况的观察和认识。其设计的指标体系主要是法治建设中关注度最高的"清廉指数"和"行贿指数",这两种指数相互补充,清晰地呈现了各国政府中存在的贪腐现象和廉政状况,成为国际上比较受各国关注的法治评估的重要环节。二是"全球治理指数"(World Governance Indicators,简称 WGI),这一指标体系源于世界银行从 1996 年起连续发布《全球治理指数报告》,是围绕政府治理的有效性展开的一种指标评估方式。它的主要内容体现在更多的公众话语权与更强的政府问责、更高的政治稳定与更少的社会暴力、更高的政府效能、更高的管制质量、更完善的法治以及更少的腐败等六个方面。每年的《全球治理指数报告》,针对不同国家的法治状况进行评估,并计算出评估指数,进行排名后予以公布。在全球治理指数衡量的六大核心治理维度中,法治是特别重要的一部分。三是"易卜拉欣的非洲国家治理指数"(the Ibrahim Index of African Governance,简称 IIAG),它是由专门从事非洲研究的非营利、非政府组织"莫·易卜拉欣基金"设立的,目的在于为非洲国家政府的决策提供参考,增强非洲各国政府的执政能力,推动非洲国家的经济发展和政治改革进程而设计的,在塞内加尔首都达喀

状况的基本评价,反映一个国家法治建设的实际水平。这些指标主要是围绕立法机构、政府机构、司法机构等国家法治建设中相关立法权力、行政权力、司法权力的运行状况的统计展开,运用一定的算法,对不同的统计对象设定事件调查或者统计问卷,让一定数量的专业人士(专家学者等)和公众参与其中,力求最大限度地使统计样本具有代表性、全面性和权威性,使量化的统计过程最大限度反映法治建设实际情况。应当说,这些法治指标设计中一些变量数据的获得,主要是来自各种与法治建设实际相关的调查和事件统计的,调查和统计的对象包括了一些专业的法律人士和普通的社会公众。这些人既是法治评估的重要参与者,也在一定程度上构成了评估的主体,因为他们对国家机构依法行使权力状况的描述、分析与评判构成了法治评估指标体系的重要组成部分。当然,评估数据的最终统计是十分重要的环节,每项指数的最后分数都是通过一定的权重分配,并按照统计学上要求的线性计算方法加总后形成的,它蕴含着每项指数的实际信度、指数之间的相互协调性以及整体指标体系的评价稳健性等内容,它必须能够经受住外部的统计审查,以保障其评价的科学性、规范性和公信力,因此,各种有关法治评估的指标体系,都能比较体系化地解释法治的量化问题,尽管评估在实践中存在着各种调查、取样不充分的实际问题,但是各种评估都在实践中不断改进调查取样方式,丰富、拓展和深化调查取样的范围、领域和内容,使调查能够全面、客观和更加真实。可以说,这些评估,不但在指标设计方面对于反思国家推进和建设法治的实际情况有所裨益,而且,在法治评估调查过程及评估结果的反馈中,也极大促进了国家机构在权力行使方面的法治化与规范化。并且,它也对促进国家机构以外的社会

(上接第 2 页注释)

尔公布。其主要指标包括以下四项内容:安全和法律治理,公众参与和人权,人力资源发展,以及经济可持续发展。四是"世界正义工程"(World Justice Project,简称 WJP)法治指数(the Rule of Law Index),"世界正义工程"基于实证化的法治理论和统计指数方法论,对法治理论进行了概念化和操作化界定,发展出了评估法治效果的因子体系和具体变量,目前可以测量法治的九个方面:"有限的政府权力""腐败的缺席""开放的政府""基本权利""秩序与安全""监管执行""民事司法""刑事司法"和"非正式司法"。

组织和公众等提升参与法治建设的主动性、积极性有所裨益,这使得法治评估不单纯地成为一种量化评估机制,而成为国家法治建设和社会法治文明形成的重要组成部分,成为影响包括国家机构工作人员和所有社会公众在内的一切主体在法治国家推进中法治观念生成、法治意识统一、法治诉求表达和法治认同一致的重要举措,是构成整体国家法治建设不可或缺的重要组成部分。

我国现行《宪法》在1999年修正案中,明确把"实行依法治国,建设社会主义法治国家"的治国方略写入宪法,并随着国家治理现代化和法治化进程的不断推进,把它作为国家治理现代化进程中"四个全面"战略布局①的重要组成内容之一。这一治国基本方略的确立,表明了在中国共产党领导下,把党的法治意志和法治观念上升为国家意志,并通过《宪法》修正案确定下来,为推进国家治理体系和治理能力的现代化目标明确了宪法依据,确定建设方向,正是从这个意义上,法治构成了国家治理现代化实现的重要目标、途径、方略和方式,是实现国家治理现代化的重要标志。

在推进国家治理现代化和法治化的过程中,我国一些地方也推出了以地方法治评估方式评价法治建设的做法。例如,浙江省杭州市余杭区作为最早推行这一做法的地方在推动法治建设方面取得了一定成效,其他地方也相继推进了各自的地方法治评估,通过立法后评估、法治政府建设的绩效评估等方式开展相应的法治评估工作,通过这种方式推动和促进法治建设。概括起来看,目前我国法治建设中有关评估指标体系的具体工作和做法②主要可以划分以下四种方式③:

第一种方式是"学者型"的法治评估。它主要依靠一些学者、专家的力

---

① "四个全面"战略布局即"全面建成小康社会、全面深化改革、全面依法治国、全面从严治党"。

② 也有学者把法治评估以评估开展是否独立进行为标准划分为:"附属的法治评估"和"独立的法治评估"两种类型,又从评估方法上把法治评估划分为"定量评估""定性评估"和"综合评估"三种类型。参见孟涛:《国际法治评估的种类、原理与方法》,载《清华法治论衡》,2015年第2期,第345—346页。

③ 以下四种方式参见尹奎杰:《我国法治评估"地方化"的理论反思》,载《东北师范大学学报》,2016年第6期。

量对一个地方的法治建设状况和发展水平进行评价,并通过这种评价反思现有法治建设的实践水平以及存在的问题,从而推动和促进当地的法治建设。这一方式的评估一般是由政府主导,但主要是由学者来推动和实践展开的,因此被称为"学者型"的法治评估,其评价过程中运用的法治建设指标体系也带有鲜明的学者化色彩。例如这一评价方式最早来源于美国的一位学者伊万(W. M. Evan),他在 20 世纪 60 年代末研究设立了一个包含有 70 项指标的法治指标体系,这一指标体系被视为是最早的法治评估指标体系[①]。在我国,这一评估方式被一些学者借鉴过来,进行了一定的完善和改造,进而形成了中国的"法治实践学派"[②],对于促进中国法治建设和法治理论研究有着重要影响和意义。从这种评估方式的基本方式来看,它主要是以"量化"的方式建立可观测和可描述的法治指标,学者们依据上述指标进而建立起对法治建设实际情况的观测系统,并据此形成对法治建设状况的评价和判断,进而影响政府的法治建设工作。

第二种评估方式是所谓"绩效型"的法治评估,它主要是通过对立法机关、行政机关、司法机关等行使国家立法权、行政权、司法权等方面的"绩效"进行专项评估。如我国一些省市开展的立法后评估实际上就是对

---

①这一指标体系中涉及法律方面的指标主要有:每 1000 人口的法律学生数;每 1000 人口的法律教授数;每 1000 人口的律师数;每 1000 人口的立法数;离婚率;自杀率;违法率。参见朱景文:《现代西方方法社会学》,北京:法律出版社,1994 年版,第 43—45 页。

② 2012 年,"中国法治实践学派"的概念最先由钱弘道教授提出。钱弘道教授认为,进入 21 世纪以来,中国的法学界至少出现过三种法治理论的研究模式。一是"经院式",静态地诠释法治。二是"批判式",认为知识分子的使命就是"批判",对法治实践中面对的问题进行学者式的"批判"和反思,以求完善法治实践。第三种是"实践式",就是通过积极参与中国法治实践的方式实现学者的贡献。对于第三种模式,钱弘道教授指出,它可以用一个词来概括,即"中国法治实践学派"。这个学派强调学者与政府、社会各阶层协同创新,共同推动中国法治发展。2013 年,《中国社会科学报》和《光明日报》邀请学者专题讨论中国法治实践学派和法治指数。同年,《浙江大学学报》(人文社会科学版)推出"中国法治实践学派及其理论"专栏。从 2014 年开始,《中国法治实践学派》文集不定期出版,旨在成为推进该学派发展的学术平台。2015 年,《中国社会科学》《新华文摘》《中国社会科学文摘》等刊物分别发表或转载与中国法治实践学派内容相关的论文。时至今日,"中国法治实践学派"已然成为一个受到广泛关注并引起热烈讨论的学术话题。

立法的绩效进行的法治评估,另一些省市对司法机关的司法状况进行的案件质量评估可以看作是司法权执行的绩效评估;而一些地方政府推行的法治政府评估或法治城市评估①等,则可以看作是政府法治状况或者政府依法行政方面的法治绩效评估。这些评估一方面可以看作是立法、行政或者司法机关对本机关推进法治建设水平的质量评价,也可以看作是一种判断地方国家权力机关在运用相关国家权力,实现地方治理法治化的绩效状况的法治考核,它在某种程度上也会成为判断地方法治建设业绩的一个重要方面。

第三种评估方式即在社会第三方主持下推行的"社会型"法治评估。这种评估方式以世界银行的"世界正义工程"评估(The World Justice Project,简称 WJP 体系)的法治评估为典型。在"WJP 体系"的评估指标形成过程中,主要依靠的是社会上独立的第三方的力量开展的。它是由美国律师协会的前主席威廉·纽康姆创立的一个非营利组织为评估主体,所有的评估活动主要依赖于这个组织来推进,包括指标体系的设计以及评估程序的开展等等,特别是评估报告的做出,最终也要由这个组织来实现。事实上,"WJP 体系"在推广的过程中,涉及了许多国家与地区,其具体的评价标准也几经变化,其指数也经过了不断的调整、完善和修订,呈现了一个从简单到复杂的过程。②

第四种方式的评估是法治"风险评估"。这一评估方式带有很强的针

---

①这一评估始于 2008 年,由司法行政系统启动,最初是导源于 2008 年全国普法办和司法部创建法治城市、法治县(市、区)评选活动,司法部出台了《全国法治城市、法治县(市、区)创建活动考核指导标准》,在此基础上,各地形成了地方法治城市考核的评估体系,比较有代表性的是《成都市创建全国法治城市考核评估指标与测评操作体系(试行)》。该指标体系包含了党委依法执政能力、地方法制建设、依法行政、司法公开公正、公民法治意识、市场秩序、法律服务、依法治理、法治监督等方面的 8 项一级指标、72 项二级指标、216 项三级指标。参见戢浩飞:《量化法治的困境与反思》,载《天津行政学院学报》,2014 年第 7 期,第 66—67 页。

②这一评估所形成的指数报告,在 2014 年的指数中包含了 4 个普遍原则、9 项主要因素和47 项具体指标,覆盖了 99 个国家的所谓法治的"操作化解释"。根据这一组织的报告,该指数主要用以描述法治的以下几个基本目标:即限制政府权力、根除腐败、开放政府、基本权利、秩序与安全、监管执法、民事司法、刑事司法、非正式司法等方面。

对性,主要是针对在法治实践中的重大决策领域、重大突发事件涉及的风险问题,为防范出现相关风险而进行事先评估。这些领域涉及了安全生产、食品药品安全、资源及能源利用、环境卫生安全等领域。①对重大决策和重大突发事件进行"风险评估"有一定的法律依据,其相关的法律依据有:2007 年公布施行的《突发事件应对法》第 5 条,明确了建立"重大突发事件风险评估体系";2009 年公布施行的《食品卫生法》则规定了国家要建立"食品安全风险评估制度",对食品、食品添加剂中存在的生物性、化学性和物理性危害要进行一定的风险评估;2010 年国务院出台的《关于加强法治政府建设的意见》则要求完善"行政决策风险评估机制",不但政府在推进法治建设过程中做出的各项决策要进行事先风险评估,而且政府出台的各种规范性文件也要进行风险评估,包括社会风险、法律风险等方面的评估,这些都是对法治建设进行"风险评估"的制度基础和法律依据。

当前我国国内的有关法治评估的具体做法,体现了当前法治建设要求的方方面面的内容,从宏观上反映了我国法治的实际情况,目前学术界对这些指标体系的研究,也主要是从如何从宏观上完善这些指标体系,以及在实践中如何进一步强化指标体系设计的可操作性、样本和调查的全面性、代表性和信度方面着手进行的。相关理论研究缺少一定的价值反思和理论反思,特别是缺乏从权利视角对法治评估指标体系设计的理论反思。本课题研究正是带着这样的思考和疑问,拟定从权利的视角来反思和评判当前法治建设指标体系设计的有关问题,试图从权利的角度完善我国法治建设指标体系设计问题,以期对法治建设的实践有所裨益。

①风险评估(Risk Assessment)是指,在风险事件发生之前或之后(但还没有结束),对该事件给人们的生活、生命、财产等各个方面造成的影响和损失的可能性进行量化评估的工作。即风险评估就是量化测评某一事件或事物带来的影响或可能的损失程度。

二、选题的价值和意义

从总体而言,对法治建设指标体系中的权利指数问题进行理论研究,实际上是要通过选取法治建设的某个微观视角来反思法治评估实践问题的一种理论努力,是通过运用权利的理论来反思法治实践理论,以权利的指数设计和评价标准丰富和拓展法治指标体系的一种理论尝试。这一努力和尝试不是要在理论和实践上否定当前各种法治建设指标体系和评估做法的,恰恰相反,这一努力和尝试是为了丰富和深化法治建设的细节和内容,了解当前法治评价中存在的指数不完备的状况,以期完善和拓展法治建设指标体系的内容、方式与标准,拓展和提升法治建设指标体系的价值导向与实际效果。因此,这一研究不是简单的理论否定式的,而是以发展法治评估实践和相关理论为导向的,概括起来看,这一研究可能存在如下的理论价值和实践意义。

(一)本研究的理论价值

从理论上来看,本课题研究可能存在以下三个方面的价值:

一是尝试着深化和丰富中国特色社会主义的法治理论以及权利理论等方面的理论研究。应当说,中国特色社会主义的法治理论和权利理论,都是中国特色社会主义法学理论体系的重要组成部分。本研究主要是通过对实践中法治建设指标体系的权利指数进行研究和分析,总结中国特色社会主义的法治建设过程中的实践经验,概括法治建设在量化方面的经验,特别是要把权利问题研究与法治建设指标体系研究结合起来,形成以权利标准为关照的中国法治建设指标体系的新视角,丰富中国特色社会主义法学理论的研究。

二是推动法治建设指标体系设计中相关标准的完善。当前,有关法治建设指标体系的理论主要是建立在法治的一般理论、国家权力运行的结构理论、廉政与反腐败的一般理论、治理效能理论、风险评估理论等理论基础之上的,这些理论基础构成了法治建设指标体系设计的总体指导思想和理论基础,成为设计和指导法治指标体系设计与数据评判的一般标准。但这些标准在某种程度上缺乏更为深入的权利的理论视角,需要进一步拓展和深化。

三是提升法治评估指标体系研究的反思向度和方法论导向。权利具有批判性和建设性的双重功能,作为一种批判性的力量,权利成为反思国家权力、评判国家权力合法性与正当性的重要标准;作为一种建设性的力量,权利也是完善国家权力机制的内在力量,一切"权力来源于权利,权力服务于权利,权力应以权利为界限,权力必须由权利制约"①,权利的建设性赋予和强化了法治建设中如何培育、滋养和锻造合格的法律上的主体。法治的真谛是人权,就是人的权利的最终实现是法治的真正目标。在新时代中国法治建设过程中,法治中国的真谛是要实现"以人民为本位"的所有人的权利、实现每个人的权利,并通过这种权利化的方式推动立法的科学化和民主化、执法与司法的公正化,有利于实现执法与司法的公平正义,使人们正当的权利能够得到执法和司法的保障与维护,从而构建"以权利为中心"的法律制度体系、文化共识体系和社会生活体系,并通过权利、运用权利来评价现有的法律制度体系、法律实施体系、法律监督体系、全民守法体系,使权利成为衡量法治建设水平的标准和尺度。②

（二）本研究的实践意义

从实践上来看,本课题的研究可能在实践层面上具有以下三个方面的意义:

一是明确法治中国建设的目标和方向。法治的真谛在于人权,权利既是法治的主要内容,也是法治的价值目标和评价标准,它是衡量国家政治文明、社会文明和法治文明的标尺。因此,这一研究有助于升华中国的法治

①张文显:《法哲学范畴研究》(修订版),北京:中国政法大学出版社,2001年版,第396页。
②尹奎杰:《谈权利的建设性》,载张文显主编:《思想与修辞:法学范畴与法理研究学术研讨会全实录》,北京:法律出版社,2018年版,第163—167页。

建设水平,为法治中国建设提供顶层设计的具体标准和目标方向,拓展和丰富法治中国建设的实践空间,为法治中国建设过程中权利的保障和权利实现提供支持。

二是丰富和完善法治建设实践的具体内容和展开方式。权利是法治的核心要义和基本的价值指向,一切法律活动和法治目标,最终是为了实现人民的利益和权利。法治建设指标体系的设计也离不开这一重大的实践要求,以回应人民对美好生活的基本愿望和基本诉求,提升法治的内在质量,可以说,公民的权利质量已经成为法治质量的重要内容。这一研究,从现实的意义上来说,它不但可以促进公民在宪法和法律规定的法定权利方面质量的提升,例如与公民对于生命、安全、财产、尊严、自由等基本价值需求相适应的制度供给质量的提升,而且也可以推动包括这些法定权利在现实转化中的得以满足公民上述需求的其他法治资源与社会资源配置的质量的提升。①

三是推动法治建设指标体系和考核标准的科学化。建立科学的法治建设指标体系和考核标准,出发点和落脚点是实现人民当家作主,保障人民的基本权利,从而发展和完善中国特色社会主义制度,以实现国家治理体系和治理能力的现代化,实现中华民族伟大复兴的中国梦。把权利指数融入法治建设指标体系,有助于坚持尊重和保障人权的法治目标,有助于构建具有中国特色、中国风格、中国气派的法治指标体系和考核标准,增强中国法治在国际社会的影响力。

①参见任瑞兴:《法治中国建设中的公民权利质量》,《中国社会科学报》,2018年4月24日。

三、国内外研究现状评述

近年来,国内学术界围绕法治评估、法治指标体系、法治指数等问题的研究,主要体现在以下几个方面:

(一)在法治评估相关的理论研究方面

在国外推行的各种各样的法治评估中,形成了有关法治建设指标的目的、范围、标准、方法(Johnson,Teddi Dineley,2010)及如何应用这些指数(Boettke,Peter,Subrick,J. Robert,2003)的一些颇具启发意义的研究,形成了相关的理论研究成果。而在国内,学术界对法治评估问题的研究,开始于浙江省杭州市余杭区的"余杭法治指数"实践的理论需要,学者们首先从引介国外法治评估的相关理论和实践经验入手,相继研究了法治评估、法治指标体系及法治指数设计的相关理论问题。例如有学者分别介绍了英国、美国和世界法治指数的经验及对中国法治实践应用的借鉴意义和启示①,研究了世界法治指数的缘起与流变②;并进一步探讨了中国法治评估指数设计的理论问题③,包括法治评估中依法行政与评估主体的选择问题,法治评估的范畴问题,认为其包括了法治评估的内涵、价值和类型三个

---

① 黄良进、曹立锋:《英国政府绩效评估法治化历程对我国的启示》,载《福建论坛》(人文社会科学版),2008 年第 11 期,第 143-145 页;黄良进,肖松:《美国政府绩效评估法治化:历程、特点与启示》,载《学术界》,2009 年第 3 期,第 282—287 页;钱弘道等:《法治评估及其中国应用》,载《中国社会科学》,2012 年第 4 期,第 140—160,207—208 页。张保生、郑飞:《世界法治指数对中国法治评估的借鉴意义》,载《法制与社会发展》,2013 年第 6 期,第 3—13 页;俞伟飞:《法治指数中国化应用的探索与思考》,载《成都行政学院学报》,2013 年第 6 期,第 93—96 页。

② 鲁楠:《世界法治指数的缘起与流变》,载《环球法律评论》,2014 年第 4 期,第 118—133 页。

③ 章友德、张伟:《论依法行政的评估主体选择》,载《西华大学学报》,2010 年第 1 期,第 83—85 页。

基本范畴①；从法理学角度反思了地方法治评估路径设计的限度问题②；深入探讨了法治指数设计应当思考的思想维度③。

实际上，从法治评估实践伊始，学者们就深入研究法治建设指标体系设计的相关理论问题，强调对法治建设指标体系设计的评估实践应当具有一定的理论批判和反思意识，应当深入研究法治建设指标体系的特性与功能④，认为"反思性地思考地方法治指数的法治的法理逻辑，深入挖掘其理论渊源，有助于从方法维度更有针对性地优化和改进法治指数，也有助于从路径向度理性而稳妥地推动地方法治指数的有益尝试"⑤。并主张法治指标体系建设应当注重法治的价值回归⑥；论者注意到，法治评估之于中国的法治实践而言，"法治评估是法治实践的最新形态，简约而坚定的法治主义立场是法治理论与实践有效对接的桥梁"。主张"建构中国特色社会主义法治体系，建设社会主义法治国家总目标的实现，任重而道远，关键在于法治理论的践行"⑦。

同时，学者们也强调，法治评估既有普遍性也有特殊性。为此，2014 年

---

① 有学者认为，法治评估的内涵包括：评价主体目的性活动；法治评估手段是运用评估、评价和测量的方法；法治评估的核心在于作出事实判断和价值判断。法治评估的理论价值包括：风险社会对法治评估的外在要求，法治的既有困境对法治评估的内在要求，信息技术为法治评估提供的技术手段。法治评价的具体类型包括指标观测导向的法治评估、影响评价导向的法治评估、风险评价导向的法治评估。参见黄辉：《法治评估的范畴：内涵、价值和类型》，载《江西社会科学》，2018 年第 4 期，第 169 页。

② 倪斐：《地方先行法治化的基本路径及其法理限度》，载《法学研究》，2013 年第 5 期，第 63 页。

③ 侯学宾、姚建宗：《中国法治指数设计的思想维度》，载《法律科学》，2013 年第 5 期，第 3—11 页。

④ 张德淼：《法治评估的实践反思与理论建构——以中国法治评估指标体系的本土化建设为进路》，载《社会治理法治前沿年刊》2014 年年刊，第 75 页。胡兴儒、林必恒、徐汉明：《论法治建设指标体系的特性与功能》，载《社会治理法治前沿年刊》，2014 年年刊，第 11—24 页。

⑤ 张德淼、康兰平：《地方法治指数的理论维度及实践走向》，载《理论与改革》，2014 年第 6 期，第 131 页。

⑥ 金善达：《法治指数评估的制度建设研究》，载《福建法学》，2014 年第 4 期，第 14 页。

⑦ 张志铭、徐媛媛：《法治宣示：文本、立场与实践》，载《中州学刊》，2014 年第 12 期，第 11 页。

5 月 24 日,由中国人民大学法律与全球化研究中心、*Frontiers of Law in China* 杂志社和国家社科基金重大项目"法治评估创新及其在中国的应用研究"课题组,在中国人民大学法学院联合主办了"法治评估:普遍性与特殊性"的国际学术研讨会,来自中国内地、澳门特别行政区,以及日本、韩国和美国等国家和地区的学者共同探讨了法治评估的普遍性与特殊性问题。从理论上来看,正如有学者指出的那样,"客观与主观""封闭与开放""特殊与普遍"之辨是地方法治定量和法治评估中的三对基本矛盾,"法治指数是一种技术、一种工具,因此,地方法治评估过程中需要理性看待评估,突出地方特色,同时最大限度扩大公众参与"①。

但是,在注重法治特殊性或者地方化要求的同时,也"需要对法治概念和评估指标体系进行理论反思。从理论上说,现代法治概念包含了制度或者治理层面、观念层面和文化层面三个方面的基本含义。地方法治评估体系缺乏从法治文化高度上推行法治设计的整体思路,需要从宪法至上、程序正义和权利本位三个文化要求和价值指数对其进行重构和引导"②。

与此同时,学者也注重从理论上重新认识和挖掘国际法治评估存在的问题,研究了国际法治评估的种类、原理与方法③,探讨"世界正义工程"组织推行的法治指数背后的基本思想方式和理论基础,揭示这一量化法治工具对实际法治建设的影响。在这个过程中,学者们深入挖掘法治评估的"正当性问题",认为有必要对已有的法治评估实践中的"评估正当性"进行理论上的"拷问",提出了在"治理正当性评估"基础上构建出"法治评估正当性"的基本框架,主张从是否符合"善治"这一共同利益、是否由有能力的可靠的人担任评估主体、评估活动是否存在独立性和自主性、所采取的评估方法是否行之有效以及评估是否公开民主等五个方面对法

---

① 周尚君、彭浩:《可量化的正义:地方法治指数评估体系研究报告》,载《法学评论》,2014 年第 2 期,第 117 页。

② 尹奎杰:《法治评估指标体系的"能"与"不能"——对法治概念和地方法治评估体系的理论反思》,载《长白学刊》,2014 年第 2 期,第 63 页。

③ 孟涛:《国际法治评估的种类、原理与方法》,载《清华法治论衡》,2015 年第 2 期,第 342—367 页。

治评估的"方法正当性""过程正当性"和"结果正当性"进行全面审视，并且认为，我国提升"法治评估正当性"的基础在于"理清法治定义""尊重法治规律""保持可以测与应当测的平衡"、创建政府"主动性辅助"评估原则、促进多元主体共同评估模式，以及建立以"方法—过程—结果"为主线的法治评估"元评估"机制。[①]

在深化法治评估的理论研究的过程中，学者们开始概括法治评估的不同模式，认为法治评估存在"两种话语模式"的分化，一种"话语模式"是所谓"以治理功能为核心的实验主义治理理论"，而另一种"话语模式"是所谓"以管理功能为核心的公共行政管理理论"。这两种"话语模式"或者评估模式在"方法""目标""主体"和"后果"上均存在着"结构性的差异"，主张必须严格区分两种评估模式，通过区隔和整合的方法建立"二阶性""一体化的"法治评估体系，以实现法治评估效果的最佳化[②]。

可以说，不同的方法论是导致法治评估指标体系产生差异的主要原因。若要反思法治评估指标体系存在的问题，应当首先从方法论入手。有学者深入分析了量化法治过程中存在的这一方法论上的问题，指出"量化法治评估仍面临着方法论的社会建构与科学表征的二元悖论问题"，主张引入"元评估"以期从理论自洽和实践优化的角度探究法治评估反思性难题的破解，同时也为相关研究提供批判和反思的视角[③]。

也有学者认为，"量化法治是有助于政府和法院对照既有的法治标准寻找差距的，它可以为法治社会的建设找到一定的着力点"，"从社会学角度而言，对地方法治评估实践进行反思，这些具体的实践操作方案在定性问题和定量问题的处理方面都存在一些值得改进的地方"[④]。为此，学者指

---

① 王朝霞：《法治评估正当性的拷问》，载《东南法学》，2015年第2期，第39页。

② 钱弘道、杜维超：《法治评估模式辨异》，载《法学研究》，2015年第6期，第50页。

③ 康兰平：《表征与建构：量化法治评估的方法论之争及其实践走向》，载《理论与改革》，2018年第1期，第154—157页。

④ 郑智航：《中国量化法治实践中的定性与定量——以地方法治评估实践为研究对象》，载《东北师大学报》，2016年第6期，第90—92页。

出，"定性研究与定量研究是社会科学研究的两种基本方法。这两种方法在理论基础、研究逻辑、研究方式和价值问题处理等方面都存在较大差异。但是，这两种方法并非完全对立，而是互补互惠的。中国量化法治实践必须将定性研究与定量研究结合起来，并在此基础上按照相应的研究逻辑、研究方法、关注的重点等来展开。从定性上讲，各个地方应当首先确定法治的基本价值目标，并在此基础上细化出具有可操作性的法治概念。从定量上讲，各个地方应当进一步加强问卷调查、数据分析、信度提升等方面的能力。"[1]也有学者主张从"理论根基的夯实、评估方法应用的实践场域、元评估方法的引介与推广以及渐进实验的反馈修正机制的开放式应用等内容展开"，强调"中国量化评估方法研究应当坚持实验主义的方法论框架和发展理念，在渐进试错和现实磨合中逐渐发挥其实际效能，探究本土化的法治评估道路"[2]。

另外，法治评估在价值取向上也存在着"绩效主义"[3]"地方化"[4]等取向，存在着"法治"与"评估"的双重困境[5]，学者们主张引入"大数据评估"[6]"层次分析方法"的运用[7]，以及完善法治评估主体程序的模式[8]等

---

[1]　郑智航：《中国量化法治实践中的定性与定量——以地方法治评估实践为研究对象》，载《东北师大学报》，2016年第6期，第90—92页。

[2]　康兰平：《中国法治评估量化方法研究的龃龉与磨合》，载《东北师大学报》，2019年第1期，第93页。

[3]　尹奎杰：《法治评估绩效主义逻辑的反思与重构》，载《社会科学战线》，2018年第2期，第227—229页。

[4]　尹奎杰：《我国法治评估地方化的理论反思》，载《东北师大学报》，2016年第6期，第76—82页。

[5]　王勇：《论法治评估的功能局限与实践定位——基于"法治"与"评估"的双重困境》，载《中国法律评论》，2018年第3期，第152—158页。

[6]　杜维超、钱弘道：《大数据方法在法治评估中的应用：理论前景及技术架构》，载《社会科学战线》，2018年第12期，第192—195页。

[7]　云泽宇：《基于层次分析的法治政府评估研究》，载《管理观察》，2018年第29期，第30页。

[8]　王凤、尹奎杰：《转型时期法治评估主体模式的不足与完善》，载《行政与法》，2017年第8期，第37—38页。

观点,以"系统思维""公众思维""辩证思维"和"规范思维"完善法治评估①,也有学者主张要把社会主义核心价值观引入法治评估程序②,甚至有学者主张法治评估的多元化取向③。

（二）在地方法治指数的经验介绍、总结与推广延伸方面

早在 2005 年,国家发展和改革委员会能源研究所的张魁兴教授就在《宁波经济》杂志中撰文,提出我国地方城市建设中公布城市文明指数的过程中,缺少"法治指数"这个问题,认为作为全国首个公布城市文明指数的深圳市,缺少对法治指数的关注。④

在地方法治建设的过程中,率先公布地方法治指数的是浙江省杭州市余杭区。作为全国法治指数建设试点的地方政府,余杭区取得了宝贵的法治指数建设经验,其公布出来的有关法治状况的数据,成为学术界研究和关注的热点。钱弘道教授率先介绍了余杭法治建设中法治指数设计的实践,对余杭法治指数进行了系统全面的总结。⑤

除余杭区以外,国内其他地区也相继开展法治指数设计和研究。占红丰、李蕾提出了中国构建有国际竞争力的民主、法治指数的思路⑥；也有学者概括了贵州省地方法治环境生成过程中的指标体系设计情况,详细罗列、描述了贵州、湖南、襄阳、福建、邵阳、上海、昆明、河北等省市的法治指

---

① 张霞:《以科学思维完善法治评估》,载《人民法治》,2019 年第 5 期,第 52—55 页。

② 马陇平:《论社会主义核心价值观引入法治建设的途径》,载《兰州文理学院学报》,2018 年第 4 期,第 52—57 页。

③ 王浩:《论我国法治评估的多元化》,载《法制与社会发展》,2017 年第 5 期,第 5—23 页。

① 在深圳市公布的全国首个城市文明指数中,包括:"关爱指数、幸福指数、人文指数、安全指数、诚信指数、环境指数、廉洁指数"等 7 个一级指标和"福利彩票销售额、科教文卫事业费占财政支出比重、追回欠薪数、绿化覆盖率"等 75 个二级指标。张魁兴:《为何文明指数独缺法治指数?》,载《宁波经济》(财经视点),2005 年第 6 期,第 14 页。

② 钱弘道:《余杭法治指数的实验》,载《中国司法》,2008 年第 9 期,第 60—65 页；钱弘道:《2008 余杭法治指数:数据、分析及建议》,载《中国司法》,2010 年第 3 期,第 33—41 页；舒泰峰、赵春丽:《余杭首尝"法治指数"》,载《浙江人大》,2008 年第 6 期,第 22—25 页。

③ 参见占红丰、李蕾:《初论构建中国的民主、法治指数》,载《法律科学》,2012 年第 2 期,第 47—54 页。

数的情况①；受"法治余杭"的启示和影响，一些高校和研究机构开始关注法治指数对地方经济发展与政府法治建设的作用和影响，提出要建设相应法治指数的设想。②另有学者从总体上概括了中国地方法治指数的经验，强调法治指数是判断、衡量一个国家的法治状况及其程度的量化标准和评估体系。地方法治作为国家法治原则在地方上的具体表现和实践上的微观创新，如何建构出既符合国家法治标准也符合地方法治特色的建设指标体系，对于中国法治的科学发展具有重要意义。③这些地方法治指数的经验总结为法治建设实践的推进提供了良好的实践样本，也为法治评估的理论研究提供了重要的实证材料。

　　在地方法治指数研究的过程中，学者们不单纯从整体上研究法治指数的设计安排，也有学者把视角投到社会治理法治建设的评估上来，有学者研究了环境保护、烟草、水利、互联网金融、信访等领域的法治指数应用问题④，

---

①　张帆、吴大华：《论我国地方法治环境生成评估指标体系的设计——以贵州省为例》，载《法制与社会发展》，2013 年第 3 期，第 32—38 页；赵庆华：《论法治湖南建设评价》，载《法治湖南与区域治理研究》2011 年第 3 期，第 93—99 页；《襄阳首评"城市法治指数"》，载《领导决策信息》，2012 年第 32 期，第 21 页；金崇保：《襄阳市法治城市建设的探索与实践》，载《社会治理法治前沿年刊》，2014 年年刊，第 130—135 页；丁黄锴：《福建省法治建设测评指标体系的优化研究》，福建农林大学 2014 年硕士学位论文；范茜：《邵阳市法治建设测评指标体系的优化分析》，载《法制博览》，2017 年第 15 期，第 65—66 页；姚颉靖、彭辉：《上海法治评估的实证分析》，载《行政法学研究》，2015 年第 2 期；易卫中：《地方法治建设评价体系实证分析——以余杭、昆明两地为例》，载《政治与法律》，2015 年第 5 期，第 26—32 页；王利军等：《法治建设指数评估创新实践研究——以河北省设区市法治建设指数评估为例》，载《雄安新区建设法治保障——第八届法治河北论坛会议论文集》，2017 年 12 月；

②　西南财经大学高晋康教授指导的硕士生黄姗姗就基于成都市地方政府社会管理能力绩效评价体系提出了在成都市构建法治指数体系的设想。参见黄姗姗：《法治指标体系研究——基于成都市地方政府社会管理能力绩效评价体系新构想的分析》，西南财经大学 2010 年硕士学位论文。

③　廖奕：《法治如何评估？——以中国地方法治指数为例》，载《兰州学刊》，2012 年第 12 期，第 193 页。

④　陈海嵩：《环境侵权案件中司法公正的量化评价研究》，载《法制与社会发展》，2018 年第 6 期，第 174—197 页；李华玫、李华胜：《烟草"法治指数"体系之构建与基本路径》，载《中国烟草学会会议 2012 年学术年会论文集》，2012 年 9 月；钱弘道：《互联网金融法治指数构想》，载《社会治理法治前沿年刊》，2016 年年刊，第 73—88 页。

也有学者概括和研究了社会治理法治建设的指标体系设计问题,提出了社会治理法治指标体系的设计原则、基本内容、指标含义、计算方法等问题①。

事实上,从微观视角研究法治指数问题,还有其他的一些路径和角度。有学者研究社区治理法治化的绩效标准和指数设计问题,指出了通过善治理论构建社区治理法治化建设的绩效评估的指标体系问题,认为"社区治理法治化的绩效评估指标体系,应当包括社区民主与科学立法、社区依法行政推行、社区司法权威维护、社区法律监督等七个准则层指标和若干个指标层指标"②。并主张运用"层次分析法确定各级指标的权重,再通过模糊综合评价法对四川省 C 市 L 社区进行实证分析。研究结果表明社区治理法治化建设之中由于法律监督和司法权威的问题导致了法治化建设的绩效水平低下,而基层政府要保证社区治理的良序开展需要在社区治理制度、社区治理机构以及社区治理参与渠道下功夫"③。

量化考核评价社会治理的水平,是广泛受到学者们推崇和关注的一种推动地方建设和法治建设的重要方法,被很多学者推广、延伸。朱金坤在《光明日报》撰文强调余杭法治指数可以作为提升社会管理科学化水平的重要方法,认为"法治指数作为量化法治建设水平的管理工具和技术手段,既能有效推进一个地区的法治建设,又符合广大群众对法治量化考评的要求"④。许涤龙、欧阳胜银提出了法治社会建设的评价指标体系的设想,使法治指数扩大到社会建设领域⑤,黄薇研究了法治评价中公民参与的

① 徐汉明、张新平:《社会治理法治建设指标体系的设计、内容及其评估》,载《社会治理法治前沿年刊》,2017 年年刊,第 85 页。

② 姜微波、石璐:《社区治理法治化建设的绩效评估——以四川省 C 市 L 社区为例》,载《天水行政学院学报》,2017 年第 6 期,第 55 页。① 姜微波、石璐:《社区治理法治化建设的绩效评估——以四川省 C 市 L 社区为例》,载《天水行政学院学报》,2017 年第 6 期,第 55 页。

③ 姜微波、石璐:《社区治理法治化建设的绩效评估——以四川省 C 市 L 社区为例》,载《天水行政学院学报》,2017 年第 6 期,第 55 页。① 姜微波、石璐:《社区治理法治化建设的绩效评估——以四川省 C 市 L 社区为例》,载《天水行政学院学报》,2017 年第 6 期,第 55 页。

④ 朱金坤:《用量化考评提升社会管理科学化水平》,载《光明日报》,2011 年 10 月 6 日。

⑤ 许涤龙、欧阳胜银:《法治社会建设评价指标体系构建与初步分析》,载《法治湖南与区域治理研究》,2011 年第 3 期,第 64—77 页。

问题①。有学者进而提出在法治国家、法治政府、法治社会一体建设的思路下重构和统一法治指数问题,强调法治一体建设思路下的法治指数和评价标准②。

郑智航重点研究了法治政府指数与司法公正指数在法治指数设计中的问题,认为虽然法治指数的"量化法治评估方式有助于政府和法院对照既有的法治标准寻找差距,从而找到法治社会建设的着力点。而且法治政府指数与司法公正指数两种指数体系的设计思维上体现出同构性的特点,但法治政府指数和司法公正指数所秉持的设计思维,并不具有逻辑结构的同构性,而应该是在法治精神的指引下,根据政府和法院工作的特殊性采取不同的设计思维,进行指数设计"。在中国的法治政府指数设计方面,他强调需要强化中央与地方的权限划分、尊重公民权利、政府的行政效能以及国际规则的遵守等四方面内容,在中国的司法公正指数设计方面,则需要强化法院独立办案,改判率、发回重审率和服判息诉率、特定人群诉权保障等方面内容③。

南京社科院的朱未易教授在总结余杭、成都等地法治指数实践经验的基础上提出,"由于各地法治指数模式各有特点,其在体系与结构上都有很大的差异,有的法治指数侧重于实质正义,而内地的法治量化考核则侧重于形式正义。"④认为地方法治建设绩效测评体系的构建应当"遵循民主性与开放性原则、系统性与整体性原则、可达性与操作性原则、普适性与特殊性原则、静态性与动态性原则",并强调地方法治的测评体系可以设置"民主政治、法制完善、依法行政、公正司法、公民普法"等五个一级指标体

①　黄薇:《法治政府绩效评估中的公民参与研究——以江苏省常熟市为例》,上海交通大学2012年硕士学位论文。

②　莫于川:《法治国家、法治政府、法治社会一体建设的标准问题研究——兼论我国法制良善化、精细化发展的时代任务》,载《法学杂志》,2013年第6期,第19—20页。

③　郑智航:《中国量化法治实践中的指数设计——以法治政府指数与司法公正指数的比较为中心》,载《法学家》,2014年第6期,147页。

④　朱未易:《地方法治建设绩效测评体系构建的实践性探索——以余杭、成都和香港等地区法治建设为例的分析》,载《政治与法律》,2011年第1期,第141页。

系,并在这些指标体系下设立若干子目标项,进而再设计若干具体测评的细化标准。①

也有学者认识到由于不同地方法治指数都是结合本地实际设计的,因此可能出现区域间法治评价不平衡现象,提出了城市群建设中的区域化法治差序问题。学者们以粤港澳大湾区城市群法治指数为例,强调区域法治指数的不同使城市群间广泛存在着明显的横向和纵向二维的"法治差序",即城市群之间的法治整体差异和城市内的法治结构差异②。

为了解决上述问题,学者们提出,地方法治指数的构建不但要"考虑到普适性和多元性",而且在建立地方法治指数评价体系时,还需要注意"形式法治"与"实质法治""全球规律"与"本土资源""法治状况"与"社会发展"的有效统一③。提出对地方法治建设的指数设计、指标体系和评估机制进行全方位探索,才能适应不同地方法治建设的实际需要④,要从法治建设的整体视角思考法治指标体系的统一性、完整性和目标问题⑤。

(三)反思量化法治的研究方面

我国在量化法治方面虽有了一些尝试,但总体仍处于探索阶段,其中的很多问题还有待进一步探讨。有的学者在反思法治量化研究的过程中,充分肯定了量化法治做法的积极意义。有研究认为,量化法治是指将社会学、统计学的研究方法融入法学研究当中,用量化的数据来衡量一国或地区的法治化水平。量化法治不仅在法学研究方法上是一项重大创新,同时

---

① 朱未易:《地方法治建设绩效测评体系构建的实践性探索——以余杭、成都和香港等地区法治建设为例的分析》,载《政治与法律》,2011年第1期,第141页。

② 滕宏庆、赵静《我国城市群的法治差序研究——以粤港澳大湾区城市群法治指数为例》,载《探求》,2018年第3期,第74页。

③ 赵盛阳:《构建地方法治指数的理论阐释》,载《学术交流》,2018年第2期,第71页。

④ 付子堂、张善根:《地方法治建设评估机制的全面探索》,载《法制日报》,2012年8月8日。

⑤ 戢浩飞《法治政府指标评估体系研究》,载《行政法学研究》,2012年第1期,第74页;赵俊、郭川阳:《"法治中国"考评指标体系研究》,载《社会治理法治前沿年刊》,2017年年刊,第52—55页。

对法治的实践也有重要意义。量化法治这一课题在国内外都已经有过一些实践，并取得了一定的成功，但总体仍处于探索阶段，其中的很多问题还有待进一步探讨[①]。有学者更为深入地指出，随着对于法治状态进行现实测量的研究持续发酵，法治评估从应然层面的证立命题已经变成鲜活的生活事实。法治量化实证改变了传统"规范法治观"上坚持"薄法治"与"厚法治"的二元分析框架，逐渐摆脱"法治是什么"的规范主义的法治观，开始关注法治实施的具体语境和制度环境，重视考量所谓"实效法治观"，以消解"薄法治"与"厚法治"的理论鸿沟，使法治评估成为可以通过"量化方式"检验法治建设效果的可行机制与反馈机制，为法治实践迈向本土化提供一定的可能[②]。

也有学者强调，量化式的法治绩效评价一般是以结果和公众满意度为导向的，体现了价值理性与工具理性的统一，但关键在于评价中核心指标的确定。由于法治本身的不易测量性决定了其在量化评估过程中必须尽可能保持评估公信力与评估可操作性之间的平衡。量化法治所坚持和形成的"正义"指数作为观察法治水平的窗口及营商环境的参数在现实中是可度量的，但如果深入剖析法治建设实际的现实因素，仍然存在一定的不可量化的价值因素，这不能单纯依靠定量评价实现，必须把定量评价与定性分析结合起来，从而把法治评价中的量化工具性方法和非量化的价值性定性分析相结合。[③]

法治之所以是可评估的，是因为法治概念在实践、运行中恰恰是可具体化的。从量化视角来看法治，可以更清楚地剖析和理解法治的实际价值。正如有学者分析的那样，应当从量化的法治概念本身入手，反思量化法律概念背后的观念与思维取向。在可量化的意义上，法治概念本身就意味着可以"承载评估目标""划定评估标准""明确评估范围"，以及"指

[①] 栗英桥：《量化法治中国实践研究》，载《法制与社会》，2014年第34期，第7页。

[②] 康兰平：《法治评估理论的跃升空间：实效法治观与我国法治评估实践机制研究》，载《法制与社会发展》，2017年第4期，第21—23页。

[③] 郑方辉、陈磊：《法治政府绩效评价：可量化的正义和不可量化的价值》，载《行政论坛》，2017年第3期，第88—92页。

引指标操作"的作用。在这个意义上,法治本身就呈现出"动态性与稳定性""多样性与统一性""开放性与封闭性"的内在差别。一种科学规范的法治评估,就是通过具体的指数设计实现法治概念"明确的价值指向""层级归齐和结构完整的制度""能够映射资源与地方国情""具备可拆分的分类集群组合"四个要件①。

反思量化法治研究,最初从对法治政府建设的量化评价开始。有的学者重点回顾和研究了法治政府建设的历程,对法治政府建设进行了经验反思,并对未来的法治政府建设进行了理论展望,既肯定了法治政府建设所取得的巨大成就,也从法治政府建设中的"职权法定""依法立法""依法执法""权利救济"等多维度和多角度反思检讨我国当前行政法治建设的实际效果,这些构成了法治政府评估不可或缺的部分,强调作为法治中国建设的"主体工程",法治政府建设必须"自觉纳入'四个全面'战略布局,重视行政组织法治的完善,提高行政立法质量,改进行政执法体制,落实公民权利救济以及提高与实践良性互动的行政法学理论研究水平"②,这也是未来建设法治政府、迈向行政法治的几个主要抓手。

在法治指数设计的微观层面上,也有学者重点考查了社会公众对司法的满意度,把这种满意度作为量化评价的一个方面,进而从司法这个侧面反思地方法治建设中存在的问题,认为"在司法评估中,只有司法机关发布的客观数据是不够的,还需要有人民群众对司法现状的满意度评价。在司法评估中引入满意度评价指标具有重要意义。官方发表的数据表明司法机关所做出的成绩,但是对于人民群众如何评价这些成绩,其意义如何,与人们的日常感受是否吻合,与人们的日常生活有何关系而言,这些数据是不够的,必须有人民群众的评价"③。

---

① 李朝:《量化评估中的"法治概念"与"概念化"》,载《河北法学》,2017年第5期,第67页。

② 杨海坤:《我国法治政府建设的历程、反思与展望》,载《法治研究》,2015年第6期,第90页。

③ 朱景文:《司法满意度的社会评价——以2015—2017年法治评估数据为基础》,载《中国应用法学》,2018年第3期,第1、13页。

也有学者从政府主导"法治指数"设计的视角,反思和批判了"法治时间表"的制作与设置、政府主导"法治指数"的设计与应用、"口号"法治、"运动"式法治,认为这些做法在一定程度上形成了所谓的"法治大跃进",提出了必须对中国的法治建设保持理性务实的态度、保持足够的耐心与克制,坚持踏实而坚定地、循序渐进地不断推进中国的法治建设的基本立场①。

（四）与法治评估有关的权利与法治关系的研究方面

学术界普遍认为,法治的核心是实现公民的权利。有学者从法治建设中国家权力必须认真对待权利的视角探讨了权利意识与国家法治的关系,特别是权利意识与执法权力的关系问题,提出"执法人员是否普遍具有权利意识和能否文明执法,对法治的实现有重要影响"②。正是从这个意义上,学者们强调社会主义法治建设中首先要有观念的革新,也就是首先要具有权利的意识和观念,在这里,权利被看作是一种观念或者意识层面的概念,它"实质上就是法律规定并保护的利益的看法。权利是人民本身所应当具有的。我们必须树立切实保护人民权利的观念"③。按照传统法治理论的一般理解,对公民权利的这种承认和保护在观念层面上构成了法治的重要内容,它与对国家权力限制的观念一同构成了现代法治的两个基本原则。在法治国家中,是否形成或者具备了权利保障的观念和是否形成了对国家权力进行限制的概念,是评判一个国家是否达到法治或者具备法治化水平的观念性或者原则性标准。

从形式法治与实质法治相区分的法治二元理论来看,形式法治理论也规训了法律在一个主权国家内至高无上的地位,也就是法律的权威,它构成了对国家权力的约束与制约,同时它也赋予了立法机关、司法机关在法

---

① 姚建宗、侯学宾:《中国"法治大跃进"批判》,载《法律科学》,2016 年第 4 期,第 16 页。
② 刘文、吕世伦:《论权利意识与法治》,载《北方论丛》,2004 年第 1 期,第 120 页。
③ 王家福、李步云、刘海年、刘翰、梁慧星、肖贤富:《论依法治国》,载《法学研究》,1996 年第 2 期,第 8 页。

律运行体系中的重要作用。如果从后一个方面而言,这极容易形成以权力为核心的国家法治路向,从而造成"以权力为中心"的法治。事实上,为了更好地确立人民在法治中的核心地位,形式法治则更多关注了对包含立法权、执法权与司法权在内的各种国家权力的程序化、制度化与形式化约束,强调通过程序来限制国家权力,以维护人民的权利与利益,这就使以程序性的权利,特别是权利的程序保障为内容的程序正义观念得以在法治建设中确立起来,为防止权力的滥用与专制奠定了程序基础。在这里,不但权利是程序正义要考虑的重要方面,而且,程序的公平正义是整个形式法治的核心价值。

当然,这也并不是法治要实现的最终目的,实质法治观则直接以切实保障和维护人民权利为中心,并以此来设置和实施各项法律制度,要求相关的义务主体和责任主体履行义务或者承担责任。与形式法治追求的程序正义等价值原则不同的是,实质法治观追求实质的正义,最终是以服务于权利为目的。有学者把追求这种实质正义的实质法治观概括为"以权利为本"的法治观,强调我国的社会主义法治建设应借鉴西方法治的成功经验①。在杨春福教授看来,"保障公民权利是评价中国法治化的核心指标",是"中国法治化进程的价值标志",明确这一点有利于全民法治意识的培育和巩固,有利于抓住立法的重心所在,有利于理解执法和司法的重要意义,也有利于我国在国际人权的对话和斗争中获取更多的理解和支持。②他认为,权利之于法治有着重要的意义。他在分析这一问题时,首先把法治理解为一种"系统工程",权利在法治这个"系统工程"中显现了强大的支撑功能,它既是支撑"法治基石"(包括政治、经济、文化诸要素)的重要力量,也在影响法治"质料"(杨春福教授称之为法治的软件和硬件)中发挥着重要的作用,"在法治的质料中,软件指挥着硬件,规定着它的方向,权利统领着软件,权利决定着软件的性质,因此法治质料的优劣要

---

① 李寿初:《权利是法治之本》,载《法学杂志》,2004 年第 4 期,第 23 页。
② 杨春福:《保障公民权利——中国法治化进程的价值取向》,载《中国法学》,2002 年第 6 期,第 171—172 页。

以权利的性质和权利的保护力度为指标来衡量"①。同时,权利也在法治的"支柱(法律意识)"、法治的"环境(道德、宗教等外在因素)"、法治的"主体"方面有着重要的影响。同时,杨春福教授则强调,法治中良好的法律即为承认与保障公民权利的法律,从良好的法律到良好法治的实现,就是从静态的权利到现实的权利的转化过程②。

在当代的法治转型过程中,形式法治重视的是与专制相对应的权力世俗化背景下的社会治理形态,而随着市场经济的不断崛起,市场中的劳动力、土地和货币等资源不断被价值杠杆重新配置,对分配领域以及劳动、就业、教育、医疗、养老等方面社会正义和社会公平的追求使形式法治向实质法治过渡和转型,这一被称为导源于经济领域的,进而在社会结构中不断扩大的"家庭的萎缩与社会的兴起"背景下的社会转型,带来了从形式法治向实质法治的转型,权利在法治中的地位和作用不断彰显和突出。如果说形式法治状况下社会治理更多追求个人在政治权利与公民权利的方面的平等价值的话,那么在实质法治建设的过程中,公民的经济社会权利的保障则成为必须,正如有的学者强调的:"无论是从法治中国建设的时代要求来看,还是从前述社会主义与法治的精神共契及社会主义法治的历史使命来看,当代中国的社会主义法治在很大程度上都指向了一种社会正义向度的实质法治。对我们而言,尤为紧要的是要将公民的经济社会文化权利(特别是面临失业、疾病和养老等问题时的社会受益权)真正法律化、制度化,并使之成为有限的司法能动主义的主要运作方向。"③

也有学者从社会转型和法治转型的视角强调了权利的重要性,提出了法治建设中如何对待"人"的问题是法治建设的重大基础性理论命题和根本性实践问题的观点,认为在现代性语境下,应当以"个体主义基础上

---

① 杨春福:《自由权利与法治:法治化进程中公民权利保障机制研究》,北京:法律出版社2007年版,第179页。

② 杨春福:《自由权利与法治:法治化进程中公民权利保障机制研究》,北京:法律出版社2007年版,第186、189页。

③ 孙国东:《试论法治转型的社会理论逻辑——兼及转型中国的"社会主义法治"》,载《法学评论》,2012年第3期,第14页。

的整体主义"作为法治转型中人与社会关系的定位,强调在这一价值取向下社会和法治建设须解决两个基本问题,一是对以个体主义为实质的自由放任主义的防范,二是对"功利"侵害"权利"之社会功利主义的警惕①。其认为,法治建设的基本任务是建立个人与社会(国家)关系和谐共生、社会公平正义彰显、充满人文关怀、保障和改善民生的新型法治。叶传星教授指出,在社会转型中,要不断生成"发展理念下的法律人本主义",这是一个"重新寻找人的过程,是一个摆脱各种意识形态的、制度的、物质的不合理束缚而把具体的个人真正当作普通的人来尊重的历史过程,是揭示被人民、国家、民族等大词所掩饰的个人主体性的过程,是超载阶级正义观而倡导以人为本的社会正义的过程"②,为此,必须完善以宪法为核心的基本权利体系。

季卫东教授阐释了法治在维护秩序、稳定和个人权利方面的作用,强调"法治应该通过认定和保障个人权利的方式来维护社会稳定",并通过"保障私权到重建新的公共性"。强调法治在保障个人权利与维护社会稳定上并不冲突,而是内在一致的③。保障个人权利,维护个人在法律上的主体地位,从深层的文化意义上来说,体现的是一种"人本主义的法治观"。马长山教授在《法律的"人本精神"与依法治理》一文中指出,无论是从马克思、恩格斯的法律观中,还是从西方法治的发展变革中,都可以看到浓重的法律"人本精神"。但由于受各种因素影响,国家依法治理进程中出现了所谓"法律工具理性"观念的扩张,进而导致"人本精神"的迷失,这就需要从根本上摒弃"法律工具主义"和"实用主义",进而高度弘扬法律的"人本精神",这是法治的当务之急④。

---

① 赵迅:《法治转型中"人"的定位探究——个体主义还是整体主义》,载《政治与法律》,2012年第11期,第69页。

② 叶传星:《转型社会中的法律治理——当代中国法治进程的理论检讨》,北京:法律出版社,2012年版,第292页。

③ 季卫东:《大变局下的中国法治》,北京:北京大学出版社,2013年版,第52—53页。

④ 马长山:《法律的"人本精神"与依法治理》,载《法制与社会发展》,2004年第4期,第35页。

人本主义的法治观，就是强调"以人民为本位"，以保障人民享有的权利作为法治的根本任务，强调人民在法律上的主体地位，所谓"人民是法律的本源""人民是法律的依归""人民是法律的主体""人民是法律的目的"，它把"尊重人格、合乎人性、保障人权"贯彻到法治的全过程，是以人民根本利益为本的法律观①。这种以人民为本的法治观和发展观不但构成了中国法治的内在追求，也构成了中国法学理论研究，特别是中国法理学和法哲学的基本价值导向之一，这是"社会主义民主与法制建设的首要前提、根本依据和最终归宿"②。

此外，学者们也对在法制改革过程中加强法治中国法治建设与权利保障关系的重要性展开论述，提出，推进法中国法治建设，应当"不断加强对人权的尊重和保障"③，强调法治建设中的民生问题实质上也是权利问题，指出"民生问题从表面上看是一个社会、经济问题，但其实质则是一个典型的权利问题，而权利正是法治的要义所在。法治关注民生，构建民生法治，乃是解决民生问题与建设现代法治的绝佳交汇点，建设民生法治，是21世纪中国法治的必由之路"④。徐显明教授甚至更为明确地指出，"法治的真谛就是人权"，"21世纪中国法治的发展，将取决于我国平等权、财产权、自由权、生存权、发展权这五大权利群的整体进步与发展"⑤。此外，张文显教授提出的权利作为法哲学的基石性范畴的权利范式思想等，以及对权利的司法保障⑥，郭道晖教授对法定权利、习惯权利、集体权利、政治权利与公民权利、社会主义立法中的权利原则、权利推定的相关理论研究，郑成良教授对权利本位的理论阐发，以及国内一大批理论法学研究者们对权利理论的深入挖掘，从不同侧面澄清、拓展和深化了有关法治与权利一般关系的

---

① 李龙：《用科学的发展观统领中国法学的全局——再论人本法律观》，载《武汉大学学报》，2005年第4期，第390—396页。

② 徐亚文：《"以人为本"的法哲学解读》，载《中国法学》，2004年第4期。

③ 李林：《推进法制改革，建设法治中国》，载《社会科学战线》，2014年第11期，第231页。

④ 付子堂：《民生法治论》，载《中国法学》，2009年第6期，第26页。

⑤ 徐显明：《法治的真谛是人权——一种人权史的解释》，载《学习与探索》，2001年第4期，第44—45页。

⑥ 张文显：《人权保障与司法文明》，载《中国法律评论》，2014年第2期，第1—4页。

理论,形成了中国的权利学派。

从 20 世纪 80 年代后期权利本位理论提出到现在,权利问题研究一直是我国法治实践进行中法学理论领域的理论热点之一。"一大批学者,特别是中青年学者致力于权利研究和理论对话,围绕权利、权利本位、权利发展、人权、权利与法治等问题发表了上千篇学术论文,出版了数十本学术专著。从权利的视角看其与法治的关系,相关研究的论著数量之多、水平之高,是前所未有的,而且将有更多的优秀论著陆续出版。"①在权利问题研究的诸多方面呈现出以下的几种研究路向。

一是从法的创制上来研究权利问题的研究路向。这一研究主要是结合了我国社会主义法律体系完善的历史进程和现实制度实践研究权利问题。例如在《民法典》起草过程中,有学者指出权利不但直接关系到法治的运行,而且直接关系到法律行为的立法构成,强调"有必要结合专家建议稿,从权利本位论的视角重新解读'意思表示''合法性'以及'私法效果'等要素,揭示其与权利之间契合或背离的关系,并在此基础上为我国未来民法典的设计提供相应的立法建议,即恢复大陆法系法律行为理论的传统,废弃'民事法律行为'概念,将合法性排除在构成要素之外,其以意思表示为要素重构法律行为"②。也有学者探讨了法律创制应当实现从义务本位到权利本位的转型问题,认为"中国自古以来的义务本位的思想根深蒂固,在经历历史的发展之后,中国公民逐渐摆脱了义务本位的羁绊,开始了权利本位主张之旅。纵观当今社会民主法治生活,无不将权利放在首位。特别是十八届四中全会公报,其主体架构便是公民权利,并以此为基础开展法治社会建设。国家对公民权利保护的重视程度可见一斑。良法需要落实才能显示其效用,上位法的落实需要地方法规的细化予以实现"③。

---

① 张文显、于宁:《当代中国法哲学研究范式的转换——从阶级斗争范式到权利本位范式》,载《中国法学》,2001 第 1 期,第 62 页。

② 董彪、李建华:《我国民法典总则中法律行为构成要素的立法设计——以权利本位为视角》,载《当代法学》,2015 年第 5 期,第 62 页。

③ 靳海婷:《权利本位理念下的消费者权益保护地方立法的转型——以广西地方消费者保护立法为例》,载《法制与经济》,2015 年第 1 期,第 72 页。

二是从现行法律执行的角度来研究权利问题的路向。有学者指出,当前执法问题的关键问题之一是在执法观念中缺乏权利的认识与观念,强调"在检察机关的执法活动中,存在着个别检察人员惟'上'不惟'实',顶不住'上边'对执法工作的干预,凭'招呼'、'条子'和'电话'办案现象"①。有学者从行政相对方的角度论述了权利对现代行政法学以及行政法律实践的影响②。当然,也有学者从反思的角度认为权利实际促成了法律实践中的刚性维权机制,主张建立在"动态维稳"话语之上的法律实践应当逐渐替代刚性维权机制。③

从法律的实施上看,学者们围绕司法公开、司法公正、司法民主等问题深入研究了权利理论对司法过程、司法观念和司法改革的影响。例如有学者认为,"最高人民法院多年来一直把司法公开作为司法改革的重要内容,司法公开作为现代司法的一项基本原则,其实质是确保司法权的正当行使,加强对司法权的民主监督。而目前我国司法公开理念仍摆脱不了法院本位的主导思想,导致在司法实践中出现公开形式化、选择性公开、滞后公开及缺乏有效管理及监督机制。当前司法公开制度改革的重点,应当是将'权力型'司法公开向'权利型'司法公开的转变,改变法院本位主义司法改革观,强调当事人的诉讼权利和社会公众的知情权,完成从'权力型'至'权利型'的重构"④。

有学者研究了中国传统的无讼观与权利观的辨异,指出了二者在文化上和理论机理上的异同,强调了司法过程中权利与传统文化的关系⑤。也有

① 何家弘、廖明:《执法观应从权力本位转向权利本位——执法观念二人谈》,载《检察日报》,2004 年 3 月 25 日第 4 版。

② 赫然:《行政相对方权利本位探析——现代行政法学视角的转换及其意义》,载《社会科学战线》2005 年第 1 期,第 325 页。

③ 吕明:《刚性维权与动态维稳——"权利本位论"在维稳时代所遭遇的挑战》,载《法律科学》,2011 年第 4 期,第 3 页。

④ 陶萍:《"权利本位"下司法公开的检讨与重构》,载《湖北函授大学学报》,2014 年第 16 期,第 64 页。

⑤ 郑重:《传统无讼观与权利本位辨异》,载《人民法院报》,2015 年 8 月 7 日。

学者从"大司法"的视角,研究了调解中的"国家本位"到"权利本位"转换的重要性,指出了中国的调解工作深受国家本位立法理念的影响,主张在未来的调解立法与实践中,应实现立法理念从国家本位到权利本位的转换,在保障当事人诉权、实体处分权和程序选择权的基础上,使用利益调控之手段,合理控制案源以利于诉讼功能之实现,使诉讼制度与调解制度相得益彰。唯有在权利观念的立法理念下,调解制度才能奠定平稳发展之坚实基础。①

还有学者充分强调了在司法解释过程中权利的重要影响和指导意义,认为中国司法解释权的运行具有明显的权力本位特征:强权、越权和集权。认为要改变这种状况,可在国家权力与公民权利之间奉行权利本位、在国家权力与国家权力之间实行权力制约、在权力意志与审判经验之间注重知识积累。②有学者主张权利文化对司法权威形成的影响至关重要,认为"司法权威植根于特定的文化基础中,权利文化的内核决定了司法权威的价值取向,并给司法权威成长提供了观念性动力,因之,扩张和保障权利构成了司法审查权威的文化基石,而司法权威的树立也促进了主流法律文化的形成"③。特别是有学者在研究我国的司法改革时,也强调了权利的重要影响,指出:"以司法公正为目标的司法改革在我国取得了非常丰富的理论成果、制度成果和实践成果,在司法实践中,基本实现了从权力本位到权利本位、从监督空白到有效制约、从奴性心理到主体地位等方面的逐步转变。但仍然需要积极创新、大胆探索,进一步理顺党、人大、政府与司法机关的关系,建立现代法院制度和法官制度,以及科学、公正、民主的诉讼程序制度。"④

综上,这些研究揭示了法治与权利的一般关系,明确了权利对于法治

① 李德恩:《调解立法之理念转换:从国家本位到权利本位》,载《大连理工大学学报》(社会科学版),2010年第2期,第111页。

② 刘风景:《权力本位:司法解释权运行状况之分析》,载《中国青年政治学院学报》,2005年第1期,第96页。

③ 季金华:《司法权威的权利文化基础》,载《河北法学》,2008年第1期,第45页。

④ 余正琨:《我国司法改革之检讨》,载《求实》,2006年第8期,第67页。

的理论价值和理论意义,揭示了权利法治保障的重要性和相应的制度设计,提出了法治理念和法治实践的一般理论问题。从地方法治指标体系建设的理论研究来看,从总体而言仍然主要停留在对实践经验的理论归纳和整体研究方面,虽然涉及了有关指标体系和指数设计中的方法、程序、主体及部分内容的研究,但仍然对其内部的具体指数缺少深入研究,特别是缺少对权利指数问题的深入探讨。我们需要从法治中国建设的实际需要出发,努力阐明权利指数在法治建设指标体系中的地位、权重、内容和具体标准问题。

四、本书研究的主要问题和主要观点

（一）主要问题

一是研究法治建设指标体系的一般理论问题。研究中国法治建设的目标、层次和相应的具体要求；探讨和分析与相应的法治建设目标、层次和要求相对应的指标体系；研究法治指标体系设计应当遵循的基本原则和价值因素；探讨法治建设指标体系中的核心指数及这些指数之间的相互关系；分析法治建设指标体系在评估法治建设水平方面的限度。

二是研究法治建设指标体系中权利指数的理论问题。研究权利指数对于法治建设指标体系的理论基础和现实意义；研究权利指数对法治建设指标体系的设计方法问题；分析权利指数与其他指数在法治建设指标体系中的关系；分析权利指数在法治评估指标体系中的应有的权重；从理论上澄清法治建设指标体系中权利指数的具体表现和要求；明确哪些权利指数是最基本的、必需的。

三是研究国内外地方法治建设指标体系中权利指数的实践经验。通过对国内外一些地方法治建设指标体系基本经验的研究,分析不同国家、地区以及我国国内一些地方法治评估指标体系的设计模式,进一步深入研究其权利指数设定的目的、范围、标准、方法等问题,总结这些国家或者地区的法治建设中权利指数设定的实践经验,为权利指数在法治建设指标体系中的科学化设计提供经验支持。

四是研究中国法治建设指标体系权利指数的设计方案。研究和分析权利指数在法治中国建设指标体系中的具体指数和体系模型;梳理和概括权利指数在法治国家、法治政府和法治社会的指标体系中的位置、内容、表现;分析和总结权利指数在立法、执法、司法、守法、法治效果等方面的影响与作用;探讨权利指数在法治建设指标体系中的权重、要求和评价标准。

五是研究法治建设指标体系中权利指数的相关问题。这些问题包括,研究法治建设指标体系中权利指数设定中的评估主体、方式和效果问题;探讨法治建设指标体系中权利指数实现的应用问题;分析法治建设指标体系权利指数的局限性。

(二)本书的主要观点

法治建设指标体系体现了从"法治价值思维"向"法治工程思维"的思维转变。权利指数为法治建设的顶层设计提供了一定的价值标准和基本原则,为法治建设明确了基本方向。在法治建设指标体系中明确权利标准,符合法治现代化的基本要求,也是法治中国走向世界和实现中国梦的必然选择。

法治建设指标体系是由包括权利指数在内的各种具体指数构成的多层次的指标体系。法治建设指标体系的设计是一项科学化的活动,需要进行系统深入地理论论证和现实论证。法治建设指标体系中的各个指数对于发展法治以及改善国家治理、政府治理和社会治理有着极其重大的理论和现实意义。

现有的法治评估指标体系在价值取向上存在着一定的问题。包括追求的指数的统一性,忽略法治建设在地方上的差异性与多样性问题;片面追求法治效果的实效性而忽视法治建设发展实际需求的现实,导致评估的"唯指标主义"和"功利化"现象;在地方法治评估中出现了评估地方化、局部化和碎片化现象,不利于法治建设的整体性推进,不利于统一法治目标的实现;法治指标体系设计中也存在着不同程度的主观化、随意化等现象;法治评估程序不科学、不中立。

权利指数是法治建设指标体系的重要组成部分。权利既是法治建设的目标,也是法治建设指标体系的核心指数,是构成法治建设指标体系的重要内容,还是建设法治中国、推进国家治理体系和治理能力科学化和现代化关键所在。权利指数在"虚"和"实"的两个层面影响和作用于法治建设的指标体系。权利既是法治建设指标体系的价值指数——"虚"的层面(观念、精神和文化层面),也是构成法治指标体系中的具体内容——"实"的层面(立法、执法、司法过程中的各项权利性制度的确立、保障与实现)。权利是法治指标体系中法治国家、法治政府和法治社会建设的具体指数;也是立法、执法、司法评估的具体标准,这些权利指数是可量化的、可实现的和可操作的。

权利指数作为相对于国家权力指数而言的一种法治指数,是用以表征和评价法治建设过程中公民享有的法律上权利状况的一种指数。这一指数不但在实际情况上反映了公民在国家法治整体中的地位和影响,更重要的是可以标识出国家在政治、经济、社会、文化、生态等各个方面建设的实际情况,特别是公民在这些建设中权利的实现状况,它是实际反映国家法治建设水平的指数。

在法治建设指标体系中设置权利指数需要对"权利"一词予以"概念化"。也就是说,法治建设指标体系中的权利指数并不总是要求出现"权利"一词,而是要对权利问题进行概念化处理。在法治建设指标体系中的"权利"这一指数作为一种概念化的指数,包括了法律上的权利规定,也包括现实的法治实践中权利受到保护和救济的程度,还包括人们对法治建设中权利实现的感受和认知,它包含了制度层面的权利、实践层面的权利以及观念和认识层面的权利。

法治建设指标体系中的权利指数包括四个方面的具体内容。即权利意识和权利观念指数、立法中的权利创制指数、法治实践中的权利保障指数,以及在法治发展过程中有关权利实现和权利保障状况的社会环境、教育制度和文化环境状况方面的相关指数。

权利指数是权利质量在法治建设指标体系中的反映。权利质量表征了权利指数在法治建设指标体系中的地位,意味着权利指数是对法治建设指标体系对权利质量的一种评价和描述,是实际上人们享有权利状况的法治水准。因此,研究权利质量问题有助于深化对权利指数的理论认识,深化对于法治建设质量的理解。

域外法治建设指标体系中对权利指数设置的模式各不相同,存在着价值导向、所占比重、计算方式以及设定模式等方面的差异,体现了不同法治价值观与权利观念的差异。中国法治建设指标体系中权利指数的设定应当从中国法治建设实践出发,切实从人民主体地位出发,尊重和保障人权,以此来设定权利指数。

法治建设指标体系中权利指数的设置与安排,应当既重视法治建设的整体性,也要重视各地法治建设在实际情况上的差别,强调法治的统一性、整体性与法治的局部性、具体性统一。要按照宪法和法律至上的目标,明确"人民主体地位",强化对权力规制的评估与测量,强化程序正义在法治建设指标体系中的评价作用来设定权利指数。权利指数设计应当遵循的基本原则是,落实基本权利指标的原则,实现权利指数的普遍性与特殊性相结合的原则,坚持权利保障的客观性指标和权利实现的主观性指标相结合。

法治建设指标体系中权利指数的设置思路是,依据我国法治建设的总目标,根据宪法和法律的有关规定,在充分考虑我国法治现状和国情的基础上,认真对待各地方法治建设的差异与不同来设计具体的权利指数。权利指数的设计要明确权利之于法治建设的实质性影响,科学设计法治建设指标体系中的权利指数,合理安排权利、利益、自由、义务、权力、责任等相关范畴在法治评估诸指标中的权重,使权利指数符合法治建设指标体系的总体要求。

权利指数的权重配置应当考虑立法、执法、司法等各个法治实践环节哪些方面具有具体的权利要求或者权利要素,识别出权利作为法治建设各级指标中的相关影响因素和相关变量因素,分析和判断权利的重要指标,赋予相应的权重,并通过算术平均法计算出这些变量对权利有代表性影响的指标性数据。要根据调查或者统计得来的数据情况,提炼或者聚合相关代表性数据,对其进行权重配置,对其中的代表性数据所形成的指标数据,要进行相关的回归性分析,以获取有关误差变量和参数的估计值,最终根据这些权重配置方式,重新计算法治建设指标体系中各组指标之间的关系和具体标准。

权利指数对于法治建设的法律制度安排、权利保障的现实影响、现实的权利救济方面的影响作用是有限的,但由于权利主体是法治建设的主体之一,把权利作为法治建设指数,实现权利主体对于法治建设评估,完善法治建设的评估指数的具体权利指数,建立健全各个具体权利指数融入法治建设指标体系的方式方法,促进法治建设指标体系和考核指数的科学化水平。

五、本书的研究思路和研究方法

（一）研究思路

从法治建设指标体系的一般理论出发,研究中国法治建设指标体系的一般原理；通过探讨权利指数在法治建设指标体系中的地位、性质和表现,研究权利指数对法治建设指标体系的重要影响和作用；通过对国内外一些地方法治建设指标体系权利指数的实践的比较,总结国内外地方法治建设指标体系权利指数的基本经验；通过对中国法治建设指标体系权利指数的理论问题和实践经验的探讨,提出和设计中国法治建设指标体系的具体的权利指数。

（二）研究方法

本书的研究方法主有比较分析、问卷调查、个案访谈、统计分析、文献分析等方法,对法治指标体系中权利指数的相关理论与实践问题展开研究。

1. 比较分析法

比较分析,就是通过对不同事物的比较,达成对事物共性与个性、相似性与差异性的区别认识,进而把握事物特点和规律的一种研究方法。在对法治建设指标体系的权利指数研究过程中,比较分析的方法主要应用于对不同国家、地区法治建设指标体系进行宏观和微观的比较,通过对不同指标体系的比较研究其相似点和不同点,寻求其同中之异或异中之同,以期为构建中国特色的法治指标体系提供参考。在研究中,比较分析方法不是为了比较而进行比较,而是要在比较中归纳与分析,在比较中批判与反思,在比较中总结与借鉴,这样才能把零散的、碎片化的法治问题整合为系统化、整体化的体系,使之最大限度接近法治建设的真实情况,以利于提出有针对性的理论建议。

2. 问卷调查法

问卷调查是当前国内外社会调查研究中普遍使用的一种实证研究方法。问卷之前要设计好调查所用的问题或者表格,问卷法就是通过这些问题或者表格对被调查者进行了解,由被调查者对问卷进行回答,从而搜集相关资料的一种研究方法,这一研究方法成功与否取决于调查者能否科学合理地设计了相关问卷或者表格。通过设计调查问卷,对法治建设中的权利指数情况由问卷对象进行填写回答,了解法治建设指标与权利指数之间的实现状况,把握法治建设实际的真实状态。本研究的调查对象包括部分地方党政机关,主要是市县和乡镇的基层党委政府机关工作人员、部分主管政法工作的领导干部、地方人大、司法机关、社区、村委会,部分企业事业组织、社会组织,以及及部分专家学者、法律职业者、普通的公众、城乡居民等。

3. 个案访谈法

顾名思义,个案访谈就是调查者通过对某些个案中的主体进行访谈以深入研究相关问题的一种研究方法,这一研究方法是对问卷调查的深化,有利于对样本或者个案的深化研究。同时,这一研究也是一种研究性交谈,通过这种谈话把某些研究者关注的问题引向深入。在本书中,主要是通过组织小型座谈会的形式,与座谈对象围绕地方法治评估进行深入交谈,深化访谈对象在法治观念、权利意识、法治建设具体指标等方面的认识与理解,深入剖析法治建设指标体系中的相关内容与法治建设实际情况的关系,深入研究在诸如法治评估过程中收集到的事实材料是否真实、可靠,达到对评估数据的进一步验证的作用。

4. 统计分析法

统计分析法,也就是通过统计的方式,对研究对象的规模、速度、范围、程度等数量关系进行进一步的分析与研究,从而通过量化方式或者数据化形式认识和揭示事物间的相互关系、变化规律和发展趋势,借以达到对事物的正确解释和预测的一种研究方法。本书主要是运用一定的统计方法,即层次分析、结构分析等对调查获取的各种数据和资料进行研究,并形成一定的量化结论。

5. 文献分析法

通过对文献资料的占有、把握与展开研究,其在研究过程中也可以采取一些文献分析的具体方法,如对文献的归类研究、考据研究、比较研究等等。本书主要是通过搜集有关法治理论及权利理论方面的文献资料,特别是有关法治建设指标、法治评估指标、法治评估的经验及做法的资料,以及相关量化理论研究方面的资料,经过归纳整理、分析鉴别,对当代法治理论研究、法学理论研究成果和进展进行系统、全面的叙述和评论。因此,本书所依据的文献分析,不过是对已有研究的一种理论上的重新梳理与剖析,试图通过这种梳理与剖析把握目前法治建设指标体系方面研究的理论动态、实践问题与研究趋势,进而为本课题研究提供资料支撑和方向指引。

第一章 法治建设指标体系及相关
概念的厘定

在研究法治建设指标体系的过程中应当明确如下基本概念,即"法治""法治评估""法治指数""法治建设指标体系"等概念。

一、"法治"的概念

关于法治建设指标体系,首先要明确法治的概念及其内涵。关于"法治"是什么,古往今来,尚未形成完全统一的认识,没有形成明确的统一的概念理解。《元照英美法词典》中对"法治"(rule of law)一词的解释是:"与人治相对,与'以法而治'(rule by law)相区别,与前者的区别在于法治是以法律而非个人的意志决策的依据;与后者的区别在于在法治中法律已被视为一种价值取向而不仅仅是一种治理的工具。'法治'是一个极端重要的概念,其历史与西方文明差不多同样悠久。但其具体含义依语境的变化而有所不同。最常见的含义是指与恣意的人治相对,根据现存既定规则(法律)进行的治理。第二个含义是指'法律之下的治理'(rule under law),即无任何人或政府机构凌驾法律之上或者超越于法律许可之外。第三个含义是指治理应符合更高的法律(rule according to a higher law),即,任何成文法律如果不符合某些非成文的、然而普遍存在的公正、道德性和正义等原则,则政府不得强制执行。这些含义意味着法律作为规则尽管具有某些功能性作用,但并不表明它是作为一种纯粹的工具而存在的。它实际上暗含了对于公民个体的至上价值和尊严的尊重。"①这一概念的解释实际上是西方式的,带有鲜明的西方文化特点。《中国大百科全书·法学卷》对"法治"一词的解释是:法治是"与人治相对的,指依据法律治理国家"②。大致说来,以上文献中对"法治"一词一般是在以下两个维度上使用的,这两个维度分别是:

第一个维度是理论或者思想(思维)的维度。就是通过古今中外思想家、理论工作者不断地对治国问题进行反思、概括、总结、归纳形成的有关法治的一般原理和理论,在这个过程中形成的有关法治的理论认识和学说思想。在这里,法治既是一种治国的思想理论表达,也是一种理论话语方式和话语体系,它构成了人们在政治法律、文化历史方面的一些基本的思想原则,例如法治总是与民主政治、人权保障、法律公正、平等自由、权力有限等原理原则保持一致。这种理论向度的法治概念,不但构成了人们对于如何治理国家的抽象思考原则,也成为治国的基本理论基础和指导原则,它也是对人们如何摆脱传统专制思想束缚,在国家治理方面如何转向现代民主文明人性方向提供了思想指导和理论武器,是现代文化和现代政治的重要组成部分,蕴含着丰富的内容,是多种价值因素高度统一而形成的思想理论原则和理论体系。尽管古今中外不同国家、不同民族、不同时代、不同学者对这一概念的基本阐释、解读和归纳概括有所不同,但总体而言,作为理论意义上的法治,是与人治传统的专制理论相对应的一种理论,是对人治理论的一种取代和反叛,是具有革命性的一种理论。

另一个维度是现实的或者实践的维度。就是从现实的法治实践的角度对法治概念所成的认识和理解。现实维度的法治概念,包含的是人们对法律在现实社会运作过程中的实践状态的认识和理解,法律在现实中到底运行的状况是什么情况?它在立法、执法、司法过程中是如何运作的?它的

---

① 薛波主编:《元照英美法词典》,北京:法律出版社,2003 年版,第 1212—1213 页。

② 《中国大百科全书·法学卷》,北京:中国大百科全书出版社,2006 年版,第 92 页。

运行效果、人们的守法状态以及其在维护政治稳定和政治权威、推动和促进经济发展、文化进步、社会文明过程中发挥了怎样的作用? 效果如何? 这些是现实维度的法治关注的对象和重点。在这里,法治就是以用以描述现实社会中法律创制、法律执行、法律适用、法律遵守的一个基本概念。在这个概念的现实表现上,它以人们对待法律的意识和观念、信念与信仰、思维与行动等方面表现出来,它更重要的是要通过国家权力机关的权力行使表现出来,国家的立法、行政、司法等国家机关、国家机器如何运用法律、如何达到法律实施和适用的效果,是否形成了一定的法律秩序都是法治在现实运作中并关注的对象,而且,一个国家的公众、社会组织是否能够按照法律秩序要求享有权利、履行义务、承担责任,也就是这些主体遵守法律的状况也是法治的重要内容之一。

(一)理论或者思想维度的法治概念

在东西方不同文化语境和不同时代的学者的论著中,法治的概念有着不同的理论解释和理论内容,试图穷尽这一概念的丰富内容,对其进行系统全面的梳理和挖掘是不可能的。

在中国,法家提出的法治概念和法治学说是中国古代国家治理理论中比较有代表性的一种主张和观点,他们主张以严刑峻法来治理国家,并围绕这一法治原则提出了一套完整的理论和方法,这些理论与方法与下列概念紧密关联,例如"以法治国""法自君出""明法审令"等等,它与儒家主张的"以礼治国、克己复礼"、道家主张的"无为而治"、墨家主张的"兼爱、非攻"等治国理论有着根本的区别。法家强调,所谓的法治,就是要"不别亲疏,不殊贵贱,一断于法",反对礼治、德治或者无为而治,强调社会变革,用法治重构社会秩序。法家看到,"无力者,其国必削","唯法为治"才能使国家强大起来[①]。概括起来看,中国古代法家思想中有关法治的概念主要建立在以下四个基本的理论观点之上:一是主张"性恶论",以反抗儒家

---

① 在战国时期的法家思想中,有三个主要流派,一是尚法,以商鞅为源;二是用术,以申不害为源;三是重势,以慎到为源。这三派思想共同构成了法学的主要主张。

的"性善论"。法家认为,人生来有"恶"的品性、存在着自私自利的特点,逐名求利是人的天性。因此治国者要善于利于人性的这一弱点,才能实现国家的一统和大治。法家主张的"严刑峻法""奖励耕织""奖励军功"等富国强兵的法律都是建立在这一理论主张之上的。二是强调法律的权威性。法家主张的"事断于法,乃国之大道",主张"凡治天下,必因民情",提倡"法不阿贵,绳不挠曲","执法必信,法不阿贵、刑无等级"。三是主张改革变法,"法与时移","不法古,不循今"。四是尊君抑臣,强调加强君主集权,通过严密苛刻的法律实现君主权威。应当说,对于中国古代法家思想家主张的这种理念或者观念层面的"法治"论调,学者们的研究也主要是基于一种理论批评立场的,特别是认为早期国内学者对法治的讨论限于理论层面。改革开放以后,随着中国法学理论的不断发展,国内学者对法治理论的研究与讨论已经不限于对传统法治理论的反思和批判,而是开始结合中国法治建设实际情况,在对西方法治理论进行批判性借鉴的基础上概括现代法治的一般原则和内容。张文显教授强调,从理论上看,现代法治应具有十大典型要素[1]。蔡定剑教授提出的法治研究的"法治的前提、法治的重点、法治的价值取向、法治的有效保障以及法治的重要条件"[2]等五方面的看法,这些研究从学术上概括了法治理论的一般问题。自党的十五大报告明确提出依法治国、建设社会主义法治国家的基本方略以后,国内法学界对法治理论的探讨更加深入,这一问题的研究一度成为法理学热点。一些学者关于法治的研究开始从部门法学、交叉学科,以及社会治理和权力运行方式等理论视角来剖析法治的概念。例如韩大元教授从宪法学角度分析了法治国家的相关内涵[3];江必新教授提出了法治社会的概念,探讨了法治实现的基本路径[4]。张文显教授则结合新时代中国治理体系和治理能力

---

① 张文显主编:《法理学》,北京:法律出版社,1997 年版,第 244—245 页。

② 蔡定剑:《依法治国述评》,载《法学》,1997 年第 8 期,第 9—10 页。

③ 韩大元:《中国宪法文本中"法治国家"规范分析》,载《吉林大学社会科学学报》,2014 年第 3 期,第 70—73 页。

④ 江必新、王红霞:《法治社会建设论纲》,载《中国社会科学》,2014 年第 1 期,第 142-144、152—154 页。

现代化的现实要求,讨论了建设中国特色社会主义法治体系以及法治与国家治理现代化之间关系的问题[①];孙谦从法治建构的中国道路问题的角度分析了法治在国家治理中的关键地位[②],等等,这些研究进一步深化了新时代、新阶段中国法治建设的重要理论问题,回答了法治国家、法治社会、法治中国建设的相关理论问题。

在西方,法治的思想源头可以溯源到古希腊时代。与柏拉图不同的是,亚里士多德主张法治优于人治,法治的要义是"已成立的法律获得普遍的服从,而大家所服从的法律又应该本身是制定得良好的法律"[③],这一观点已经成为西方学术界对法治概念和法治原则的经典论述,是西方法治理论的重要思想来源。在古罗马时代,随着罗马帝国的军事扩张,以及商业贸易和商品交换的扩大,罗马帝国内不同民族之间的交往日益加深,罗马法和万民法成为调整帝国内部不同人交往的基本准则,法治也成为罗马帝国的最重要的治国方式。到了中世纪后期,在天主教会的影响下,欧洲出现的罗马法复兴与教会法结合,崇尚正义与理性的自然法传统得以通过宗教法律活动和宗教法律形式得以发展。在文艺复兴和启蒙运动过程中,伴随着资本主义商品经济的迅猛发展,西方近代的法治观念开始勃兴,进而加速了近代法治理论的形成。作为近代法治理论的先驱,资产阶级启蒙思想家在西方法治主义观念的传统中以理性话语和思维方式为其注入了自由、平等、民主、人权等要素,使自由、平等、博爱与民主、法治、人权结合起来,催生和加速了现代法治观念中法律至上、民主人权等观念的丰富和完善。一方面,在西方的英美法传统下,法治理论中对法治概念的理解更加侧重于对王权的限制和对自由的保障,强调程序的正义;而在大陆法系的传统中,以德法等国为代表的"法治国"理论,则更加强调形式法治与实质法治的统一,注重法律的权威性与法律体系的全面性、规范性,提倡政府要依法行

---

① 张文显:《建设中国特色社会主义法治体系》,载《法学研究》,2014年第6期,第13—19页。

② 孙谦:《法治建构的中国道路》,载《中国社会科学》,2013年第2期,第13—16页。

③ [古希腊] 亚里士多德:《政治学》,颜一、秦典华译,北京:中国人民大学出版社,2011年版,第132页。

政。英国大法官汤姆·宾汉姆（Tom Bingham）提出了法治"构成要素"的八项具体原则，并认为法治的核心内容是法律具有普遍的约束力①。英国思想家 F.A. 哈耶克（Friedrich August Hayek）则从制度建构的角度探究法治，并对有关个人自由、有限政府观念的建立等进行了具有指标性的细致探讨②。约瑟夫·拉兹（Joseph Raz）提出合法性的法治模式，并将法治具体化为八项原则③。应当说，这些理论概括为法治实践提供了重要的理论指引。

（二）现实或者实践维度的法治概念

如果从实践的维度来观察、分析和概括法治的概念，则更为复杂。因为法治在不同国家、不同社会、不同时代其实践状况都是不同的，具有十分复杂的特点。为此，学者们提出了所谓观测或者评估实践中法治的标准或者原则的做法，以求能够在纷繁复杂的法治实践中形成对法治的一般理解和认识，把握法治实践的规律。

美国法学家富勒曾为"法治"设计了一套具体的指标或者标准，他认为构成法治的内在要求包括以下八个方面，即"法律应当具有普遍性""公开性""明确性""不溯及既往""官方行为与法律规定的一致""稳定

---

① 他提出的法治的八条基本原则是：一是法律必须是可以获知的并且尽可能地易懂、可预测；二是法律权利义务的问题，一般应通过适用法律而解决，而非通过行使自由裁量权；三是国家法律应平等地适用于所有人，除非客观差别证明区别对待的合理性；四是各部大臣和各级公共官员行使被赋予的权力，必须诚信、公正，并且只为赋权之目的，不能不当行使，不能超越权力的界限；五是法律必须提供充分的基本人权保护；六是必须为当事人自身不能解决的民事争议提供解决机制，且不存在昂贵的，以至于支付不起的费用，或者过度迟延；七是国家提供的裁判程序是公正的；八是法治要求国家遵守其在国际法中的义务，如同遵守国内法一样。［英］汤姆·宾汉姆：《法治》，毛国权译，北京：中国政法大学出版社，2012 年版，第 12 页。

② ［英］哈耶克：《自由秩序原理》，邓正来译，上海：三联书店，1997 年版，第 250—261 页。

③ 拉兹提出的法治的八条原则分别为：一是所有的法律都应是不溯及既往的、公开的和明晰的；二是法律应当是相对稳定的；三是特别法（特别法律命令）的制定应依靠公开、稳定、明晰和一般的规则为指导；四是司法独立必须予以保证；五是自然正义原则应予遵守；六是法院应当具有审查权力以保证其他原则的实施；七是法院应当是容易接近的；八是不应允许预防犯罪的机构利用自由裁量权歪曲法律。Raz.The Authority of law：Essays on Law and Morality，Oxford：Clarendon Press 1979，214—219.

性""避免自相矛盾""不规定不可能之事"①,即法律的内在道德性,这实际上主要是对形式法治实践上法律本身或者法律本体内在标准的概括。我国著名法学家李步云先生把法治的标准概括为十条共四十个字,即"法制完备""主权在民""人权保障""权力制约""法律平等""法律至上""依法行政""司法独立""程序正当""党要守法"②,这一概括实际上是对中国当代法治实践的基本要求的理论提法。

在我国,从现实或者实践的维度认识法治的概念,更多地体现在党和政府对法治概念进行使用的正式文件之中。1997 年党的十五大提出"依法治国、建设社会主义法治国家",这一阶段主要是考虑确立法治在国家现代化进程中的地位问题,2011 年 3 月 10 日,十一届全国人大常委会明确了中国特色社会主义法律体系已经形成,标志着法治建设的阶段性成果的形成。党的十八大报告提出了"科学立法、严格执法、公正司法、全民守法"的法治方针,发展了党的十一届三中全会提出的"有法可依,有法必依,执法必严,违法必究"法制方针,在实践上进一步提升了法治的理论高度,丰富了法治的实践向度。2014 年党的十八届四中全会确立了全面推进依法治国,建设中国特色社会主义法治体系的目标,明确了社会主义法治体系的基本内容,使法治的概念在实践中进一步提升到"法治体系"的高度上,实现了从"法律体系"到"法治体系"的转变,这个转变尽管是一字之差,却预示着我们党在法治概念使用上的重大变化,是党治国理政理念的一次理论飞跃,即从重"法律制定"到重"法律实施"、从重立法数量到重立法质量、从静态"法制"到动态"法治"的全方位的观念转变。

这一概念的转变标志着"法治"话语更具包容性、开放性和深刻性,它意味着在中国特色社会主义法治体系建构的过程中,不仅要建立健全完备的社会主义法律规范体系,还要建成高效的社会主义法治实施体系,形成严密的社会主义法治监督体系和有力的社会主义法治保障体系;具备完善的党内法规体系。这五大法治体系之间存在的相互联系相互补充的内在

① [美]富勒:《法律的道德性》,郑戈译,北京:商务印书馆,2005 年版,第 41 页。
② 李步云:《法治中国的十条标准》,载《光明日报》,2016 年 8 月 1 日第 10 版。

联系,一起构成了法治中国的理想图景和现实样式。为实现依法治国、依法执政、依法行政共同推进,法治国家、法治政府、法治社会一体建设的目标提供了重要的目标指引,特别是把"完善的党内法规体系"也纳入社会主义法治体系之中,这是世界上其他国家从未有过的做法,极具中国特色,具有重大的现实意义和深远的历史意义,它意味着我国现实的法治实践中,法治的概念不再是单纯的国家治理问题,还包括执政党依法执政的问题,治国理政既要靠国法,也要靠党规,国法和党规是中国法治的"车之两轮,鸟之双翼"。可以说,"法治体系"这一概念的提出,是总结中国特色社会主义法治实践,是对世界法治实践的重大理论贡献,不但对我国法治建设具有里程碑的意义,而且在全世界范围内都构成了一场广泛而深刻的革命,它也必将在全国范围内唤起的无穷的制度力量和社会力量,极大地提升和加快国家治理体系和治理能力现代化的前进步伐,为建设中国特色社会主义法治国家,实现中华民族伟大复兴中国梦提供强有力的制度保障。

在"法治体系"这一概念提出的过程中,中国实践中的法治概念获得了新的内容,在现实或者实践的意蕴上,它包含着以下三个基本要义:

一是通过不断提高党的执政能力来熔铸和塑造法治之魂。应当说,在中国推行全面依法治国是党中央面对新时代新发展做出的正确决策,也是中国社会发展的历史选择。党的领导集体在治国理政的实践中认识到,要解决中国的问题,光靠经济的手段或者政治的手段都是不行的,还要靠法。但最关键的因素是党,要在加强和改善党的领导的基础上,实现党的领导、依法治国与人民当家作主的有机统一,从而实现党、国家、社会各项事务治理制度化、规范化、程序化。

二是通过不断强化法治政府建设来夯实和巩固法治之基。政府法治是法治的基础,依法行政是关键。在推进法治国家、法治政府、法治社会一体建设的实践中,法治国家是这个"一体建设"中总的统领,是总目标;法治政府和法治社会则是落实这个总纲领和实现这个总目标的两个重要内容和重要方面。在这个过程中,加强党的领导,坚持依法执政,是党在新的历史条件下执政的基本方式和基本要求;加强法治政府建设,实行依法行政,是各级政府在这个一体建设过程中必须坚持的基本准则。也就是说,法治政府相比于法治社会而言,在整个法治国家的过程中,更为根本和重要,它是法治之基。在这里,法治国家是"一体"中的"主体部分",法治政府则是这个"一体"中的重点和关键,没有法治政府就不可能有法治国家,政府法治化程度的高低直接影响到法治国家的建设水平。因此,在法治建设的实践中,要全面探索和建立法治在国家层面和政府层面,特别是政府法治化程度方面的指标体系,这样才能夯实法治建设的基础。

三是通过不断弘扬法治精神建设来扎实和养护法治之根。法治的精神根植于法治文化、表现于法治过程与法治实践。对于国家建设而言,它更多地表现为国家权力机关能否按照法治要求推进法治,也就是说,一个国家的法治程度如何,从精神层面主要看的就是是否存在一种依法办事的精神或者原则状态,对国家机关或者政府而言,强调的就是依法用权、依法行政;对于全体社会公众而言,就是是否能够依法维权,最终为形成全民族普遍"知法、用法、守法、敬法、护法",形成法治的精神观念和精神面貌而努力。用习近平总书记在首都各届纪念现行宪法公布施行三十周年大会上的讲话来表示就是,要形成"办事依法、遇事找法、解决问题用法、化解矛盾靠法"的良好法治环境,使法律的条文和规定能够内化为人们的自觉行动,在全社会树立起法治的信仰,这样,法治就能够成为根本的国家治理方式。

正是基于这样的实践认识,使人们对于法治这个抽象的国家治理概念转化为可以量化的具有可操作性的语汇。以中国社会科学院发布的《中国法治发展报告》(简称为"法治蓝皮书")为例,就是采用了这种实践的观点,描述中国法治建设的实际情况①。

---

① 在中国社会科学院《中国法治发展报告 No. 12(2014)》中,就从立法、人权保障、政府法治、司法改革、廉政法治、刑事法治、民商法治、社会法治等方面,分析了 2013 年中国鼠大王引发热法治热点和重点问题,对 55 个国务院部门、31 个省级政府、49 个省、自治区、直辖市的高级法院和 49 个较大的市的中级人民法院和检察院实施司法公开的情况进行调研和评估,并对最高人民法院和最高人民检察院的司法透明度和检务公开作出评估。参见中国社会科学院法学研究所主编:《中国法治发展报告 No. 12(2014)》,北京:社会科学文献出版社,2014 年版。

（三）本书对"法治"概念的理解

综合以上两个维度的法治,本书认为"法治"这个概念至少在以下三个层面上具有丰富的意义和价值:

第一个层面的意义或者价值是,法治彰显或者体现了一种制度或者治理层面的要义。这一层面的"法治"意味着,法律是以一定的制度方式存在于社会之中的,表现为以现代的法律制度来规范国家、政府和社会行为以实现"规则的统治"或者"制度的统治",这也就是通常所谓的在"制度"或者"规则"层面上的法治,也就是通过法律来治理国家。在这个层面上,法治最主要的方面就是法治政府,也就是说,在法治国家、法治政府和法治社会这个"三位一体"的法治体系中,法治政府是其中的关键与核心,法治中国建设过程中如果把法治政府建设好了,那么,法治国家和法治社会的问题就迎刃而解了。

第二个层面的意义或者价值是观念层面的。这个层面的"法治"主要表现的是人们的行为方式和思维习惯要遵循法治的思维和逻辑。这种思维或者观念层面的法治意味着:人们的思维、行动和习惯都要按照法律或者规则的要求和标准去从事,不得以法律或者规则之外的意志或者因素做出选择,也就是通常所说的要"依法办事"或者"普遍守法"。在这里,法治已经不再仅仅是一种外在的制度要求或者对行为的制度规范,而且它已经成为人们的某种内在行为准则或者行为习惯,内化为人们内在的守法意识和守法观念,形成一定的"守法思维"。在这样的思维状况下,人们的行为遵循了法治的标准、要求,而这些标准和要求是可以通过对人的守法状况描述出来。

第三个层面的意义或者价值是文化层面的。这个层面的"法治"强调的是法治的精神向度。也就是除了"制度"以外的精神层面的"文化",它不但包含了人们日常行为中已经形成的法治"习惯",也包括了人们对于法治所形成的"信仰"或者"信念",还包括人们对于法治的形成的理论或者理念,这些共同构成了法治的文化要素。

从上述三个层面来看,法治体现了思想、观念、行动的高度统一,也体现了制度、治理与文化的高度统一。对法治的形成或者塑造,不能单纯地看是否有制度或者治理的一般要求,还要看人们的思想观念、行为行动,还要看是否形成了相应的文化。

综观人类历史上走过的法治道路和已经形成的有关法治的"文化",可能主要存在两种基本的法治实践模式。第一种模式是建构主义式的法治实践模式,这种法治实践模式是依靠自上而下的国家公权力的力量,通过理性主义的制度设计和法治推进方式,实现法治目标和法治任务。在这个过程中,既要着力破除一切阻碍法治发展的社会因素,也就是要通过不断的改革,以"变法"方式破除对法治发展存在不利影响的诸种因素,也要通过理性化方式建立起相应的法律制度来规范国家、政府和社会的行为。归根结底,这种法治实践模式是一种自上而下的法治建设方式和法治生成逻辑,它需要法治的设计者,即法治的顶层设计者,应当具备两个基本的法治素养或者基本条件:一是对法治持有坚信不疑的信仰;二是在法治面前持谦卑尊敬的态度。只有这样,法治才可能真正落到实处。

另一种法治的实践模式是渐进主义方式的。法治的渐进主义方式主要是把法治生成和发展的动力还原为社会关系的自我调适,也就是依靠社会的力量实现法治"自生自发"式的发展,在这样的法治实践发展过程中,社会力量之所以能够以自发方式推动法治发展,主要是依赖于社会关系内部成长或者滋生了法治发展的内在需求和内在动力,社会利益关系和社会主体需要以法治的方式维护这种关系和主体各自的利益,并且在社会交往中保护和促进这一关系,从而形成理性、平等、民主以及保护权利与自由的法治治理方式。在这样的法治生成和发展过程中,法治发展的动力机制来源于社会内部,进而推动了国家层面的法治化,也正是在这个意义上,我们似乎可以把这种法治发展路径或者模式看作是一种"自下而上式"的法治内生式发展的逻辑,这里所说的"下"是指社会结构内部,而"上"则强调的是国家层面。由社会结构内部力量推动国家层面法治发展的主要是西方国家法治成长的方式。之所以强调这种法治实践模式是渐进主义的,主要是强调在这样的法治发展模式中,法治的成长是十分缓慢的,需要漫长的历史过程。一般说来,在渐进主义的法治实践方式下,法治的成长至少需要三个条件:一是较为成熟且理性的社会主体及相应的文化氛围的存在;二是具有相对宽容开放的社会和政治环境;三是形成了一定的平等交换和具有自由处分自身利益的市场交易秩序与经济交往方式。这三个条件从其内在的联系上来说,是相辅相成的,缺少任何一个都不利于渐进主义或者自发式法治的生成。其中经济方面的条件是基础性条件,是生成平等自由等现代法治观念的基础。但是,这三个条件在现实中有时并不能完全同时具备,相关条件在实际的历史发展进程中可能会有不同程度的差异,因此,渐进式法治发展模式在实际的历史发展进程中可能充满曲折,并非一帆风顺。

二、“法治评估”的概念

“评估”指的是判断某个事物的价值、正确性、可行性及可取性的过程。在《现代汉语词典》中,“评估”有“评议、估价、评价”①的意思,因此评估也常常与“评价”一词意思最接近,它指的是“按照一定的价值标准去判断某一特定的系统的整体,或者系统内部各要素、环节的结构及其功能的状态,并且判断该系统产出的数量和质量水平及与预期既定的目标的差距等基本情况,进而得到特定信息的过程”②。所以评估一般是一种第三方的行为,这样做的主要目的是为了保证评估结果的客观、公平和公正,增强评估的科学性和可信度。“评估”一词在英语中主要有三种表达方式“measurement”“evaluation”和“assessment”。一般说来,“measurement”一词的含义中所要表达的客观色彩较强,常常需要是数字化形式表达和展示某类事物或事件的状况,所以可以翻译为“测量”;而“evaluation”一词的褒义中则表达了更多的主观倾向,它强调对某一客体的价值或者意义等方面的判断,一般要翻译为“评价”,带有主观判断的意味。“assessment”

---

① 中国社会科学院语言研究所词典编辑室编:《现代汉语词典》(第5版),北京:商务印书馆, 2005年版,第1054页。

② 贠杰、杨诚虎:《公共政策评估:理论与方法》,北京:中国社会科学出版社,2006年版,第21页。

这个词兼具客观"测量"和主观"评价"这两个方面的意思,它一般被译为"评估"①。

法治评估就是由第三方,也就是由评估者按照一定的评估程序,根据一定的评估标准,对一个地区的法治状况进行描述、概括、归纳、统计并作出相应评议、判断和估价的过程。从促进法治发展的意义上来看,这种评估不但是判断法治发展状况的一种质量检测,更可以为法治的未来发展提供一种可能的有效预期。②因此,有学者指出:"法治评估乃是认识、评价和衡量法治发展真实状况,发掘当前法治发展的诸多问题和困难,并能够为法治体制的完善提供指引、继而追求更高水平法治的优化选择和制度创新。"③所以,法治评估不但要有一个中立、客观和具有经验的法治评估主体,还需要与评估目标相一致的评估程序,最重要的是要有能够衡量和判断法治状况并对法治发展进行预测的科学的"量化标准和评估体系"④。

因此,法治评估的过程,是把法治实践的诸个环节或者方面,通过理论归纳、逻辑分解和结构要素的分类、层次化,细化为若干存在内在联系的可量化的指标,对相关指标进行分层并赋予相应的权重,根据所设定的算法规则将其进行定量和定性分析,以期达成对法治状况进行判断的活动。举例来看,以中国地方法治评估中最早试行的"余杭法治评估"的实践经验来看,他们在法治评估中采用了"1个法治指数,以数字的方式对法治状况给予最简练的评价""4个层次指标的指标体系,即总目标、区级机关指标、乡镇指标和农村社区指标""9项群众满意度内容,即党风廉政建设、政府行政工作、司法工作、权利救济、社会法治意识程度、市场秩序规范性、监督工作、民主政治参与、安全感"⑤的评估结构,明确了各个评估要素的权重

① 孟涛:《国际法治评估的种类、原理方法》,载《清华法治论衡》,2015年第2期,第347页。
② 金善达:《法治指数评估的制度建设研究》,《福建法学》,2014年第4期,第8页。
③ 张德淼、康兰平《迈向实证主义的中国法治评估方法论——以世界正义工程法治指数建构方法为镜鉴》,载《理论与改革》,2015年第6期,第129页。
④ 廖奕:《法治如何评估?——以中国地方法治指数为例》,载《兰州学刊》,2012年第12期,第192页。
⑤ 钱弘道:《法治评估及其中国应用》,《中国社会科学》,2012年第4期,第147页。

及其算法,确定了相应的算法公式,进而对余杭法治的整体情况做出评判和预测。

从这种地方法治评估实践的情况来看,在评估的过程中,法治的诸要素被以算法的方式分解,并成为可计算、可判断和可估量的对象。也正是在这个意义上,法治评估把"法治"这个概念化的抽象范畴转化为具体的可操作的具体对象。基于这样的思路,我们就可以理解在当前工程主义思维下,法治可以转化为一些具体指标,例如,"世界正义工程"就从法治评估的意义上赋予了法治以新的定义,这个定义就是,法治是"由一个以规则为基础,由四个普适性原则支撑的系统",其中,法治的这"四个原则分别是:政府及其官员、代表负有法律责任;法律明确、公开而稳定;法律制定、实施与执行的程序是可接近的,公平而高效;审判者、律师或代理人、司法官员提供接近正义的机会,他们人员充足,能干、独立而有德行,有着充分的资源,体现了他们所服务的共同体的构成"[①]。我们一般可以把这个原则进一步以理论化的方式概括为"政府责任原则""法律公开原则""程序正义原则"和"司法独立原则"。

事实上,法治评估尽管试图把法治概念分解成为可量化的具体原则或者标准,但是法治作为现代文明的基本要素,其在某些文化方面的要素实际上是很难量的。例如,它对人的思维习惯、对现实文化的影响、对人们观念和信仰的塑造、对现实的制度和机制的影响和改变的深度与广度等,都很难用具体的指标或者数据来测量。按照法治"建构主义"逻辑,把法治内在要素中的诸个方面以指数化或者指标体系分解开来,必然要承担对法治划分过程中存在的"逻辑漏洞"与"现实指向不足"的困境,也就是说,无论如何划分法治建设的指标,建立什么样的指标体系,都不可能绝对充分和完全地还原法治建设的真相,不可能对法治文化做出完全客观意义上的判断。但是,这并不妨碍我们通过理性建构的方法来推进法治建设,不妨碍设定一定指标体系来评价法治的某些主要指标是否达成的评估活动。

[①] Juan C. Botero and Alejandro Ponce. Measuring the Rule of Law[R]. The World Justice Project-Working Papers Series No. 001. 2011,5.

对于法治中国的当前建设任务来说,其重心不是在于是否形成了符合法治要求的法律制度体系或者法律机制,重要的是要从长远出发,设定和研究如何在观念或者信仰的文化层面推进法治。法治作为人类文明的最高体现就是在文化意义上的法治,而非制度上的法治。法治中国不仅是在国家、政府和社会三个层面形成制度化的法律环境,更为重要的是要用法治的理念、法治的精神和法治的观念影响人、塑造人、引导人,使法治成为一种文化,成为一种信仰。

正是从这个意义上来说,法治评估就是通过一种过程评价与结果评价相结合的方式,对某个地方或者某个领域一个时期（一般是一年）中的法治建设实际效果进行评价,试图通过预先设定好的法治指标"量表"对已经设定的法治"工程图纸"的推进情况、推进效果进行评价,以估量未来法治的发展走势。应当说,这种采用量化分析方法设计法治建设标准的做法,本无可厚非,因为法治指数的量化,或者说对法治建设以指标的数字化与数量化方式进行测量和评价,本身就表达了一种将法治建设过程和建设效果进行细化与具体化的努力,是一种通过实证化方式推动法治建设的努力。然而,这种量化法治评估的方式在实践中也可能存在以下问题,从而产生有关法治评估问题上的疏忽。

一是由于法治指标设定是从统一的指数设定原则出发,目的是为了实现和反映法治的统一性要求,但在评估实践中容易忽略法治地方性的差异性与多样性。应当说,某个地区的法治虽然有自己的地方特点和发展程度上的差异,但存在一定的共性,在法治上尤其如此,但是,在法治发展中不能片面强调这种统一性与共性而忽略各地在发展程度、独特的风俗习惯、民族差异、自然条件等方面的因素,不能忽略各地在具体法治建设中实际的立法、执法、司法与法治环境差异,在形式上或者评估过程中统一要求按照一种模式或者指标体系来评价法治和判断法治指标体系落实情况,就会出现一定的偏颇和不足。

二是在法治建设中通过法治评估达成对法治建设的评价与判断,如果孤立或者片面地追求指标数据,夸大法治指标的实效性,就可能造成"唯指标主义"的问题,导致某种法治的急功近利,出现所谓法治功利主义,导致法治的"急功近利"后果。这一问题与绩效主义的法治逻辑不无关联。一方面,对地方政府进行绩效评价是推动政府法治建设的重要内容和举措,这本无可厚非,另一方面,如果过分强调这种绩效性指标也会在一定程度上偏离法治实际,如果在法治建设实际过程中不能把相关指标与具体的法治工作结合起来,特别在临近评估时临时"抱佛脚""凑指数",那么就会产生相反的后果,出现"虚假数据"问题。笔者在研究过程中发现,对某些法治指标体系而言,有的数据比例的设定完全是人为化的,甚至在某种程度上来说可能是"可虚可实的",比如在立法评估中的涉及立法听证的指标,可能存在如下问题,包括听证次数、听证对象、听证效果等方面可能存在虚假问题。又比如关于立法调研次数的指数也存在可虚可实的状况,因为到何处开展调研、调研哪些内容、怎么开展调研、调研到什么程度,以及对调研来的材料是否进行了整理、回馈等也可能存在主观随意性较大的情况。从这些情况可以发现,就某些指数而言,完全由受调查者自身来决定其数据,可高可低。对另一些指标而言,则更容易虚化。例如对司法体制改革的成效、对法律服务体系的完善等等,这些指标是一种过程性的、发展性的指标,不容易建立起具体的可度量的标准,也很难把其精准客观地描述出来,因此,这类指标也容易变成一种片面追求法治绩效的"弹性化指标"。

三是在法治建设中法治目标存在着多元化,例如要促进经济发展与社会进步、要维护社会稳定与公正公平、要营造良好的法治文化环境、更要切实保障和维护人民的主体地位和法律权利等等。但在法治指标设定方面,这些价值性因素在不同的指数设定方面体现的是单一价值,把各个指标简单加到一起也不能等同于法治的目标,甚至会出现指标设定与法治建设应当追求的实际目标不相符合的情形,即出现所谓"指标体系"掩盖下的非法治的意图或者结果。并且,法治建设或者评估的指标体系一经设计、推广和施行,就会形成一个相对封闭的指标体系的孤立空间,全社会包括国家、各级人民政府和社会主体都要按照这个空间中提供的法治评判标准来对照和反思自身的行动,要看自身的行动是否达到了指标体系设定的要求,存在着什么样的差距,使法治建设在形式和内容上两个方面转化成一种"按照工程图纸"进行"施工建设"的状况。也就是说,指标体系为法治建设工程设定了某种评价式的"工程质量图纸",法治建设在某种意义上变成了按图纸工作的施工过程。虽然有图纸的施工总比没图纸的施工更能提高工程建设的效率,但就法治状况而言,其决定、条例不在于是否有这个图纸,而在于这个图纸一经提供,如果指标设定不科学,就会使法治建设的方向偏离轨道。

在当代中国,法治状况仍然面临着不同程度的复杂性因素,法治发展面临的不均衡、不充分等问题依然存在,全国法治建设的基本要求与地方法治发展的差异性问题依然存在,虽然在一些评估过程中,有的地方得分高一些,有的地方低一些,如果不能采用更为合理科学的评价体系和评价方法,则得分的参考意义就会大打折扣。

三、"法治指数"的概念

指标（indicators）或者指数（index）,有时也称为统计指标或者统计指数,在统计学上主要是用来分析社会经济现象数量变化的一种重要统计方法。它是18世纪后期为了应对美洲新大陆开采过程中产生的金银不断流入欧洲进而导致欧洲物价突然上涨的问题,经济学家们开始尝试通过编制所谓"物价指数"以描述宏观经济运行,对经济发展状况进行预测的一种经济学上的研究工具和研究范畴。此后,在社会学、管理学等领域也开始借助"指数"这一工具模型研究有关社会发展、组织管理等问题,用以描述和分析社会活动中经济变动、社会发展和组织运行的概念。事实上,"指数"作为一种"相对"数据,在研究社会或者组织发展问题的过程中,它是通过测定有关社会发展或者组织活动中的相关要素,以及相关要素的变动及影响程度的方式来描述对象的。在经济学研究中,这些指数可以分为"个体性指数"和"总指数"。所谓"个体性指数",反映的是个体经济现象变动过程中所呈现出来的一个的相对数值或者数据,例如在生产领域中某个个别产品的生产指数或者在经营领域某类商品或者某个商品的价格指数等等。所谓"总指数",则是指那些用以说明整个经济活动或者整个经济变动过程的相对数值,例如一个国家或者地区的工业生产总值的经济指数、一个区域在一定时期内的居民消费指数等等。

在统计学上,一般而言,按要评价的现象性质的不同,统计指数还可以划分为"数量指数"和"质量指数"。数量指数主要是为了反映统计对象在数量上的变动情况,例如在宏观经济发展中的商品销售量的指数。质量指数则主要是为了统计要评估对象的质量变动状况的指数,例如经济统计和经济评估中常用的生产成本指数、劳动生产率指数等等。

在法治建设过程中,法治指数(Index of Rule of Law)主要是作为一种评价或者评估性的指标方式存在的,因此有时又称为"法治评估指标"或者"法治评价指标",指的是对"法治"建设实践状况的"指数化"描述,是通过对法治建设过程中呈现出来的各项具体要素或者标准,以一定的数量化、质量化程度进行具体的数据化表达的一种方式。在形成法治指数的过程中,首先要对法治进行概念化和要素化界定,在形成一套关于法治的完备性、单项性、互斥性和互换性①的指标体系的过程中,将其数据化、量表化。有学者甚至将"法治指数"与"法治评估"这两个概念等同起来使用,就是考虑到法治指数的使用总是与一定法治评估活动相联系的。②但在笔者看来,这样的用法可能并不十分准确。因为,从概念的一般使用上来说,"法治指数"作为一种"指数",它首先是一个静态的概念,是通过数据化方式来表达法治状况的数字性标准,这一标准包括各级指标、相关的权重等内容,而法治评估则是一个动态概念,是法治评估的过程,包括评估主体运用评估指标体系和一定的评估方法对法治建设活动进行具体评估的过程,在这个过程中进而形成有关评估的意见和结论。就此而言,法治指数仅仅是构成法治评估的重要依据或者方面,而不能用其取代法治评估的所有内容,它只是法治评估的一项基本要素和内容,而不是法治评估的全部,因此,两者不能混同。

然而,各地在法治评估实践中所采用的具体评估方法与计算方式、对"法治"进行"概念化"提炼和"要素化"的指标分解过程中,由于标准

---

① 孟涛:《法治指数的建构逻辑:世界法治指数分析及其借鉴》,《江苏行政学院学报》,2015 年第 1 期,第 121 页。

② 汪全胜:《法治评估主体的模式探析》,《法治研究》,2015 年第 2 期,第 108 页。

不同、理解不同,就形成了不同的法治指标体系,也形成了对同一类法治建设指标不同的判断标准。据本书的不完全归纳,目前在国际范围内比较有影响的国际法治评估中常见的、具有一定代表性的法治指数有:"世界正义工程"(the World Justice Project)指数,其中包含 16 个一级指数和 68 个二级指数;"余杭法治指数",采取了"4(四个层次的评估指标)9(九项满意度问卷调查)"的结构进行了相关的量化评价等类型。

实际上,法治指数在不同的国家治理指标体系中所采用的标准和办法是各不相同的,例如联合国开发署(UNDP)、经合组织(OECD)、世界银行(WB)等对国家治理评估的指标体系中有关法治指数就采取了不同的指数设计方式。以其中影响较大的有世界银行的"世界治理指标"(WGI)体系中的法治指数为例,这一指数具体包含了"合同执行、金融诈骗与洗钱、组织犯罪、警察质量、暴力犯罪、司法独立与公正"等 44 项具体的法治衡量指标[①]。为此,有学者断言,"法治指数"对我国而言就是一种"舶来品",因为它不但从西方产生,而且它体现了"法律全球化背景下一种全新的世界法律地图,是法律散播(Diffusion of Law)的一种新形式。它所传播的是特定的法治理念,有特殊的原始样本,自然难以避免地产生一系列扭曲作用,成为葡萄牙学者桑托斯(Boaventura de Sousa Santos)所说的'自上而下的全球化'过程的组成部分"[②]。

在我国,由于各地方在推行法治评估的时间不同,在其先后开展的过程中,就存在着各地互相借鉴以及在评估中不断完善、不断发展自身的评估指标的过程,以深圳市为例,在法治指数设计上就吸收了国内很多先行先试的经验,并结合深圳作为中国经济发达地区和文明城市建设的经验,形成了以法治政府评估为核心的包含 10 个大项、46 个子项、212 个细项的法治指数体系。

概括不同类型的法治指数,它们具有以下几点共性:

---

① Daniel Kaufmann, AartKraay, Massimo Mastruzzi: Governance Matters VIII: Aggregate and IndividualGovernance Indicators(1996–2008), Policy Research Working Paper.

② 鲁楠:《世界法治指数的缘起与流变》,载《环球法律评论》,2014 年第 4 期,第 118 页。

一是法治指数的层次性。所有的法治指数都分为一定的层次，一般都包含两个或两个以上的层次。第一层次是总体指标，这些指标常常与对"法治"概念的一般理解有关，它也往往要对应一个国家法治建设中的主要领域、主要方面、主要主体和部门；第二个层次的指数主要是对第一个层次指数的进一步分解与阐释，目的是明确第一个层次指数的意义和要求；第三个层次的指数是对第一和第二个层次指数的进一步阐释、细化和补充，目的是为了增强具体了解法治细节的一些内容。这三个层次之间存在着一定的内在结构性关联，是层层递进的关系，但这并不意味着它可以涵盖法治环节的方方面面。特别是法治指数中涉及一定数量的满意度调查方面的指数，这里面存在一定的主观因素，是法治指数设计中一个值得注意的问题。

二是法治指数的可控性。以"世界正义工程"的法治指数为例，它是通过利用两大数据来源对法治状况进行分析评估的。这两大数据来源都体现了一定数据调查的可控性特点：一种方式是采用"普通人口抽查（GPP）"方式对登记在簿的居民进行抽样调查，通过委托资深的专业公司对被调查国家中三个被选定的有代表性的城市进行为数 1000 名受访者的调查，调查每 3 年进行一次；另一种方式是对确定的"专家型受访者"进行问卷调查（QRQ），一般每年进行一次，受访的专家者包括从事法律职业的学者、实务工作者和各个领域与法律相关的专家学者等。由于选取的调查对象、调查领域、调查内容是预先确定的，因此，指数的形成具有一定的可控性，一般都是在预期的范围之内。

三是法治指数的动态性。事实上，一些指数数据总是体现为动态的过程，它实际上反映的是法治的动态过程。一般而言，法治指数本身就是试图全面、系统、完整地反映和描述法治状况的"地图"，从这个意义上来说，法治指数的设计应当或者说必须能够最大限度地反映法治的动态过程，因此其指数的内容也必将是动态性的，这样才能体现法治的动态过程。

四是法治指数的客观中立性。这是强调"法治指数"一般都应当是政府以外的第三方设计或者提供的，否则无法实现评价的中立性与客观性。并且，如果由政府自身设计法治指数，很容易造成因本身既是指标的设计者，又是指标的评估者，不利于指数生成的客观性和中立性，容易出现虚假的数据。同时,法治指数必须是经由实际的客观调查获得,是"一手资料",而非转述或者援引的二手信息,这样能够保障法治评估的真实性与客观性。此外,为了保证法治指数的客观中立性,法治指数的设计者必须保持一种中立客观的表达立场,就是要站在调查对象的角度来思考和认识问题,以受调查者的视角来思考法治的诸多要素和具体指数,当不同受调查者对法治持有相互冲突的观点或者不同认识时,法治指数的设计者必须能够以"折中""中庸"或者"综合"的观点来阐释或者表述指数的内容,使受调查者得以一种"普通人"的理性水准、理解能力和知识水平能够对其进行相应的判断。

五是法治指数表达的清晰性。这主要是强调在法治指数的设计中,特别是在法治评估的调查环节,调查者对法治指数要进行清晰、完整、明确的表述,使受调查对象能够准确、完整、明确地理解和认知有关调查内容,以及调查内容中的相关术语,特别是在调查中应当尽最大限度减少对法治术语表达的歧义性内容,使受调查对象得以在统一的术语解释范围内对调查内容做出回应,这样能够保证调查出来的指数是同一的、准确的。正是在这个意义上,有学者指出,"法治指数"能够为受调查者提供一套清晰、完整、明确的"法律地图",向受调查者展示一套清晰的法治图画,而这也正是桑托斯、推宁等比较法学家所热切期盼的一种有关法治实施的理想图景,更是诸多比较法学家例如梅里曼等人坚持对法治进行"定量比较"分析设计的"初心"体现。

四、"法治建设指标体系" 的概念

法治建设指标体系,从广义上来说,也可称为法治指标体系,它是有关法治指数的系统化和整体化表达,是有关法治建设总体情况的数据表达系统。随着法治建设的不断深化,法治指标体系的范围不断扩大,表达的内容也越来越丰富和立体。有学者提出,"法治建设指标体系应当包括法律规范体系、法治实施体系、法治监督体系、法治保障体系、党内法规体系和法治效果体系在内"[①]。本书从我国法治建设实践的角度,特别是由这种实践展开的评估的角度对法治建设指标体系这一概念进行分析,认为广义上的法治建设指标体系这一概念的外延可以包含法治建设整体状况的指标体系、立法建设方面的指标体系、司法改革以及司法透明的指标体系、法治政府建设方面的指标体系、廉政法治(或者反腐败)建设的指标体系、以及不同领域(刑事法治、民商经济法治、社会法治、涉外法治),以及地方法治建设(地方法治政府建设)等等内容,这些内容与当前中国法治建设的推进情况以及与此相对应的评估的实际情况是一致的,反映了当前国内对法治建设指标体系的认知水平。

从狭义上来说,法治建设指标体系还可以具体划分为法治建设过程中的"指标体系"或者"任务体系""目标体系"(狭义的法治建设指标体系)和法治评估中的"指数体系"。前者侧重于强调在法治建设实际过程中的具体的目标和任务安排,例如有关法治政府建设的规划、实施方案中的目标任务安排;而后者则是对这一目标任务安排设计的评价标准,涉及具体的量化性指数的权重与计算。本书所说的"法治建设指标体系""法

[①] 朱景文:《中国法治评估指标体系及总体状况分析》,载《人民论坛·学术前沿》,2018年2月下,第48页。

治指标体系"都是在广义上使用的,包括了法治建设过程中的指标和评估中要预设的标准这样两个方面,可以看作是对法治建设指标体系研究的一般理论层面的探讨。

在各种具体的法治建设指标体系中,在指数设计、调查问卷、评估指向上,不仅要看立法、执法、司法等国家机关所提供的数据,在实践中还十分重视法学教育机构、法学专家、法律职业工作者的看法,特别是要重视普通社会公众对法治的认识、理解和看法,以使有关指标体系的设计能够反映广大公众对法治建设需求的获得感和满意度。因此,无论是哪种具体类型的法治指标体系,都与这样三种主体发生关联:一是国家机关及其工作人员;二是法学专家学者;三是普通的社会公众。它体现了法治指标体系设计时必须考虑的三个主体,相关指标体系应当以社会公众为基点,在三种主体的判断中寻求一种折中的立场。

事实上,法治指标建设标体系的设计总是体现一定的现实立场和实践需求导向。在现实的法治指标体系设计中不可避免地带有时代的现实烙印。在立法的各项指标体系中,相关的指标体系设计主要围绕在法治建设过程中如何提高立法质量,体现和促进科学立法、民主立法、依法立法等加强法律法规的完善为主要内容,为深化改革提供立法保障,并在实践中加强立法机关自身作用等方面设计相关的指数和细化标准。在法治政府建设的指标体系中,随着国家全面建设法治政府、全面深化政府改革、全面推进政府职能转变等过程中,法治政府建设的各项任务不断细化,与其相关的各项指标体系也应当不断细化,近些年来,这些指标主要是围绕着政府依法行政、政府"放管服"改革、机构改革、公共服务提供、信息公开等方面的内容来设计,体现了改革与法治相互促进和相互影响的状况。在司法体制改革过程中的司法方面的指标体系方面,其重心围绕司法改革、司法机关依法独立行使审判权和检察权、健全明晰的司法权力运行机制、提高司法透明度和公信力、提供人民对司法的满意度和获得感、完善司法程序与权利救济机制、更好地救济维护和保障人权等内容来设计。在廉政法治建设与反腐败法治建设方面的指标体系建设上,重点围绕下列指标体系进行设计,即完善廉政建设方面的法律法规的制度建设,规范公权力运行的程序机制,明确细化权力行使的责任,在对权力的负面清单、责任清单有细化规定,加大巡视监督工作力度,完善监察工作方式等。在民商经济法治建设的指标体系设计上,通过推动民商经济领域的法律制度完善,助力深化改革,加强社会诚信建设的评估,打击违法违规的民商经济行为,保护市场主体的合法权益等等。

第二章 法治建设指标体系发展的概况
及存在的问题

在研究法治建设指标体系中权利指数的过程中,在明确了相关概念的基础上,要重点研究的就是法治建设指标体系形成发展的过程,以及存在的问题,并通过对其发展概况的梳理和存在问题的反思,深入理解和把握权利指数设计对于法治建设指标形成的重要性,在法治建设的实践中强化权利对法治建设的重大影响力,从而有力地推动社会主义法治建设的进一步发展。

一、法治建设指标体系的产生与发展过程

世界各国在法治建设的过程中,并不是一开始就设计或者遵循了以法治指数来评估、判断本国法治建设实际状况的,从而形成了各具特点的法治建设指标体系。事实上,很多西方国家走过的法治道路,都有自身内在的逻辑。徐爱国教授概括认为,英国的法治是一种"自下而上的""内生型的法治",德国的法治是一种"自上而下的""权威型法治。"[1]这些法治类

---

[1] 徐爱国:《西方国家法治的形成对中国的参照》,载《人民论坛》,2013年第10期,第22页。

型在形成和发展的过程中,体现了渐进式发展的基本特点,以往学者们对这种渐进主义逻辑生成的法治的评判多是运用抽象的理论概括来进行分析。例如英国著名的宪法学家戴雪对英国法治道路的概括为三个层次:第一个层次是人民非依法定的程序,并由普通法院证明其为违法,那么就不能遭受到来自于财产的或者人身方面的不利处罚,这就是法治的要义,也就是要通过防止"人治政府"拥有"极其武断"和"极其强夺"的权力,这样的权力在戴雪看来是极不正当的;第二个层次是法律面前人人平等,即每一个英国人不论其地位或者阶级如何,或者是否在英国境外,只要其在普通法律管辖之下,都应当受到英国普通法院的管辖;第三个层次是宪法是英国各个法院由涉及私人权利的个案判决所形成的"智慧之果",其基本要义是,宪法是法院保障人权的结果而非保障人权的来源。①这是戴雪从英国历史的角度概括出来的,具有英国特点的法治概念,它实际上提出了英国法治的三个抽象特点,一是反对专制;二是提倡法律平等;三是依法保障人权。这三个概括和评判法治的方式与其说是经验主义的,倒不如说是一种抽象的理论归纳,它形成了有关英国法治认识的三个基本指标,即对于专制性权力的、人民在法律上的地位和保障人权这三个方面的基本指标。这样的法治评判模式还有马克斯·韦伯和昂格尔的研究。马克斯·韦伯按照统治类型理论和法律秩序的理想类型理论,提出了他的法治类型观点。韦伯认为,形式与实质、理性与非理性是法律秩序理论的两对最基本的尺度。韦伯以此做出推论,他认为意味着现代法治形成的显著特征就是法律由非理性向理性和形式体系方向发展。在韦伯的影响下,昂格尔的观点有了进一步推进,他把社会形态分为"部落社会""贵族社会"和"自由社会",分别相对应的是"习惯法""官僚法"和"规则法"。在昂格尔看来,只有在自由社会中的规则性的法律,才真正体现出如下特点,即"公共性""实在性""普遍性"和"自治性"。只有在这样的社会中,立法和法律适用才能高度一致,这样的法治才是严格意义上的"法治"。②这些对法治

---

① [英]戴雪:《英宪精义》,雷宾南译,北京:中国法制出版社,2001年版,中文再版序文,第4页。

② 秦麟征:《关于美国的社会指标运动》,载《国外社会科学》,1983年第3期,第29页。

的评判充满了学者们个人的理论化色彩。

然而,用一套由诸多个实践性指标所构成的法治建设所要达成的法治体系,从某种意义上来说,仍然是对法治建设进行的"平面化"的"描述性"体系,它实际上是高度概括和凝炼人们对法治实践的一种抽象认知,把法治实践的某些方面以"指标化"方式提炼出来,实际上是为了使人们在法治建设过程中更加清晰地理解法治的一些基本要素和要求,更好地为实现这些要求而不断改善法治建设过程中的一些不足之处。然而,这样理解和认识法治本身,难免对法治建设复杂而多样化的实践"挂一漏万",造成对复杂法治现象的简单化认识,甚至形成对于法治的片面化、局部化,甚至是碎片化认识。

但为了使这样的简化法治的做法能够引起人们的高度警觉和重视,就有必要在凝练法治原则、概括法治精神、把握法治诸要素和诸指标的过程中,尽可能体现法治实践的原貌,但又不能失之过细,否则也无法形成统一、普遍和共性认识。因此,建立科学、合理、客观、中立的法治观测系统就显得尤其重要。事实上,与法治建设指标体系相适应的法治评估指标体系,就是试图解决这一问题的努力。本研究虽然对法治建设指标体系与法治评估指标体系未做严格的区分,但也注意到这二者之间的较大的差异。但从一般理论研究的立场上来说,建设一个法治评估指标体系,以数值化的方式去评判一个国家或地区的法治状态,就是试图能够建立起相对科学、合理、客观的观测系统,希望以中立的评价指标来认识实践中的法治、实际的法治状况,使复杂、丰富、多样化的法治能够被人所认识。

有学者研究认为,以量化方式认识和评估法治实践情况的做法,一是受经济学界对经济发展进行数据跟踪和评估的实践的影响,二是受到20世纪五六十年代美国社会指标运动的影响[①]。他们认为,这样的做法体现了社会上对法治建设的某种"总结式"期待,就是希望在法治领域中寻找到一种直观、化繁为简的方法,为法治建设绘制一幅明晰、可视的法律数字

---

① 屈茂辉、匡凯:《社会指标运动中法治评价的演进》,载《环球法律评论》,2013年第3期,第30页。

地图。①

但是,值得注意的是,法治指标体系的设计不是单纯的数字的统计累计,也不是纯粹的某种经济指数式 GDP 量表,由于它总是要根植于某种法治原则、理念和法治实践进行调查分析和概括统计,是从某种标准出发的一种评判过程,因此带有很强的主观性色彩,研究法治建设指标体系生成的过程,有助于我们认清这一法治评判方式的内在规律和特点。

(一)国外有关法治评估指标体系的早期探索和实践

在国外,法治评估指标体系的最初实践肇始于 20 世纪 50 年代的"法律与发展研究运动"②。在这一运动中,美国出于政治、文化、"冷战"政策推行等多方考虑,向二战后新兴的第三世界发展中国家输出"美式法治价值观",通过一些非政府组织,向拉丁美洲和北非等发展中国家和地区输出美式法律教育,提供法律援助,以推进这些国家和地区的法治建设水平。从这场运动的性质上来看,它本质上是由美国政府主导、由美国学者参与的一种基于实践和理论研究两者相结合的法治文化扩张方式,是以美国为代表的"西方资本主义国家竭力想将新兴发展中国家拉入资本主义阵营"③的一种"政治上的"努力,是一种法律价值观和美式意识形态输出的活动。正如有学者指出的,法律和发展运动虽然是美国向第三世界国家输出法律意识形态的行动之一,但其客观上也符合了第三世界国家追求社会发展,实现经济和社会文明共同进步的实际需求。④在法律与发展运动中,一批美

---

① 鲁楠:《世界法治指数的缘起与流变》,载《环球法律评论》,2014 年第 4 期,第 119 页。

② "法律与发展研究运动"(Studies in Law and Development,简称 SLADE),也称为"法律与发展运动",是 20 世纪 60 年代作为一个潜在的、新的学术研究领域开始出现的。最初开始于二战以后的发展援助以及随即兴起的发展研究,是研究发展问题的学者和执行、实施发展战略与政策的美国官员的课题之一。法律与发展研究产生的背景主要是,一是二战以后西方发达国家发展援助政策的实行,配合"冷战"政策,实行意识形态输出;二是西方法学研究的学术传统的促成;三是社会法学研究的扩展。见姚建宗:《美国法律与发展研究运动述评》,北京:法律出版社,2006 年版,第 42-44 页。

③ 姚建宗:《美国法律与发展研究运动述评》,北京:法律出版社,2006 年版,第 6 页。

④ 李桂林:《法律与发展运动的新发展》,载《法治论丛》,2006 年第 5 期,第 15 页。

国法学界的学者,前往拉美和北美进行法律援助,同时也将美国的法律教育和法律意识形态传播到其他地区。这一行动计划得到了美国国际开发署和福特基金会的资助,派遣的学者是大部分都来自美国律师协会、美国国际法学会以及国际法律中心等机构或哈佛、耶鲁、斯坦福和威斯康星等大学。这些人主要是一些研究比较法的学者、第三世界法律专家和法人类学家,还有的是其他学科,例如历史学、文化学、人类学,乃至一些工程学科。①这一运动虽然并未进行完毕,但却留下了很多宝贵的文化遗产,有的甚至在今天仍发挥着重要的学术影响。②

在美国"法律与发展研究"的课题中由于研究课题主要是围绕二战结束后的新兴发展中国家,特别是拉美国家等新兴发展中国家面临的发展的各种问题,需要在理论研究和发展实践中把法律问题与发展问题结合起来,这就为该研究提供了必要的实践基础。这一研究运动最初只是在发展中国家的发展研究中涉及了法律问题,后来包括了英美等发达国家,甚至联合国社会发展研究所等国际机构在相关的理论与实践中,都把法律视为一种重要的发展指标。在法律与发展运动发展的初始阶段,学者们就重视对法律研究定量方法的推进。梅里曼等人指出,"法律研究在性质上通常是非定量的,它一般被限定在某些种类的问题和研究上,以引导学者们对某些规定作出解释,对有关争论的性质作出认定,并判断规则的效用(utility),对思想或学说的起源进行讨论,对概念予以提炼或概括,以廓清其区别。法律工作者(lawyer)也不是被训练成处理成定量事物的能手"④。

---

① 姚建宗:《美国法律与发展研究运动述评》,北京:法律出版社,2006 年版,第 68 页。

② 姚建宗:《美国法律与发展研究运动述评》,北京:法律出版社,2006 年版,第 70—72 页。

③ 第二次世界大战之后,在全球范围内发生了一个非常重要的政治与历史现象,那就是亚洲、非洲和拉丁美洲地区许多原来属于西方发达资本主义国家的殖民地先后获得了独立。而这些新获得独立的第三世界国家又都普遍地面临着严重的经济、社会和政治方面的不发展和落后问题,因此,这些国家本身不能不具有强烈的发展愿望和要求;同时,原来控制这些殖民地的西方发达资本主义国家在这些第三世界国家独立之后依然试图保持和加强其对这些国家在经济、社会、政治和文化方面的影响。于是,在这样的背景之下,以这些第三世界发展中国家的发展问题为核心的发展研究与发展的政策实践也就在 20 世纪 50 年代逐渐兴盛起来。见姚建宗:《美国法律与发展研究运动述评》,北京:法律出版社,2006 年版,上篇,第 1 页。

④ 姚建宗:《美国法律与发展研究运动述评》,北京:法律出版社,第 65 页。

不过,法律与发展研究却提出,应当以定量为主,并辅以定性,实现定量和定性相结合。按照这样的思路,梅里曼等人将"法律制度分析结构"做成图表的形式,将法律制度不仅加以定量的描述,同时又给予定量的比较。他们把"法律制度"分解为为六个具体结构,即"立法""行政""司法""私法行为""法律执行""法律教育和法律职业"。不仅如此,在每一个具体结构又由不同的组成元素,如"机构""工作人员""程序"和"消耗资源"等。通过这样的细分,人们对于法律制度不仅有比较直观的了解,同时也便于对其进行量的比较和描述,以及进行最终的定性分析。

这种定量分析的方法影响了后来的对社会发展等问题的研究,例如联合国社会发展研究所(U. N. Research Institute for Social Development)在 20 世纪 60 年代末 70 年代初出版的《社会发展指标汇编》一书中,就把法律视为发展的重要指标来看待[①]。法律作为一种指数被逐渐地被法学家接受。由于这种研究一开始就是以一种量化研究的方式被学者采用,因此,在以后的研究中这一方法也被学者普遍重视。20 世纪 70 年代初,美国国际开发署给予美国斯坦福大学法学院一笔专项拨款。该款项用于拓展和深化"法律与发展"问题的研究,力图进一步推进法律与发展研究运动的新发展。法律学者们将他们的研究视角投向欧洲大陆和拉美,经过长达5 年多的时间完成了"法律与发展研究"项目,并将这一项目成果在 1979年出版[②],在这本书中,研究者们进一步把这些量化分析的方法系统化,对欧洲和拉丁美洲一些国家的法律制度状况进行了比较全面的定量分析和数学化的处理与描述,在此基础上对这些地方的法治总体情况进行了评判,这一方法被比较法学者明确称为"定量比较法"[③],开创了比较法研究

---

① 美国的法律与发展研究经历了 20 世纪 60 年代的蓬勃发展和 70 年代的反思批判后,在80 年代渐归沉寂,但它对当代的法律与发展的研究和实践都产生了深远的影响相关研究。详见姚建宗:《法律与发展研究导论》,长春:吉林大学出版社, 1998 年版,第 7—8 页。

② 从事这一项目研究的学者梅里曼、克拉克与弗里德曼等人出版了《大陆欧洲和拉丁美洲的法律与社会变化》一书,作为此项目的最终研究成果,该书受到了国际上法治研究学者的普遍关注。

③ 参见[美]梅里曼等:《"法律与发展研究"的特性》,俗僧译,载《比较法研究》,1990年第 2 期,第 55—61 页。

的新领域。

应当说，在传统比较法学研究领域，一般采用的方法是规范比较或者制度比较，按照龚祥瑞先生在《比较宪法与行政法》一书中的概括，比较法研究一般遵循四个步骤，分别是掌握资料、反映情况、进行分析、作出评价①。法国著名的比较法学家勒内·达维在他的代表作《当代世界的法律体系》一书中通过回顾比较法的历史研究了比较法的意义，指出比较法研究的重要方法和研究内容，主要包括不同地区的法律制度、法系、法的结构、法的数量、法的可变要素与不变要素、法的归类以及归类体系。②这些研究重视文本与资料分析、重视社会学方法的运用，例如田野调查等，因此与法社会学、法文化学有着天然的联系，但很少采用数字化的量化方式进行研究。

与传统比较法学研究方法不同的是，法律与发展研究运动中提出的定量研究，其研究方法主要是将法律制度结构化为几个具体方面，每一个具体方面都有不同的指标来进行量化描述。以此为基础，比较出不同国家和地区法律制度在不同历史时期的变化情况。这种分析因此具有横向比较和纵向比较两个维度。在法律与发展研究运动中，美国的比较法学家们首先选取了拉丁美洲和欧洲一些国家③的法律制度作为样本，通过对这些地区国家的法律制度进行比较和量化分析，指出这些法律制度与社会变化有着内在的关系，可以通过一些量化的指标来进行测量，并同时对这些现象进行分析和描述。法学家们认为外部法律文化和内部法律文化对法律制度的作用有很大不同：外部法律文化对社会变化进行调整，其辐射出来的力量，导致它们趋近或远离法律制度；而内部法律文化则影响法律制度用何种方式接受这些社会变化。法学家们最后得出结论，即由法律文化所认同的社会变化将会推动法律制度发生一定的变化。④

---

① 龚祥瑞：《比较宪法与行政法》，北京：中国政法大学出版社，2003年版，第28页。

② ［法］勒内·达维：《当代主要法律体系》，漆竹生译，上海：上海译文出版社，1984年版，第7—24页。

③ 他们选取的国家为智利、哥伦比亚、哥斯达黎加、意大利、秘鲁和西班牙这六个国家。

④ ［美］梅里曼等：《"法律与发展研究"的特性》，俗僧译，载《比较法研究》，1990年第2期，第59页。

（二）世界上的非政府组织对法治评估指数的发展

20 世纪 70 年代中期，随着法律与发展运动陷入僵局，以法学家们为核心的法律与发展运动研究转而深入到法律移植和法律现代化的理论反思和批判上来，并伴随着经济全球化的迅猛发展转向到法律全球化研究上来，但其所拓展出来的关于对法律行为进行取向研究、定量分析研究、系统分析研究和比较分析研究，极大地丰富了传统法学研究方法的范围和领域。越来越多的国际组织和经济政策制定者开始关注"法治"这一主题，从全球范围内来看，"法治"话语不但成为政策制定的出发点和落脚点，也逐渐成为各国发展本国治理方式的基本趋势。为此，在《外交》期刊上的一篇文章中，美国卡内基国际和平基金会的主席——托马斯·卡罗特斯（Thomas Carothers）认为，在全世界范围内，已经兴起了一场法治运动。这场法治运动正在沿着三个方向的改革目标展开：一是对法律本身的改革，它的内容涵盖法律体系或法典体系的很多方面，其改革的目标让法律本身要体现法治发展的特定价值，一些与此无关的条款应当被剔除，其改革的法律内容涵盖知识产权等经济类法律以及刑法或诉讼法等与人权相关的法律。第二个方面是对法律配套制度进行改革。目的是使法治更为完善合理，增强法律制度中的竞争力、效力性和可规则性，其改革的内容包括法律职业培训等，例如对法官、警察等相关法律职业。第三个方面是通过对政府守法目标的强化和进一步加强司法独立，以实现法治目的。[①]为了进一步将"法治"嵌入到各国政治、经济和社会发展的决策中来，并找到嵌入的最佳途径，国际货币基金组织、世界银行与世界贸易组织等国际机构在这个过程中发挥了极其重要的作用，它们相继成为西方"法治"话语和"法治理念"世界各国输出的桥梁和纽带。正是在这样的国际背景下，以量化标准评价不同国家法治发展水平的系统化法治指数逐渐出现在人们的视野之中。

较早关注和承继法律与发展运动的法治指数的国际组织是透明国际，

---

① 参见高鸿钧：《美国法全球化：典型例证与法理反思》，载《中国法学》，2011 年第 1 期，第 7—9 页。

作为德国人于 1993 年创办的以推动全球反腐运动为目标的国际性非政府组织，透明国际自 1995 年起，几乎每年会在问卷调查等基础上每年发布清廉指数，后来在 1999 年又发布了行贿指数。各国有关清廉指数和行贿指数是观测一个国家法治状况的"晴雨表"，目前已经有近百个国家成立了分支机构。

世界廉政指数的评估程序，主要包括问卷调查、权威性资料分析和专家评估三个步骤。问卷调查主要针对各国的企业家、风险分析家、社会公众，发放问卷，并对结果做出分析。权威性资料分析，是对世界银行、环球透视、英国《经济学人》智库和世界经济论坛等权威组织的数据和专家观点进行提炼分析，提取关于各国腐败程度的资料。专家评估，就是透明国际的专家在上述问卷结果和资料分析的基础上，综合衡量打分，并予以排名。

世界廉政指数的评估指标体系采取的是专家综合评分的办法，分数的排名情况决定了廉政指数的排名。全球清廉指数的评分标准最早采用的是十分制计算方式，专家要在 0 分到 10 分之间打出分值，最终所得的分数越高，表明这个国家或者地区的清廉指数越高。在 2012 年，全球清廉指数的打分办法被改为以百分制来计算，但所得的最终分数仍然是与清廉指数的最终得分成正比，这种计算方式在此之后被采用。在行贿指数的计算方面，其所采用的评分标准保留了十分制的计算方法，但与全球清廉指数的不同之处在于，其得分越低，行贿指数的评价得分就越高。在现实法律生活中，这种廉政指数和行贿指数，开始被越来越多的国家所认同。实践证明，这种指数评价方法，不仅能够对一个国家或地区的法治状况进行评价，同时通过横向对比，也能够客观反映出该国或地区法治建设的成熟度和完善度。可以说这是一种非常重要的评价方式。

世界廉政指数的推行，对各国法治建设水平提升，特别是法治政府建设水平提升的影响效果十分显著。各个国家都从自身的排名中进一步了解和认清本国的法治政府发展程度，特别是存在的腐败状况，进而通过不断完善自身的制度建设和法治建设，以法治化方式改善国内的反腐和治腐力度，提高政府清廉水平。从目前这两种指数实践的具体情况来说，全球清廉指数比行贿指数产生的实际影响力更大，人们更多地接受和认同全球清廉指数所呈现的廉政排名，并愿意以此指数反映的状况作为衡量本国政府法治化水平的标准。就我国全球清廉指数的排名情况来看，在2011年到2013年之间，我国的清廉指数一直保持上升态势，但在2014年，分数又降低到了36分。为什么会出现分数的波动？我国政府有关部门对此状况进行了分析和研判，认为，这与国家加大反腐力度有一定关系，提出了在未来进一步加强反腐败工作，以法治化方式推进反腐败工作的完善思路。目前，我国已经形成了法治反腐的基本工作模式，在加强政府法治建设方面做出了突出的、令世人瞩目的成就。此外，世界各国都会在全球清廉指数和行贿指数公布后，分析各国排名及原因。可见，世界廉政指数的评估结果在世界法治化反腐趋势中的影响已经越来越大。

另一个对法律与发展研究运动中以量化方式评估法治水平的国际组织就是世界银行。

自1996年始，世界银行就开始关注世界上很多国家的"治理"（governance）问题。丹尼尔·考夫曼（Daniel Kaufmann）等三位世界银行的学者就如何有效评估世界各国的社会治理状况进行了深入研究，他们提出，首先应当整合这些国际政府组织和非政府组织产生的与治理相关的事实型指标数据，并在此基础上建设一套有效的综合评价指数体系。[①]根据2015年9月25日世界银行修订的《全球治理指数报告》，这一指数包含了1996—2014年的东亚及太平洋，欧洲和中亚地区，拉丁美洲和加勒比地区，中东和北非、南亚、撒哈拉以南非洲等不同发展层次的215个国家和地区治理能力评估报告的排名情况。在这个评估报告中，评估主体的选择方面，由于涉及了众多的国家和地区，专家的选择也要更具全面性和权威性才能对不同国家和地区的实际法治发展情况做出全面科学的评判，因此，这些专家涵盖了多学科、多国家、多语言系统下的专家组成。另一方面，在这一评估报告的内容设计方面，也经历了不断成熟和发展的过程。在指数形成伊始，最初的三个基本指数是"法治指数""政府效能指数"和"贪污指数"。但随着对评估指数的研究不断推进，这一"三要素"指数显然不能

---

① D. Karfmann，A. Kraay and P. Zoido-Lobaton，"Aggregating Governance Indicators"，World Bank Policy Research Working Paper No.2195，1-4(1999).

适应对不同国家法治发展程度和治理状况的评估，需要不断丰富和拓展内容。经过学者和专家们的不断修正，最终形成了由 6 个指标序列构成的更为完善的评估指标体系。这 6 个评估体系的指数分别是言论与可问责性指数、政治不稳与暴力指数、政府效能指数、规制负担指数、法治指数、腐败指数。言论与可问责性指数、政治不稳与暴力指数主要是来对政府选举、运行和轮替的过程进行评价。政府效能指数、规制负担指数主要是用来对政府有效制定和执行合理政策的能力进行评价。法治指数、腐败指数则主要是用来对政府是否尊重公民以及有效建立管理经济社会活动制度进行评价。这些学者认为，由以上 6 种指数构成的指标评价体系，可以完整地描绘出国家的政府权威运行所需的法律文化传统和制度文化现状，即可以对"治理"情况进行评价①。

　　这一指标体系虽然比较合理，但是从另一个方面来看，明显地对经济需要给予侧重。这一倾向符合世界银行的自身需求，带有明显的商业化印迹。尤其值得注意的是，将企业在经济活动中所处的外部投资环境也在这一指数体系中呈现出来，尤其对跨国公司所处的经济环境进行评价，这一内容表现了较为深厚了经济化色彩。由于这一指标的鲜明经济指向性，它也被作为世界银行为第三世界国家援助贷款的一项重要的参考指标。到目前为止，这一世界治理指数（Worldwide Governance Index，WGI）已经取得巨大进展，其影响力也与日俱增。根据近来的一份报告表明，该指数已经涵盖并整合了来自 33 个组织所建立的 35 个数据来源中的 441 个变量，自 1996—2008 年几乎连续不断地针对 212 个国家和地区积累数据②，并对它们的治理状况进行评估，形成了真正意义上的治理"大数据"，而法治始终成为这一指数当中至关重要的组成部分。

　　具体说来，世界银行的全球治理指数的评估程序，分为三个步骤。第一个步骤是，在六项综合指标之下再设置具体的衡量标准。第二个步骤是，在

　　① D. Karfmann，A. Kraay and P. Zoido-Lobaton，"Governance Matters"，World Bank Policy Research Working Paper No.2196，1 (1999).

　　② D. Karfmann，A. Kraay and M. Mastruzzi，"Governance Matters　Ⅷ：Aggregate and Individual Governance Indicators"，World Bank Policy Research Working Paper No.4978，7 (1999).

具体衡量标准确定之后，确定数据来源和等级划分。数据来源包括国际组织的权威性调查报告和评估报告①，对相关家庭、机构或组织的问卷调查结果，以及与指标相关联的其他详细信息和数据。在对资料来源分析的基础上，确定大概的等级划分标准，作为评估的参照。最后一个步骤是，由相关专家进行评估，并制作出横向和纵向的评估报告。

由于《全球治理指数报告》覆盖范围的广泛性、数据来源的代表性和全面性、持续时间的长久性，以及对变量因素等国际上好做法的吸收，使其成为衡量各个国家和政府施政水平的一个重要依据②，使各个国家在认清自身法治建设状况的同时，也有了更为丰富全面的经验借鉴，以便完善和提升国家治理水平。

（三）"世界正义工程 (WJP)" 的法治指数对量化法治评估的发展

如果说梅里曼等人设计的"法律制度分析结构"的量化评估方式，反映了美国第一次法律与发展研究运动的整体面貌的话，那么我们可以说，由非政府组织推进的"世界治理指数"是这种量化式法治评估在 20 世纪 90 年代的进一步发展。尽管这两种法治评估指数设计无论在内容、对象、评估方式上，还是在评估的规模、影响和复杂性等方面都有着十分显著的区别，但如果我们仔细研究就不难发现，这两各种评估指标体系之间仍然存在着内在的关联性，主要表现在对法治所持的一种可量化观念、对法治实践和法治原理之间存在内在联系的理论思考，以及希望把美国式的法治价值观、法律制度、法律文化输出到其他国家的这种态度和立场。③在我国有些学者看来，这种把"美式法治"的计划与自由主义的市场经济、民主范式结合起来，以突出对私人财产权利、缔约自由以及知识产权的保护，强

---

① 如世界经济论坛全球竞争力报告（GCS）、盖洛普世界调查（GWP）。

② 钱弘道、戈含锋、王朝霞，刘大伟：《法治评估及其中国应用》，载《中国社会科学》，2012年第 4 期，第 143 页。

③ 朱景文：《法律全球化：法理基础与社会内容》，载《法制现代化研究》，2000 年第 1 期，第 341 页；於兴中：《自由主义法律价值与法律全球化》，载《清华法学》，2002 年第 1 期，第 60—62 页。

调国家对经济生活的去规制化、贸易自由化和开放资本监管等为内容的法治评估逻辑,必然强调西方法治价值观中主张的所谓"三权分立""司法独立"和"违宪审查",必然是西方法治帝国主义扩张的工具。把这些主张和价值观强加给西方国家以外其他国家的做法,必然产生一系列"水土不服"的后果,使得一些非西方国家在走上法治道路的过程中出现一些曲折。

正像很多学者后来看到和评论的那样,这种把西方价值观融合到量化法治评估指标体系中,借助"新自由主义"的经济全球化和法律全球化浪潮推行"美式法治"的做法,最终在理论和实践两个层面都并未取得成功,反而带来了美国以外其他国家严峻的贫富分化和世界范围的经济危机,所谓的"民主计划"和"法治推动",不但没有带来秩序与和平,反而带来了动荡、冲突,甚至是原有秩序的解体。

随着进入 21 世纪,更为广泛的对法律与发展研究运动的批判和反思在全世界展开,无论是量化法治的研究方式还是新自由主义为主导的法律全球化浪潮都受到了不同程度的批判和反思。"世界正义工程"① (the World Justice Project) 于 2006 年创立,是由美国律师协会前主席威廉·纽康姆 (William H. Neukom) 成立的一个非营利组织。这一组织得到了比尔·盖茨基金会和微软、通用、福特、谷歌、苹果等跨国公司的基金会②的支持。2008 年"世界正义工程"发布了一套独立的法治指数体系。

"世界正义工程"法治指数的指标体系,由总指标、基本指标和具体指标组成。第一版本的指标体系包括 4 项总指标、13 项基本指标和 50 项具体指标。③该指数确定了与法治评价相关联的 100 多项变量,将世界各国的法治运行状况进行测量,旨在形成一个全球的统一规范,用来推进法治

---

① "世界正义工程",由国际律师协会、世界公共卫生学会联盟、国际工会联盟等 24 个国际性组织共同发起。

② 裴蕾:《世界正义工程法治指数的实践启示》,载《特区实践与理论》,2015 年第 2 期,第 106 页。

③ Mark David Agrast, Juan Carlos Botero, Alejandro Ponce-Rodríguez and Claudia Dumas : The World Justice Project Rule of Law Index : Measuring Adherence to the Rule of Law around the World, Presented at the World Justice Forum Vienna, Austria 3 July 2008.

建设,并以此作为衡量一个国家遵循法治程度的标准。[①]"世界正义工程"的法治指数研究,由维拉司法研究所[②]和阿尔特斯全球联盟主持[③],在 2009年,"世界正义工程"根据第一版本指标体系在全球四个大城市的测试情况进行了修改,形成了第二版本:4 项总指标保持不变,增加了 3 项基本指标和 18 项具体指标。此后,"世界正义工程"法治指数的实践范围逐渐扩大,覆盖国家从 6 个[④]逐渐扩大到 2015 年的 102 个。第二版本的指标体系一直通用,这个指标体系的关键词是政府、法律、程序、司法。

在指数制定者看来,"法治"应当包含四个方面的原则:一是政府机构以及个人与私人组织是否依法问责;二是法律是否明确、公开、稳定与公平;平等适用于所有人,并保护基本权利,包括人身与财产安全;三是法律制定、执行与司法的过程是否具有可接近性、公正而且高效;四是司法是否由胜任、独立而遵守伦理的法官、律师或代理人提供,司法工作人员是否人员齐备、资源充足,并反映其所服务的共同体的情况。同时,遵照这四个普遍原则,该指数细化为 9 个方面的指标:限制政府权力、根除腐败、开放政府、基本权利、秩序与安全、监管执法、民事司法、刑事司法、非正式司法。[⑤]

将其与 20 世纪 70 年代的"法律制度分析结构"指数以及 20 世纪 90年代的"世界银行治理指数"相比较而言,"世界正义工程"的"法治指数"存在以下六个方面的特点:

一是这个"法治指数"具有鲜明的中立性。这个指数与世界银行的治

---

① 戴浩飞:《法治政府指标评估体系研究》,载《行政法学研究》,2012 年第 1 期,第 80 页。

② 维拉司法研究所,美国的司法研究组织,私立非营利性组织,立场和资金来源独立,不隶属于任何政府部门。

③ 钱弘道、戈含锋、王朝霞、刘大伟:《法治评估及其中国应用》,载《中国社会科学》,2012年第 4 期,第 144 页。

④ 2008 年,"世界正义工程"将该指标体系在印度的昌迪加尔、尼日利亚的拉各斯、智利的圣地亚哥和美国的纽约四个大城市进行测试,同时,对包括美国、瑞士、法国、印度、日本、新加坡等 35 个国家(占全球 45% 的人口)法治运行状况进行测量,并在 11 月份发布了《法治指数报告 2009》。Mark David Agrast,Juan Carlos Botero,Alejandro Ponce:The World Justice Project Rule of Law Index:Measuring Adherence to the Rule of Law around the World,Presented at the World Justice Forum II Vienna,Austria November 12,2009.

⑤ WJP: The World Justice Project Rule Law Index2014,P.8.

理指数相比,不是由政府与学者共同完成的,而是由非政府组织独立完成的,相关指标体系体现了第三方设计的要求,具有一定的中立性,摆脱了明显的美国官方色彩。

二是这个"法治指数"具有系统性和完整性特点。"世界正义工程"的法治指数,内容系统,除了涉及政府、法律等硬性指数以外,还涉及程序、司法,特别是涉及公众对程序和司法的满意程度的软性指数,是一个系统、完整涉及法治方方面面的指数,包含了立法、执法、司法和公众对法治的满意度等各个方面的要素。

三是这个"法治指数"更为客观,搜集的相关数据更为直接。其所选取的资料大都来自直接的调查统计和一手材料分析的基础之上,比世界银行治理指数所获取的资料更为客观真实,能够直接反映受调查和评估国家或者地区法治的真实情况,更接近这些国家或者地区法治实践的实际。

四是这个"法治指数"重视还原"普通人视角",防止专家认识和专家偏好的影响。由于每个人对法治的理解与认知会有很大不同,特别是专家和专业人士对法治的理解与普通人会有很大差异。因此,这个指数在设计中,尽可能考察专家与普通社会公众在日常生活中对法治运行状况的直观感受与认知,而不是强调从专业角度来评判法治,使这个评价指数能够站在普通人立场上,使之成为"影响普通人日常生活的法治"[①]。

五是这个"法治指数"对不同法治观念具有明显的折中主义倾向。在相关指标体系的设计中,评价者试图从彼此冲突的法治观念之中寻求最大限度的理解和认知共识,防止不同法治观念下人们观念的冲突影响到对法治实际效果的判断。这样的做法,在一定程度上弥合了不同法治价值观的冲突,也最大限度地体现了被评估者的实际愿望。

六是这个"法治指数"勾勒了一个系统的法治地图或者法治理想图景。量化评估的做法是把法治的诸要素和各个方面具体化、细致化,并把它以层级指标的方式展示在被调查者面前,使之意识到法治是可理解的一种具体化图像,这幅图像不但揭示了被评估国家或者地区的法治的实际图景,

---

① WJP: The World Justice Project Rule Law Index2010.

如果从评估者的角度来看,它也在更为广泛的意义上绘画和勾勒出一幅法治的全球图景,为全世界展示出国际范围内不同国家法治的发展程度。

从上面的这些特点,我们可以发现,量化法治的评价指标体系推进和评估各国法治建设情况的做法,在经历了近40多年的不断调整和发展的基础上,形成了更为成熟、系统的做法,借助于世界的"大数据"技术,这一量化评估的做法必将取得更具影响力的成绩,对世界法治进程将产生不可估量的影响。

(四)国外政府机构对法治指数的实践性探索

对国外政府机构法治指数的研究与介绍,主要围绕以下三个典型的政府评估展开。

一是美国国际开发署(United States Agency for International Development,简称 USAID)的法治评估状况。

美国国际开发署是美国外交政策下的产物,是美国对世界其他国家和地区进行非军事性质的援助,其成立于 1961 年,总部在华盛顿。作为一个独立的联邦机构,其于 2008 年前后,为缅甸、赞比亚、刚果共和国、巴基斯坦、俄罗斯等国家提供法律评估方面的援助。但是 2010 年左右,美国国际开发署多次被指责利用援助之名义干涉别国内政,俄罗斯政府于 2012 年9 月要求美国国际开发署停止在俄罗斯境内的援助工作。因此,笔者主要从法治评估指标的角度分析、评价美国国际开发署在相关国家进行的工作。

美国国际开发署对一些国家和地区进行法律援助的任务主要包括两方面:一方面是分析指出法治进程中的重大障碍和机遇所在,对政治主体的改革意愿进行评估;另一方面是形成推进法治的战略报告,报告内容涉及进行改革的优势领域,分析当地司法部门的现状,作为进行建议的基础,建议主要考虑四个方面的内容。第一步,考虑本地的政治背景与历史,对当前的政治结构、法律结构等进行分析,并确定当前最需要解决的法律问题,在本地的政治经济框架下对法治进行更加准确的定位;第二步分析推进法律改革的阻力所在,重点分析政治行为者的意愿,以及意愿中包含的潜在的利益与不利;第三步分析司法因素之外的其他影响法治改革的因素,例如缺乏治理共识、社会成员的难以融入等;第四步是评估司法部门,审查秩序和安全、合法性、制衡、公平和有效应用这五个法治必备要素。

在 2008 年前后，美国国际开发署对其他国家的法治状况进行评估。例如，他们对尼泊尔法治评估的结论是，尼泊尔法治面临的最大挑战是执法问题。因此，美援署方案拟订的一个优先关注领域是妨碍执法的普遍有罪不罚现象，助长了法律和秩序的崩溃，使犯罪和暴力激增。评估小组发现政治已经被定为犯罪；大大小小的犯罪都经常被忽视；酝酿已久的争端沸腾成暴力和报复；公民们经常将法律掌握在自己手中。混乱的国家政治助长了一种不确定的气氛，因为人们想知道谁是并将继续是负责人。据国家人权委员会称，没有一起侵犯人权事件在尼泊尔被起诉。在执法当局有行动空间的地方，他们的能力受到限制。他们的人数不足，装备简陋，许多军官缺乏基本技能。低工资，低到每月 100 美元，刺激政治压力、腐败，甚至参与有组织犯罪。调查技能有限，专业调查人员很少。检察官也遭受人员不足、培训有限、领导层不断变化，很少在指挥方面发挥积极作用，导致法院提起的刑事案件相对较少。政府无力执行和拒绝尊重法律，加剧了人们对法律的不信任政府和将暴力合法化作为实现政治、经济和社会目标的公认方式。鉴于缺乏基本秩序和安全性，评估建议侧重于干预措施，以减轻对法律和安全机构的政治压力，增加其资源训练。

二是美国政府内部进行绩效评估涉及法治指数的状况。

除了学理上的探索，在法治实践中，美国的法治建设评估指标影响很大，被称为"法治 GDP"的 WJP 法治指数最早就起源于美国，充满着美国记号，至今总部仍在美国国内，关于 WJP 法治指数的详情，本节已经将其作为独立的国际组织在上文有所叙述，在此不做重复性论述。除此之外，还可以体现美国法治建设的评估现状的是美国政府的法律评估绩效，美国政府对内的绩效评估中，涉及了大量的法治指数的内容。美国国会在 1993 年通过了《政府绩效与结果法案》，通过这一方案，来明确和规范政府立法的评估制度。此后美国法治建设的评估在绩效方面主要经历了三个大阶段，主要包括以效益为主导核心的初期阶段，法治化管理的中间阶段和以绩效预算为核心的当前阶段。

在以效益为主导的初期阶段，最开始美国国内并没有任何具体法案规定的政府的法治化评估，对一具体项目评估的核心指标是效率。关于权利指数,1914年,美国联邦政府颁布的《联邦贸易法》规定了劳动者的单位工作时间、工作条件以及保护消费者免受不公平待遇等条款,并就相应的评估标准进行了细化。这一规定在很大程度上保护了公民作为劳动者的基本权利,但是这一项目的评估主体主要有纽约市政研究院、1912年建立的经济和效率委员会等,因此它们关注的核心是美国政府部门的内部行政绩效,对权利指数的评估十分形式化。

1937年,罗斯福政府成立的总统管理委员会,非常重视做好政府管理。该委员会提出政府行为要实现真正的效率,并将真正的效率内化为政府组织结构的组成要素,为公众提供优质、高效的公共服务。之后的美国政府都很重视公共服务的改善。

随着单纯效率评估的不适应性逐渐显露,美国的政府的法治化绩效评估进入以法治化管理为主的中间阶段,在这一阶段中,学术界和法治实践主要主体的政府,相互促进,不断改革,例如,1992年,学者戴维·奥斯本和特德·盖布勒著书提出重塑政府的几大标准;之后一年,美国成立由副总统戈尔领导的国家绩效审查委员会(NPR),之后,国家绩效评审委员会发布了第一份报告。报告中提出一系列基本原则用以指导政府绩效评估法治化,即简化规制原则、顾客优先原则、授权原则、节约原则、结果导向原则。顾客优先原则、结果导向原则等对公民的权利保护作用明显,简化规制原则等则隐性地促进了公民权利的保护。

美国的政府绩效评估法治化已经转换为以结果为导向的绩效方式,2001年,美国总统布什提出《总统管理备忘录》,并提出建立一个以绩效为导向的、基于市场的和以公民为中心的政府;公民权利成为政府必须面对和考虑的因素;2003年9月,美国政府颁布了《政策规定绩效分析》,以此来指导政府绩效预算工作。出台该文件的初衷是预测和评估公共政策实施效果。由此可见,美国目前的政府绩效评估越来越注重公共政策的效果和公民的感受和权利保护。

三是英国政府内部进行绩效评估涉及法治指数的状况。

英国进行政府绩效评估发源于社会运动。属于较早进行政府绩效评估的国家,起始目标是为了促进经济发展,提高效率。当时正值英国政府财政状况不佳,社会公民对政府的信任程度亦不断下降。在这种背景下,政府绩效评估的方案应运而生,并产生了三大标准,以及 140 多个具体指标。1988 年,英国首相效率顾问伊布斯及其领导的评审小组发布了著名的《伊布斯报告》,报告全称是《改进政府管理:下一步行动方案》,要求设立专门的绩效执行机构。此后英国的政府绩效评估工作稳步推进。在 1991 年,时任首相推动了公民宪章运动,以此提高政府公共服务的质量和公众满意度,通过市场来检验政府管理。1999 年 7 月,布莱尔政府颁布了新《地方政府法》,形成了最佳评价制度。英国绩效评估工作进一步制度化、科学化和规范化。

英国绩效评估的重要特征是立法先行。目前,英国已经形成了一套较为完备的法律法规体系用以对政府行为进行评估。评估范围涵盖中央到地方,一级政府到具体部门等各级组织,涉及从运行到监督、制约各个方面。如 1989 年的《中央政府产出及绩效评估指南》;2003 年颁布的新《绩效审计手册》等。手册中不仅概述了绩效审计的背景和发展历程,同时详细说明了绩效审计的技巧和保证审计质量的方法,将绩效评估工作进一步规范化和制度化。在进行具体的实施过程中,英国法定的绩效评估组织将绩效评估作为对政府行政行为评价的法定要求,并在这一过程中,越来越重视对公民的权利保护。例如,布莱尔政府成立的"公民评审小组",其建立的目的是保证公民反馈评价信息的可靠性,能够将评价意见量化。随着政府绩效评估外部影响力的不断加大,评估技术不断走向成熟,对英国政府机构的绩效评估成为法定要求,大部分政府机构都要自觉接受或者主动组织绩效评估。

英国公民在政府绩效评估中的权利除了知情权外,还有监督权。自 20 世纪 80 年代末以来,英国非常重视绩效审计和公民参与,由公民对政府绩效评估工作进行监督。英国颁布的"公民宪章"中明确提出,公民有如下权利,如要求政府公开包括公共服务的内容和运营状况、特定服务项目的开支与成本状况、管理机构和承担服务的具体机构、后者的服务水平和质量等方面的信息,这些信息必须公开、透明,用以保障公民对公共部门服务的知情权和监督权。

二、我国法治建设指标体系的类型

我国国内的法治建设指标体系的形成,一方面受国际范围内法治指标体系量化评估模式的影响,另一方面结合开始于 20 世纪 90 年代的法治政府建设、法治政府绩效评估,逐渐探索出适应法治中国建设的评估指标体系。目前,国内法治指数评估发展态势迅猛,它首先开始于一些地方政府的法治评估实践,后迅猛发展到全国,国家层面的各种类型的法治评估也如火如荼地展开了。在国家层面,法治评估主要是对全国总体的法治状况进行概括描述。而地方法治评估则主要是先从法治政府建设评估开始,逐渐扩大到法治的各个方面的评估。但目前要形成一个全国范围内、一般性的法治评估还为时过早,尚不具备相应的条件。一方面是因为各地的法治发展和经济社会发展程度还有着很大的差别;另一方面是因为社会主义法治体系建设还有待进一步加强。

(一)国家层面的法治建设评估

在国家层面尚未形成一个一般意义上的法治评估指标体系之前,各个研究机构和大学中的相关学者已经尝试在法治建设的不同领域或者侧面建立相关的评估指标体系,以期能够在某些领域或者侧面反映国家整体的法治状况,通过评估推动法治建设的进程。

1. 法治蓝皮书:中国法治发展报告

这一报告是由中国社会科学院主编,以一系列第一手的调研材料为基础撰写的,由一篇反映中国法治发展状况年度的总报告和数量不等的专题报告组成。第一本中国法治蓝皮书,是 2004 年由社会科学文献出版社出版的,这本书的主报告是《二十五年来的法治历程》,分报告是由 2002 年国家的人大立法、审判、检察、国务院等工作的法律实务报告,围绕实践中"先例判决"引发争论、民法典草案结构之争等热点问题的报告,理论研究报告,以及法律规范性文件的索引等构成。随着法治建设的不断推进,中国的法治发展速度迅猛,法治蓝皮书每年出版一部,截至 2021 年,法治蓝皮书已经出版到第 19 部,内容涵盖了法治中国建设的各个方面,同时还出版了一些地方法治蓝皮书。

以 2019 年出版的法治蓝皮书为例,这个本书对 2018 年度中国的法治发展状况进行了较为全面的总结。在立法方面,报告总结了 2018 年度的中国立法进程,就如何完善宪法及其实施机制、完善经济监管、加强生态环境保护等方面,进行统计分析;对行政立法、"放管服"改革、行政执法规范化建设、行政复议体制改革、行政诉讼制度完善方面进行调查和统计分析。在司法体制改革方面,围绕配合做好国家监察体制改革、继续深化司法责任制改革、加强司法人财物保障、规范司法权力运行、保护人民群众诉权、基本解决执行难、智慧司法建设等方面也进行了较为全面的统计分析和调查研究;对 2018 年刑事司法发展呈现的制度化趋势进行了评估,围绕《刑事诉讼法》《国际刑事司法协助法》的修正、完善刑事陪审制、加强对民营企业家及其产权的刑事司法保护、对新一轮扫黑除恶专项斗争开展、刑事辩护全覆盖试点改革、以审判为中心的诉讼制度改革、刑事申诉公开审查、检察监督和维护当事人合法权益等内容进行了专项的报告。除此之外,对民商经济法治发展、社会法治发展做了专题报告。

2. 中国法治评估报告

《中国法治评估报告 2015》是由中国人民大学法治评估研究中心主任朱景文教授组织的课题组集体撰写,由国家社科规划办、北京市社科规划办和中国人民大学共同资助完成的课题研究的结项成果,它是国内第一个以评估为主要取向的全国性的法治评估报告。与国家社科院发布的年度法治发展报告不同的是,这一报告以党的十八届三中全会提出的"建设科学的法治建设指标体系和考评标准"为指导思想,为了建设党的十八届四中全会提出的中国特色社会主义法治体系,设计了由 6 个一级指标、20 个二级指标、66 个三级指标、188 个四级指标组成的指标体系。

该报告采取问卷抽样调查的研究方法,分别设计了"公众问卷""专家问卷"和"执业者问卷"等针对三类不同调查对象的问卷内容,围绕相关法治指标共设计了 430 个问题,并委托中国人民大学中国调查与数据中心具体实施了调查。调查的时间从 2015 年 10 月开始,到当年 12 月结束。

其中,"公众问卷"的范围和调查对象分布在中国大陆的28个省、直辖市和自治区;"专家问卷"则以中国法学会下设的若干专业研究会、学会的理事为主要对象;"执业者问卷"以法官、检察官、律师、警察、人大和政府工作人员等相关法律职业工作者为专门的问卷对象。

该报告中,中国的法治建设指标下设5个一级指标,分别是"法律规范体系""法治实施体系""法治监督体系""法治保障体系"和"党内法规体系"等。同时,又根据中国法治体系建设的效果要求,从实际出发设立了第6个一级指标即"法治效果指标"。根据调查需要,报告把评价法治发展水平的标准划分为"好""较好""中间""较差"和"差"五个档次。

根据问卷结果的分析表明,我国法治的总体评分为70.1分,法治发展水平属于"中间"。其中,"法律规范体系"指标的得分为70.3分,"法治实施体系"的得分为68.8分,"法治监督体系"指标的得分为70.7分,"法治保障体系"指标的得分为72.1分,"党内法规体系"指标的得分68.9分,"法治效果指标"的得分为69.5分。上述得分与"法治体系"得分基本处于相同水平,呈现正相关关系。

报告提出,从治理体系和治理能力现代化要求的角度,中国的法治治理体系下设两个体系,即法律规范体系和党内法规体系;法治治理能力体下设三个体系,即法治实施体系、法治监督体系和法治保障体系,这一划分方式也与党的十八届四中全会的决议精神相一致。据此,报告测算出中国在治理体系和治理能力现代化这两个维度上的评估分值,"法治治理体系"指标得分为69.6分,"治理能力"指标得分为70.7分。

报告指出,从法治一级指标的得分情况来看,整体上差别不大。但是从法治体系各个具体的二级指标上来看,其差距较为显著。根据这一指标体系,二级指标共划分为20个,其中70分以下的二级指标有9个,分别是立法完备性、行政执法、司法适用、社会治理、执法监督、党内法规执行力、党规国法协调性、控权指标、法治观念,这些指标占二级指标总数的45%。

报告还根据每个指标最终的得分,以及评价中好评、中评、差评的比率,分析了各个具体的法治治理体系的优势和不足。在法律规范体系的指标评价中,法律体系的完备性获得了较好的评价,但立法的"立、改、废、释"机制指标只得了66.2分,二者相差5.6分,差距较大,说明修法工作的严峻性。立法的专家参与的指标得分是 76.2 分,但其中的立法公众参与只得了 63.2 分,相差 13 分,说明了在立法活动中公众参与得还很不够,与党的十八届四中全会党中央要求的加强民主立法的要求还有一定距离。

"法治实施体系"包括了行政执法、司法适用和社会治理三项二级指标,从评估的结果来看,都未达到 70 分。其中,按照各个二级指标的分布和排序情况看,依法行政、行政公开、司法公开、司法效率、依法治理和信访这 6 项三级指标得分都在 70 分以下,剩余的其他三级指标,包括严格执法、行政效率、司法独立、司法便利、律师服务、调解等,得分也在 70 分以上一点,最高的三级指标得分是调解,得分是 71.5 分。

在"法治监督体系"中,对法律和司法解释的监督指标的得分在 70 分以上;在执法和司法监督中,内部监督、制约机制、人大监督等方面受到群众较多的负面评价,其得分明显低于对行政的审计监督、行政复议,对审判的检察监督、审计监督以及舆论监督评价,这一方面说明司法监督、人大监督等是群众关注度较高、对通过监督实现法治的期望值较高的反映,另一方面也说明了在这个领域中仍然存在很大的提升空间。

"法治保障体系"是各项一级指标中得分最高的指标。在人员保障中,法官、检察官、律师的法律专业人员保障的总体水平得分(包括数量、专业水平和职业道德方面的得分)都在 70 分以上;在法治保障的硬件设施例如基础设施、基本装备和活动经费保障等方面的指标得分上都超过了 75 分,有的达到了 78 分的水平,说明我国法治建设中硬件设施完善的程度速度较快,群众较为满意。对上述人员中法学专业毕业生的满意度为 68.6 分,体现出学历上从博士到大专的递减趋势,这说明学历水平与实践能力、群众满意度呈正相关关系。而对"普法"的整体评价都超过了 70 分,但对"普法"中存在的形式主义因素,群众普遍不太满意,其得分只有 60.4 分,刚刚达到及格水平,这仍然是今后"普法"工作需要不断改善的地方。

在"党内法规体系"这个一级指标中,党内法规的完善性和党员守法这两个二级指标的得分都超过了 70 分,特别是普通党员守法的指标得分超过了 75 分,而在违反党内法规的处理和党规国法协调性指标方面的得分只有 65 分以下,这说明在党员守法和党内法规实施方面还存在着不协调问题。在党的监督机制方面,这种不协调性表现得更为突出,甚至呈现出了两极分化的态势,上级监督和纪委监督的指标得分都超过了 75 分,而党员监督和社会监督指标的得分都在 65 分以下,既反映了党内法规监督方面的强项与弱项,又揭示了监督机制需要不断完善。

在最后一项增设的"法治效果体系"一级指标中,问责指标方面的得分是 61 分,下设的全部 6 项四级指标,包括组织人事、立法、行政、司法、检察、公安违法的问责指标得分都在 65 分以下,这表明了我国当前法治建设中存在的突出问题和薄弱环节,其中表现明显的是用权与问责之间存在着明显的不配套现象,一些违法用权的现象得不到有效的追责问责。在廉洁指标下设的 3 项四级指标的得分上,比较均衡,都是 65 分以下,其中包括了党政领导和警察的廉洁指标。这说明,虽然近年来国家不断加大反腐倡廉力度,但是仍然难以满足广大人民群众对腐败治理的热切期待和法治化要求,反腐倡廉工作还有很大提升空间,进一步印证了中央关于"反腐永远在路上"决策的正确性。在社会秩序与安全指标的各项得分中,社区安全指标的得分达到 78 分,是所有指标中得分较高的一项指标得分,这充分表明了人民群众对社区安全的满意度,说明平安国家建设方面取得了较好的基层社会效果。但社会秩评价指标的得分方面却不高,只得到了 62.8 分,群众反映的问题主要存在于插队、售假、盗版软件、闯红灯、办事送礼、禁烟处抽烟、不申报纳税这些人们司空见惯的不遵守社会秩序、无视法律的行为和领域,差评率高达 64%,有的差评率甚至超过 70%,反映了社会秩序较差和法治文明程度不高的现状。

报告还提出,在当前的情况下应该有重点地加强对法治薄弱环节和领域的建设力度,尤其要对"法治实施体系"和"法治效果体系"中所反映的问题加以认真研究和改善。报告反映出在这两个领域的 29 项四级指标得分,都是 65 分以下,占全部 188 项四级指标的 15.4%,占全部 35 项 65 分以下的四级指标的 82.9%。得分偏低反映了这两个领域存在的问题比较严重。从问卷的结果看,重中之重是要解决依法行政、廉政、问责、社会秩序和公开性这五大法治问题。①

---

① 参见纪哲:《"中国法治评估报告 2015"在中国人民大学发布》,载《中国行政管理》,2016 年第 5 期。

3. 中国司法文明指数报告

司法文明指数是由我国司法文明协同创新中心研发,专门针对司法文明状况进行动态监测的评估指标体系。首个中国司法文明指数(China Justice Index)[①]报告是 2014 年由司法文明协同创新中心在针对全国 9 个省(直辖市)的试点调查和数据分析基础上发布的。司法文明指标体系由 4 个领域的 10 个一级指标、50 个二级指标构成。这 4 个领域分别是:"司法制度""司法运作""司法主体"和"司法文化"。通过对这四个领域在司法实践的具体情况进行调查,可以深入反映普通民众和法律职业群体对本地司法现状,是否满意。四个领域下设 10 个一级指标,分别是:"司法相关权力""当事人诉讼权利""民事司法程序""刑事司法程序""行政司法程序""证据制度""职业伦理与腐败遏制""司法公开与公信力""法律职业化及其保障"和"司法文化"。司法文明指数共设定了 97 个问题和 190 个变量,分别分布在法官、检察官、警察、律师和公众 5 套调查问卷中。

司法文明指标体系采取了如下四种基本的量化评估方法:一是调查普通公民对司法文明满意度,采取了主观评价与客观评价相结合的方法,主客观指标比例设定为 9∶1。当然,主观指标的数值是否准确可靠,是一个值得不断探索的课题,同时,这个比例设定得是否适当也需要在实践中进一步检验和反馈,但就目前该方法适用的实际效果来看,体现了普通公众视角和群众需求。二是问卷调查。问卷调查的对象不仅包括了普通公众,同时也包括了执法机关的工作人员、律师群体等法律职业群体,兼顾了不同问卷对象的身份和职业特点。调查中,全国共有 9 个省和直辖市、7200 余人参与。三是对调查结果进行分析和统计,这部分内容,是由项目组委托给零

[①] "中国司法文明指数"(China Justice Index)是国家"2011 计划"和"双一流计划"司法文明协同创新中心开发的一种法治量化评估工具。该指数的研发,是根据党的十八届四中全会《中共中央关于全面推进依法治国若干重大问题的决定》中"保证公正司法,提高司法公信力"的要求,通过实地调查普通民众和法律职业群体的亲身经历和感受,用项目课题组独立收集的最新调查数据,以分解表和雷达图等直观形式显示了各省、自治区、直辖市司法文明指数排名及其在各级指标上的得分(强项和弱项),反映了人民群众对本地司法文明状况的满意度,为全国各地加强司法文明建设提供了一面可供自我对照的"镜子"。

点公司项目团队完成。为做好数据分析,项目研究建设了数据库,将问卷信息录入系统,对录入的数据分类进行了主成分分析和信度分析。从分析的结果来看,10个一级指标对总分的贡献率为96%,符合统计学样本要求;而信度分析中信度系数为0.79的评价结果表明,调查问卷具有很高的信度。为了进一步评估数据,挖掘数据中的深层次价值,项目组与哈尔滨工业大学的数据挖掘团队建立了合作关系,合作完成了可靠性评价。四是客观指标评价。通过司法文明指数指标体系建设和调查问卷实践调研,依据数据,项目组基本确定了一批客观指标内容,在研究中力图将主观指标和客观指标以9∶1的比例在指数评估中加以融合。

2014年度,在司法文明指数的评估中,上海有8个一级指标排名第一,其他两个指标为第二。这两个指标是"司法相关权力"和"司法文化",这两个指标排名第一的分别是海南省和北京市。从平均得分看,9省市平均得分65.7,没有达到良好水平。其中,"司法文化"平均得分55.9;其他9个一级指标平均得分66.7。以上数据标明,参加评估的9个省市司法文明建设,在群众满意程度方面仍有待提高。特别是"司法文化"这一指标,参与评估的9个省市未达到及格线,需要得到重视。

在2020年10月18日上午,《中国司法文明指数报告2019》在北京发布。这是继《中国司法文明指数报告2014》后的第6份中国司法文明年度指数报告。国家司法文明协同创新中心从31个省区市独立收集了24012份问卷调查,并对数据加以深入分析。该报告反映了我国2019年31个省、自治区、直辖市的司法文明状况。报告显示,本次调查各省市平均得分为70.0分(满分为100分),与2018年相比,上升0.7分。与此同时,不同省市间的分数差距不断拉大,高分与最低分的分差为2.4分,相较于2018年最大分差6.2分,缩小了0.8分,这一情况值得重视。浙江省以72.5分排名中国司法文明指数第一名。报告中,没有任何省市达到80分。

这份报告采取了调查问卷的方式,在样本选取和数据采集方法方面有所不同。据有关材料显示,每个省、自治区、直辖市发放800份问卷,其中公众问卷600份,专业问卷200份(法官、检察官、警察和律师各50份)。公众问卷与专业问卷的比例为7.5∶2.5。在城市的选择上,是以人口排序,在每个省、自治区、直辖市选择3个人口最多的城市,随机抽样年满18周岁以上 600 人,男女各半,同时均匀覆盖 18～30 岁、31～40 岁、41～50 岁、50 岁以上四个年龄段。调查对象的职业有一定要求,要求至少涵盖 13 个职业中的 8 个职业。《中国司法文明指数报告 2017》主客观指标分值比例为9∶1。客观指标数据来源为:各省、自治区、直辖市高级人民法院和人民检察院向省级人民代表大会所作的 2017 年度工作报告。《中国司法文明指数报告 2017》中 10 个一级指标各占 10% 的比重,并将 10% 的比重均分给相应的二级指标;相应地,二级指标的比重又均分给对应的各个问卷题目。具体的指标算分遵循"题目赋分—二级指标得分—一级指标得分"的过程,根据赋值原则对 64 个问题逐一赋分。[①]

4. 中国法治政府评估报告

法治政府评估也是法治评估中的一种专项评估,主要是通过量化指标的方式对法治政府建设情况作出评价,以推动和完善法治政府建设水平。2012 年,中国政法大学法治政府研究院研发了"中国法治政府指标体系",这是首个全国性法治政府评估的指标体系。课题组在 2012 年对全国 53 个较大的市进行了法治政府评估,经过历时一年的观测和考察,形成了包括"机构职能及组织领导""制度建设和行政决策""行政执法""政府信息公开""监督与问责""社会矛盾化解与行政争议解决""公众满意度调查"等 7 个方面、30 个二级指标、60 个三级指标的评估体系。总分排名第一的广州市得分 234.43 分,得分率只有 78.14%;53 个城市的平均分为 188.87 分,平均得分率仅为 62.95%;53 个被测评城市中有 28 个城市在平均分之上, 25 个城市在平均分之下。报告显示,中东西不同区域间的法治政府建设水平存在差异明显。其中东部城市的平均得分是 193.73 分,中部城市的平均得分是 188.46 分,西部城市的平均得分是 179.18 分。西部城市跨越的分数区间较大,最高分 221.14 分,而最低分仅为 125.76 分,极差为 95.38。采用标准差除以均值得到的离散度定量的数据为东部 11.47%、中部 10.85%、西部 15.78%。比较而言,西部各个城市之间法治政府建设水

---

①《中国司法文明指数报告 2017》新闻发布会,参见 http∶//www.legaldaily.com.cn/direct_seeding/node_92541.htm. 2019 年 8 月 2 日访问。

平差别较大,而东中部则相对比较均衡,这说明法治政府建设状况与经济发展水平有一定的相关性。法治政府建设在各领域的发展水平不均衡,本次评估中的 7 个一级指标各自的得分率差异较大。例如,得分率最高的一级指标"监督与问责情况"达到 71.24%,得分率最低的一级指标"制度建设和行政决策"只有 53.90%,这表明各城市政府对法治政府建设的各个方面的重视和着力程度不同,工作尚欠均衡、全面。法治政府建设的某些领域城际差异很大,例如,在"制度建设和行政决策工作"方面,各城市得分的离散度超过了 30%,在"行政执法"和"政府信息公开"方面也超过了 20%,这表明各个城市的法治政府建设工作的着力点不同,所取得的成效各异。公众对法治政府建设的满意度较低,从考察公众对当地法治政府建设情况来看,评价的公众满意度调查的平均得分为 17.80 分,平均得分率仅为 59.34%,以高于"制度建设和行政决策"5.44 个百分点位列 7 项一级指标的倒数第二位。可见,公众对法治政府建设的满意度偏低。[1]

2020 年 12 月 6 日,中国法学会行政法学研究会、中国政法大学法治政府研究院发布《法治政府蓝皮书:中国法治政府评估报告(2020)》。作为第 8 个法治政府评估报告,这个报告反映了党的十九大精神和党的十九大以来中央对法治政府建设的新要求,对 100 个地方政府进行了评估。评估的指标体系包括 10 项一级指标,33 项二级指标,87 项三级指标,合计1000 分。其中,一级指标有十项,分别是:"依法全面履行政府职能"指标、"法治政府建设的组织领导"指标、"依法行政制度体系"指标、"行政决策"指标、"行政执法"指标、"政务公开"指标、"监督与问责"指标、"社会矛盾化解与行政争议解决"指标、"优化营商环境的法治保障"指标以及"社会公众满意度调查"指标。在这些一级指标中,"优化营商环境的法治保障"为本次增加的一项指标,主要是为了进一步反映改革开放与法治保障之间的关系。报告最终评分结果显示,80 个城市得分在 600 分以上,达到了及格水平。评估得分排在前 10 名的城市分别为:深圳、青岛、广州、

---

[1] 中国政法大学法治政府研究院:《中国法治政府评估报告(2013)》,载《行政法学研究》,2014 年第 1 期。

苏州、杭州、上海、北京、南京、宁波、成都。同时,报告也显示,法治政府建设仍然存在着以下一些问题,例如"区域不平衡的现象客观存在,东部城市间的差距在加大,中西部城市间的差距出现缩小的迹象;法治政府的组织领导、依法行政的制度体现、行政执法短板明显;权力清单普遍建立,政府权责边界渐趋厘定,但其实际应用待加强;法治政府建设的机构和工作机制不断完善,关键在于提高实效性;电子政务发展迅速,但是用户体验较差,应提升交互功能;多元纠纷解决格局虽然形成,但是行政调解、行政复议作用发挥不足;政府诚信状况堪忧,营商环境的改善并未得到应有的重视,诚信社会需要诚信政府的引领;公众对政府工作的满意度不高,对法治政府的获得感不强,应引起高度重视"[1]。

(二)地方法治建设指标评估体系的类型

结合本地方法治建设和经济社会发展的实际情况,不断完善相关的评价指数,形成了各具地方特色,又体现建设社会主义法治体系要求的法治指标体系。有学者把湖南的地方法治实践概括为"程序型法治"、广州为"自治型法治"、浙江为"市场型法治"[2]。各地对自身的法治建设所设计的指标体系也体现了上述特色。本书把这些地方法治建设指标体系尝试着概括为以下几种类型。分别为省级区域内的法治评估实践,主要是湖北、四川、广东、重庆等较早开展法治评估的省级行政区域,其中以湖北省为例进行分析;市级区域内的法治评估实践,主要是深圳、昆明等城市,深圳市较为具有代表性;以及县区级基层行政区域的法治评估实践,其中以在全国率先开始进行法治指数设计的浙江省杭州市余杭区为代表区域进行分析。

1. 省级区域——湖北模式

湖北省的法治评估模式源于《湖北省法治政府建设指标体系(试行)》(以下简称"湖北省法治建设指标体系")的实施。该指标体系被称

---

① 《聚焦:中国政府法治评估报告(2018)发布》,参见 https://www.sohu.com/a/256087357_407288,2019 年 8 月 2 日访问。

② 转引自周尚君:《法治定量:法治指数及其中国应用》,北京:中国法制出版社,2018 年版,第 153 页。

为是我国第一部省级法治政府建设指标体系,颁布于 2010 年。"湖北省法治建设指标体系"把国务院的有关改革原则细化到自身的法制建设内容中,在决策程序的设定和投资项目的管理方面进行了新的制度设计,注重监督和权力约束,将"行政服务"纳入指标体系,具有很多亮点。

湖北省法治评估的主体和程序,"湖北省法治建设指标体系"并未做出具体的规定。关于对地方政府规章实施 2 年后的效果评估,只有简单的文字性表述,一笔带过,没有具体的主体和程序规定。对此,法学学者陈洪波指出,"根据国务院的要求,我省还应及时出台《湖北省依法行政考核办法》,从制度上提升依法行政工作的地位"①。

湖北省法治评估的指标体系围绕政府的职能展开,包括共有 8 个原则项、35 个基本项、160 个具体项。原则项分别从"政府职责分配""基本制度建设""行政决策程序""行政执法落实""行政服务完善""社会矛盾化解""行政监督规范""行政能力提升"等 8 个方面展开②。基本项共有是对 8 个原则项的分条设置,从 35 个方面对 8 个基本项的内容做出原则性规定。细分的 160 个项是在 35 个原则项之下设置具体的落实性指标,方便实践操作。

湖北省法治评估更多的是从指标体系设置方面,对湖北省的法治政府建设进行了目标设定和各项参考。自"湖北省法治建设指标体系"实施以来,湖北省政府和相关的学者在不同时期对其内容设置和实践效果进行了分析讨论。它对湖北省的法治建设起到了重要的作用,同时,在"湖北省法治建设指标体系"实施后的几年里,湖北省政府的法治建设无论从理论上还是实践上都在不断地完善的进步。而作为我国第一个省级法治建设指标体系,其在指标体系设置层面的新探索和新突破,也为其他省市的法治建设评估积累了更为宝贵的经验。

---

① 陆宜峰、李恒:《法治政府建设砥砺前行——〈湖北省法治政府建设指标体系〉施行一年回眸》,载《楚天主人》,2011 年第 12 期,第 37 页。

② 陆宜峰、李恒:《法治政府建设砥砺前行——〈湖北省法治政府建设指标体系〉施行一年回眸》,载《楚天主人》,2011 年第 12 期,第 37 页。

2. 市级区域——深圳模式

深圳法治评估模式的建立,始于 2008 年。《深圳市法治政府建设指标体系(试行)》(以下简称《指标体系(试行)》)率先施行,成为全国第一个法治政府建设指标体系[①]。2012 年 12 月,《指标体系(试行)》获得第二届"中国法治政府奖"。2014 年,深圳市法制办对《指标体系(试行)》进行了修订,去掉了"试行"的表述,《深圳市法治政府建设指标体系》(以下简称《指标体系》)于 2015 年 12 月 2 日起正式施行。《指标体系》相对于《指标体系(试行)》减少了两个大项,增加了两个子项,浓缩了 13 个细项。

深圳法治评估的主体是市政府工作部门、各区政府以及法治建设考核领导小组。市政府工作部门、各区政府在各自工作范围内进行自我审查和自我评估。法治建设考核领导小组由市政府组织建立,由政府法制、编制等部门小组人员组成。

深圳法治评估的程序是政府的自我评估和法治建设考核领导小组抽样考核相结合。首先,在自我评估的程序中,区政府针对自身范围内的法治政府建设指标进行评估,市政府各部门针对行政职责考评法治建设落实情况。自我评估采取全面自评和重点检查相结合的方法,形成区政府考评总结报告和市政府部门评估总结报告。评估总结报告报送给深圳市法治政府建设领导小组办公室。其次,抽样考核过程中,领导小组成员组成法治政府建设考评检查组,在深圳市法制办领导下,抽取个别区政府和市政府工作部门展开重点检查。最后,将政府自评报告和考核小组抽样检查结果相结合,完成年度的法治政府建设考评工作报告[②]。

深圳法治评估的指标体系包括 10 个大项、46 个子项、212 个细项,大体上分为区政府的评估指标体系和市政府工作部门的评估指标体系。区政府的评估指标体系包括政府的行政决策能力、行政监督的落实情况、政府行政责任的承担等内容。市政府工作部门的评估指标体系包括行政审批

---

① 张慧屏:《建法治政府:深圳再探路》,载《深圳商报》,2009 年 1 月 4 日,第 A05 版。
② 马立俊:《法治政府考核标准研究》,吉林大学 2013 年硕士学位论文,第 13 页。

情况、行政处罚的执行、部门行政责任的承担等内容。

深圳法治评估取得了良好的效果。2012年12月,《指标体系（试行）》获得第二届"中国法治政府奖"。《指标体系》的修订施行,建立了更为科学完善的指标,体现了深圳市法治评估的进步,也为其他地区评估标准的建立提供了新的参考。

3. 区县范围——余杭模式

余杭的法治评估模式最早来源于2006年"法治余杭"口号的提出,《"法治余杭"量化考核评估体系》在余杭区法治建设量化评估过程中起到了重要作用。2008年,浙江大学光华法学院开展了有关法治余杭评估体系的研究,并于当年公布了2007年度余杭地区的法治评估指数。此后余杭地区每年都公布法治评估指数,且呈逐年上升的良好趋势。法治评估实践和研究的发展,更快地促成了余杭法治评估模式的形成。

余杭的法治评估主体有三类,包括内部评审组、外部评审组和专家评审组成员。内部评审组成员是从余杭区党政机关、公检法系统以及其他科局中从事法律工作的人员中随机抽取,这个范围随着年份的不同会做出新的调整。外部评审组成员是从内部组成员范围外的参与过诉讼的当事人代表和直接、间接参与余杭法律事务的非政府组织、教育机构、新闻媒体、企业的人员[①]中挑选而来。法治指数专家评审组成员是法学界有较高知名度的专家[②]。

余杭的法治评估程序主要包括四个步骤:一是群众满意度调查;二是内部评审组和外部评审组分别打分并进行对比;三是专家评审组评分;四是针对三组成员的评分结果和群众调查问卷的评分结果,运用科学的统计模型计算出余杭地区的法治指数,确保调查结果的全面性。群众满意度调

---

① 钱弘道：《2011年度余杭法治指数报告》,载《中国司法》,2012年第11期,第31页。

② 2011年的专家组人员有：江平、李步云、武树臣、刘作翔、邱本、王公义、吕庆喆、孟祥锋、孙笑侠、林来梵、钱弘道等。参见钱弘道：《2011年度余杭法治指数报告》,载《中国司法》,2012年第11期,第33页;2012年的专家组人员有：江平、刘作翔、胡建淼、林来梵、吕庆喆、邱本、孙笑侠、张志铭、武树臣、胡虎林、郑成良等,参见钱弘道：《2012年度余杭法治指数报告》,《中国司法》,2013年第11期,第35页。

查采取问卷方式,被问卷调查者来自不同的年龄、身份、阶层群体。问卷内容涉及党风、行政、司法、监督、政治参与等具体指标。三类评审组成员没有固定的人数和来源,会依据实际情况做出变动。

余杭的法治评估指标体系可以从自我测评指标、群众满意度测评指标和专家组测评指标三个方面分析。从2008年起,在专家组进行余杭法治评估工作之前,余杭政府会在其内部机关的范围内进行自我测评。自我测评的指标体系分为"党政建设""法治政府""司法公正""法律服务""法制教育""市场秩序""社会建设""平安余杭""监督体制"等九个层面。群众满意度调查的指标体系包括"廉政建设""工作认同""司法公正""权利救济""尊崇法治""市场有序""监督健全""民主参与""社会和谐""余杭法治"等十个层面。专家组测评的九项指标与政府内部测评的指标基本一致。

余杭的法治评估效果显著,通过多年的数据分析和法治指数测算,余杭地区横向的具体指标评分对比和纵向的年度分析对比,都使余杭地区的法治建设者有了明确的认知和反思。在这种认知和反思中,余杭地区的法治建设扬长补短,取得了越来越好的成绩。此外,连年公布的余杭法治指数,也为其他地区的法治评估提供了参考模式和宝贵经验,这对中国法治评估路径的探索起到了重要的推动作用。

三、法治评估指标体系存在的问题

综观上文提及的国内一些地方省市法治评估指标体系的法治评估实践,从总体上看,能够在客观上反映出我国法治建设的实际情况,通过量化评估等方式在客观上起到了推动法治建设的作用,在全社会形成了以评估影响法治建设水平提升的良好效果。作为一种量化评估,法治评估指标体系的设计体现了一种"工程化"方式推进法治建设的基本思路,是"法治工程性思维"的表现。在这些指标体系中,通过明确法治中国建设的具体步骤、具体要求和具体方案,提出了法治中国建设的具体指标(包括一级指标、二级指标、三级指标等）和标准①，并以这些指标和标准来评估中国法治所处的水平、阶段和质量。这种评估办法，实际上是以工程化逻辑，按照"工程图纸"设计的内容和标准进行法治施工和法治推进的法治建设思路，是有计划、有步骤实现法治做法的表现。因为法治指数的量化或者标准化，表达了将法治建设科学化、具体化的努力，表明了有计划、有步骤推进法治的决心，实现了法治建设更为科学化、规范化和有序化。然而，这种"工程图纸"式的法治评估的指标体系有可能忽略以下几个方面的问题：

（一）法治评估指标体系可能存在的价值取向上的问题②

任何一种具体类型的法治指标体系的建立，首先必须面临着对"法治"是什么？如何具体地分解与设计法治下面涵摄的一级指标问题？其次还要面对以什么样的标准来评价得分？得分如何计算的具体问题，这些问题都带有明显的主观性，都与评价者的价值判断产生必然的联系，这也是评估指标体系不得不面对的问题。

一是法治评估指标体系追求的指数的统一性，容易忽略不同地区法治建设的地方差异，忽略法治建设地方上的多样性问题。无论是一省、一市或者一个地区的法治建设，都会有各自的特点和现实问题，尽管就全国法治建设的总体而言存在一定的共性，但具体到各个地方，由于在经济社会发展过程中存在着实际发展程度上的差别，加上各个地方实际上存在的人口与民族状况、风俗习惯、自然地理环境等方面的差别，这种多样性表现在法治上就体现为一种不均衡性。人们对法律的认知与理解、遵守与信念都会有较大的差别。加上各地方在推行法治建设方面的具体措施的差异而导致

---

① 例如贵州省制定的《法治贵州环境生成评估指标体系》就确立了三级指标体系。这种指标体系包含了一级、二级和三级指标，这几级指标又是层层递进、层层涵盖的关系。在每一大类指标下，又有细分的二级指标，每一指标系统化地反映出全地区所能够提供的法律资源，每一个二级指标下同样又细分为三级指标，依此类推。参见张帆、吴大华：《论我国地方法治环境生成评估指标体系的设计——以贵州省为例》，载《法制与社会发展》，2013年第3期，第34页。

② 尹奎杰：《法治评估指标体系的"能"与"不能"——对法治概念和地方法治评估体系的理论反思》，载《长白学刊》，2014年第2期。

的实际法治水平就各有不同。此外，我国当前法治建设仍然面临着诸如城乡差别、东西中部区域差别、南北区域差别、中心城市与非中心城市差别等各种发展不均衡现象，有些方面的差别仍然比较明显，在法治建设中试图以一种模式、一套标准、一个体系框架和一种指标体系来评价法治发展程度和状况的做法，难免会造成评价尺度过于笼统、僵化，使评价结果失于简单、机械，不利于对法治建设实际情况做出准确把握和科学判断。

二是法治评估中存在着评估实效性诉求与法治建设实际发展诉求不相一致的矛盾，这一矛盾容易造成不同程度的"唯指标化"现象，导致法治功利主义。目前，这一矛盾和由这一矛盾所导致的"唯指标化"现象已经在一些地区出现，并产生了一些负面影响，迫使这些地方不得不在接下来的法治建设中调整法治策略，改变片面追求法治效果的功利化的"政绩观"，对法治建设进行"挤水分"和"回头看"。从这样调整后的后果来看，表现为这些地方的法治指标和水平有下滑趋势，实际上就正是由于前些年过分强调这种功利主义法治观造成的。那么，哪些方面容的法治指标可能造成法治建设中的"功利主义"，导致"急功近利"的法治后果的出现呢？经学者们研究发现，一些完全通过人为因素进行设计出来的指标，或者是那些完全可以通过人为设计的方式来实现的数据，经过一定的调整就可以使法治的评估得分"虚高"，这样的指标有功利化的倾向。例如果想实现民主立法这一指标的评价得到高分，指标设计者在对"立法听证"这一指标的设计上，就会首先考虑"听证次数"这一可数量化的指标，而如何计算这一数据，就可能存在虚报、捏造的现象。因为立法机关是否组织了听证会，组织了几次听证会，以及找哪些人来参加听证会，完全可以由立法机构自行把握，由他们说了算。又如，"立法调研次数"也是法治评估指标体系中用以评价立法质量的一类指数，这一指数也存在着可能主观化设计的问题。因为到哪里调研、以什么方式调研、调研哪些内容、向哪些对象或者主体开展调研、调研到什么程度等等，这些也都是可虚可实的内容。换言之，这些内容是可能存在不实因素的。在评估过程之中，如果评估主体不能仔细、严肃、认真地对待这些数据，受调查对象又不能以相同态度来对待调查，那么获取的数据则可能就是不可靠的数据，其评价结果也就丧失了真实性。此外，还存在着某些评估指标短期内无法实现的状况，也就是说，这类指标无法以具体量化的方式来细化，或者说无法通过层级化方式来明确，而是需要在法治建设的实践中不断进行探索、概括和提炼的，这些指标也存在主观臆造的可能。例如在司法体制改革、完善法律服务体系等方面的一些指标，其反映的法治建设事实是处在变化中的，也是需要积累的，很多内容受调查者是无法参与的，也是不好判断的，因此也有应付调查的可能。但是，无论出于何种原因，即使不是出于纯粹"政绩化"考虑，这些指标也会存在的一定的人为性、主观性和随意性，不利于对法治建设水平的判断。

三是法治评估指标体系追求法治目标的片面性和单一性，容易导致以"指标体系"掩盖"非法治意图"后果的出现。法治评估指标体系一经形成，在其施行过程中就会形成一个相对"封闭"的法治评价空间，相关受评估对象就要在这个相对封闭的"空间"内运行，并按照这个相对封闭空间设定的标准、要求和规范来改善自身的行为，完善相应的组织、制度、行为方式或者行为程序，以达到符合其标准或者要求的目标或者效果。这种"按图索骥"式的法治建设，体现了"工程化"的法治建设模式，法治评估指标体系可以看作是法治建设工程的"设计图纸"，法治建设的实践过程就可以看作是按照这一图纸开展的工程施工，评估的结果就可以看作是施工质量的检查验收。当然，以这种模式推进法治建设，在一定意义可以提高法治建设的效率，缩短法治建设目标达成的过程，也可以达到节约法治建设成本，并明确法治建设短板，但是，我们也应当看到，如若法治建设指标体系的设计达不到科学合理的要求，这种评估就会失之毫厘、谬以千里，不但会影响到法治实践的具体效果，也会浪费相应的评估资源和法治建设资源。

我国地理幅员广阔、人口众多、城乡差异较大、区域发展不均衡，法治发展水平各地差异较大，试图设定统一的建设标准和评估标准，存在一定的难度，但这并不是说不能按照统一的原则来进行法治建设和法治评估。相反，设定统一标准便于统一要求，便于达到统一目的，但是这一原则不应当过死、过细。而应当充分考虑各地差异，建立差异化指标来实现衡量和评价尺度的统一性与科学性。

（二）法治评估指标体系可能存在的"地方化"倾向

目前，从我国各地已经开展的法治评估工作来看，各地基本上都是借鉴当前国际通行的法治量化评估方法开展了相应的法治评估，这些评估类型主要包括四种，即"学者型""社会型""绩效型"和"法治风险评估"[①]四种量化评估方法。但这些评估都在不同程度上存在着一些"地方化"倾向。所谓"地方化"倾向，是说在法治评估和指标体系设定的过程中，各地都从本地经济社会发展的特殊性、局部性考虑问题，以本地特定的法治状况设定评估标准和评估要求，其评估的目标、范围、内容、对象和相应指标体系的权重，都不尽相同，打着地方法治评估的旗号，使得评估各行其是、千差万别，使国家法治建设的统一性被破坏了。特别是在法治评估的程序上，更上不一而足，自说自话，即使是委托了社会上的第三方开展评估，但也常常是形式大于内容，包括评估组织成员中学者的构成有的也要以当地的学者为主，导致地方政府部门可以通过这种地域选择的方式施加影响。具体来说，表现为三个方面：

第一个方面是法治评估标准地方化。一般说来，法治评估的目标应当是服从并且服务于国家法治建设整体目标的，法治评估标准应当是国家化而非地方化的，恰恰是因为我国地方发展的不均衡性，如果采取统一化指标就无法体现地方特色和差异，因此在实践中主要考虑的是由各地自行设定标准。但是，按照党的十八届三中全会的要求，"推进法治中国建设，建立科学的法治建设指标体系和考核标准"，"维护宪法法律权威"，实现"推进国家治理体系和治理能力现代化"，这些要求，并未明确一定由各地设定评价标准，而是要求按照治理体系和治理能力现代化的要求来进行法治评估。但从目前各地方法治评估的实践情况来看，各地的法治评估指标体系和评估标准却差别很大，没有统一到治理体系和治理能力

---

① 尹奎杰：《我国法治评估"地方化"的理论反思》，载《东北师大学报》，2016年第6期，第76—82页。

现代化这个根本目标上来。各地在设计各自的评估标准时,考虑本地方的实际因素多,考虑法治整体需求的因素少;从本地方的法治实际情况设计各级指标的情况多,从法治的统一性、完整性和体系性角度设计指标体系的情况少;指标体系呈现法治的局部性现象的情况多,呈现法治全局性现象的情况少。因此,就各地法治评估指标体系而言,我们是无法获得对于法治中国的整体性认知的,尽管从这些局部反映的总和大致可以得出一个整体的认知,但由于这一认知本身就基本上不是从整体需要来设计的,因此,即使是把局部和地方的情况相加,也很难从整体上有一个客观地描述。此外,由于各地对法治评估标准和指标体系设计的工作也尚未形成统一的行动,不同地方的评估主体之间在对法治标准的理解方面也存在着较大的差异,特别是对中国特色社会主义法治体系、法治中国的理解与认识也有很大区别,甚至一些地方简单照搬国外的法治评估经验和做法,忽略和割裂了我国法治建设整体与局部、中央与地方、普遍性与特殊性的关系,使多样性和差异性淹没了整体性和统一性,导致法治评估的标准和指标体系设计的地方化现象。

第二个方面是法治评估的内容、范围和对象地方化。应当说,法治评估的内容、范围和对象,应当与法治的内容、范围和对象相一致,这是由法治建设任务本身的需要决定的。法治建设需要什么内容、范围和对象,法治评估也要围绕什么样的内容、范围和对象开展。国家"十三五"规划中包括法治中国建设在内的各项国家规划,以及党的十九大进一步明确了法治中国建设"两步走"的战略目标,这些党和国家在法治建设方面的目标和任务是十分明确的,为当前和今后中国法治建设的实际任务指明了方向。就目前国内各地已经开展的法治评估实践来看,各地法治评估在内容、范围和对象上尚未实现与国家战略任务相同步,尚未做到回应国家法治建设要求,尚未形成与国家法治建设相一致。例如有的地方在法治评估过程中,没有把本地方"党的依法执政情况"这一法治建设实践中的重大内容作为评估的内容和对象;有的地方没有把反映社会公众对法治的认知度、认同度作为评估内容和对象,因而就没有能够充分体现人民主体地位这一重大政治要求;有的地方虽然列出了一些有关法治实际效果的内容,例如保障民生、保障人权和增进人民福祉的指标,但并未把这个内容作为法治评估指标体系中比较重要的指标或者内容来对待,所给定的权重比例也较低;有的地方法治评估中虽然只是关注到本地方法治建设面临的具体问题,但尚不能从全面、长远、整体与宏观的角度来设计评估框架,使评估的内容和对象粗略化、局部化、简单化;有的评估指标体系只是考查到立法、执法、司法、守法和法律监督等传统法治领域,立足点仍然是以国家权力的运行为主导,忽略了社会公众参与法治的情况,特别是忽视了法治精神层面、文化层面、心理层面等因素,忽视了权利主体的权利因素,对本地方的法治文化、法治精神、法治心理、法治状态、法治环境、法治教育、法治信息、法治舆论等方面的考查显得薄弱甚至缺乏等等。即使有些地方评估中涉及了这些方面,但也是"浅尝辄止"。

第三个方面是法治评估主体和评估程序地方化。法治评估主体的地方化,是说各地方法治评估中的评估者基本上都是由各地自行组建、自行发起或者由各地委托进行的,包括评估的启动主体、实施主体都带有不同程度的地方性。例如有的地方是直接由各地方的党政机关发起推进,有的地方则是由这些机关或者部门委托的研究机构或者专家发起推进,这些方式在有关专家选取、人员构成、职业性质、人员数量等方面也各不相同,因此无法从整体上来实现全国法治评估标准的统一性。另外,各地方法治评估的程序也是五花八门的,在评估的具体流程、时间、环节、步骤、方法、计算标准和行为规范上也各不相同,是呈现地方化色彩的。

(三)法治评估可能存在的"绩效化"问题

地方法治评估过程中呈现的量化标准的指标体系设计,也可能会衍生出一定的"唯绩效化"问题。国际上最早采用"绩效化"评估模式的国家是美国,它首先开展了对政府的绩效评估,后来,被很多西方国家普遍采用。之所以西方国家普遍采用这一"绩效化"评估模式,是为了应对自20世纪70年代以来的能源危机、环境恶化、资源枯竭和经济上严重的财政赤字等治理困境,各国政府为改善其在公共管理上的形象和公众看法,提高政府公信力,并以此解决政府难题。这一模式最初被称为"新治理运动",而"绩效评价"由于可以达到各国政府期待的"三E"治理目标,被广为推崇。这个"三E"治理想目标就是所谓"经济"(Economy)、"效率"(Efficiency) 和"效益"(Effectiveness) 的目标[①]。在对政府评价中引入这个"三 E"目标,反映出 20 世纪下半叶世界各国普遍面临的治理危机,也反映了各国政府试图改变治理困境,医治"现代性疾病"的决心,所谓"头痛医头、脚痛医脚",绩效评估就是各国从企业治理经验方面得出经验,并进而开出的"治病良方"。当然,遵循这种企业治理逻辑和治理方法也不是一无是处的,它不但开创了政府治理的新途径,也从理论研究的意义上为学术界开创了新的政府治理研究领域,也就是微观的政府治理研究领域,以绩效研究为新的学术增长点,行政学得到充分发展,有关政府治理的量化研究突飞猛进。在这个背景下,政府绩效评估的模式也开始波及与政府建设相关的法治领域,一些有关政府法治建设的评估工作,也开始采取绩效评估模式。例如,世界银行以经济组织的身份开展的"世界正义工程"法治评估指标体系所形成的系列指数报告,就体现了某种"效益至上"的观念。在 WJP 体系的指引下,2014 年"世界正义工程"法治评估指数包含的 4 个普遍原则、9 项主要因素和 47 项具体指标中,都有这一"绩效化"指标的特点,例如其在描述 99 个国家所谓法治的"操作化解释"方面,都以是否体现了一定的政府效率、社会效益或者法律效果为标准,这是十分鲜明的"绩效主义"评估观念作用的结果。

应当说,法治建设指标体系中这些绩效化指数的设计,其在目标上看是十分明确的,都是以法治建设的效果评价或者效益评价为导向的,它是一种以效果的评估机制来发挥对法治建设实际影响和作用的,这种评估机理形成了一种效益式考核思路,即达到评价指标要求,就是有效果的,就是受激励的,反之就应受到否定。在我国法治政府建设过程中,各地方推行的

---

① 美国作为政府绩效评估最典型的国家,从 1978 年卡特政府就开展绩效评估来实现政府转型,1993 年克林顿政府出台了政府绩效与结果法案,明确规定政府管理中必须实施绩效评估。此后,英国、日本、澳大利亚、加拿大、德国等国都效仿了美国的这一创新性举措。在这些国家中,绩效评价被广泛应用于项目评估、政策分析、预算管理、战略规划、绩效监控和法治水平等方面的考核。参见陈小华:《异化与复归:政府绩效评估的反思性研究》,载《中共浙江省委党校学报》,2012 年第 1 期,第 124-125 页。

以创建"法治城市、法治县（市、区）"为目标和任务的法治评估活动,也采取了这类主旨更为鲜明的绩效评估模式。虽然这些地方政府都要以全国普法办（隶属于司法部）的要求来推进法治政府的评估工作,要按照全国普法办提出的指标"范本"为依据或者参考设计各自的指标体系,但更要因地制宜,要结合本地法治建设实际进行创新、发展和细化。例如 2008 年全国普法办公室发布了《关于开展法治城市、法治县（市、区）创建活动的意见》（以下简称《意见》）,根据这个《意见》,各地方法治政府创建活动的任务、目标和绩效标准都要有各自的特点和特色。在接下来发布的《关于开展首批"全国法治县（市、区）创建活动先进单位"评选表彰工作的通知》中,全国普法办公室又进一步细化了上述标准,明确使其成为地方政府绩效考核的基本依据。为了贯彻落实这些要求,各省级人民政府、市人民政府,乃至人民政府内部相关部门,也都建立了本地方或者本部门法治建设绩效考核的指数体系。在 2013 年,全国普法办公室还发布了《关于深化法治城市、法治县（市、区）创建活动的意见》（以下简称《深化意见》）,进一步推动了全国各地的法治绩效评估活动,使绩效评估成为目前国内法治评估最典型的样式。[①] 然而,不应忽略的事实是,《深化意见》发布以来,各地法治评估都不同程度地出现了一些滥用绩效化评估指标的问题,主要表现为以下几个方面。

　　一是出现"指数失灵"与"数据失真"问题。"指数失灵"的主要表现:有关法治指数的赋权标准不科学,存在着很大的主观性。事实上,任何法治评估中的指数设计都是通过对指标体系进行科学赋权,并通过层级化方式分解各个指标,使指标间建立起科学的属种关系和层级关系来实现评价的。然而,截至目前,我国各地方法治评估指标体系中存在的一个普遍问题是尚未有效解决指标体系科学赋权这一问题。一方面,由于量化考核这一方式本身的"唯科学化"取向可能遮蔽人们对法治评估指标体系所隐含的价值指向的反思与追问,使指标体系呈现单一的"工具理性",忽视法

---

　　① 参见孙建:《我国法治城市评估的发展与现状研究》,载《中国司法》,2014 年第 3 期,第 25 页。

治评估本身的价值性质；另一方面,任何指标体系的具体内容中各个具体的指数和指标都要回应法治实践本身,因此就从根本上无法克服其在样本和数据取得过程中的客观性与主观性、普遍性与特殊性、局部性与整体性等矛盾问题。这些问题如果不能在指数设计或者计算方法上进行解决,就很容易导致指数失真问题。目前,以各地方法治评估标体系设计和指数计算中最常采用的"德尔菲法"[①]为例,就能看到其唯数据标准和唯科学化带来的缺陷与弊端。就像有的学者批评的那样,运用"德尔菲法"进行法治评估,可能会产生两个主要的问题,"一是形成'参考点效应',就是专家在做技术预见时,如果他开始时得到的参考点低,其预见结果就偏低,得到的参考点高,预见结果就偏高;二是形成'证实性偏差',一旦专家在开始时形成了错误的观点、预期或假设,在随后的预见过程中,往往只注意获取支持其原来观点、预期或假设的信息,而忽略其他信息。"[②]如果法治评估过程中不能有效克服这一方法的局限性,就会导致错误的观点、预期或假设持续下去,影响法治评估的真实性。事实上,由于"德尔菲法"完全依赖专家组对指数生成和赋权以及评估调查程序、信息反馈技术方面的意见和组织程序,因此依靠这种方法本身是无法解决评估指数失灵的公共难题的。[③]此外,正如纽康默(New-comer)指出的,"绩效评估"本来就是一种政治过程,当一组指数被用来衡量复杂的组织产出时,其代表特定视角的

---

① 德尔菲法(Delphi method),又名专家意见法或者专家规定程序调查法,该方法主要是由调查者拟定调查表,按照既定程序,以函件的方式分别向专家组成员进行征询;专家组成员再以匿名方式(函件)提交意见。经过几次反复征询和反馈,专家组成员的意见逐步趋于集中,最后获得具有很高准确率的集体判断结果。德尔菲法本质上是一种反馈匿名函询法。其大致流程是：在对所要预测的问题征得专家的意见之后,进行整理、归纳、统计,再匿名反馈给各专家,再次征求意见,再集中,再反馈,直至得到一致的意见。该方法具有匿名性、反馈性和统计性特点。该方法需要经过3～4轮的信息反馈,使得最终结果基本能够反映专家的基本想法和对信息的认识,并能够反映多数专家观点,并尽可能把每种观点都包括统计之中。

② 张冬梅、曾忠禄：《德尔菲法技术预见的缺陷及导因分析：行为经济学分析视角》,载《情报理论与实践》,2009 年第 8 期,第 27 页。

③ 参见刘爱龙：《我国区域法治绩效评估体系建构运行的特征、困境和出路》,载《法治评论》,2016 年第 6 期。

指数的风险和危险就会大大提高[1]。我国法治评估指标体系和指数设计体系对相关指标的过度依赖,甚至在指标体系的层级化设计中增加到三级指数或者四级指数,正是这一逻辑的必然反映,而评估者试图通过运用简单加权平均的计算方式来解决问题的做法可能存在诸多缺陷,是无法克服数据失灵或者数据失真这样问题的。可能会出现指数设计越微观、越具体,可能离法治实际就越远。因为,不同的微观指数是否能得到公平对待、应有地位的权重关照,就显得更为重要。归根结底,法治评估中的指数失灵或者指数失真,本身就是由这种绩效主义的指标体系设计和计算方式带来的,是量化法治评估不可避免的一种现象,这是我们在法治评估中必须客观、清醒对待和谨慎研究的事情。

在法治评估指标体系的计算过程中,还存在突出的数据失真问题,这是由评估程序引起的。如果法治评估是由政府自行设计指数,自行评估法治状况、自行计算评估指数结果和得分排名的,则就极易引起数据失真。其深层根源是政府评估中存在的过分自信。此外,由于政府长期存在着管理中心主义和"官本位"的治理模式,社会公众不能充分有效地参与地方政府的治理过程,因而当政府组织有关法治评估的指数测定时,相关参与者就不能积极、认真地填写问卷、不能如实回答问题,导致了数据生成的失真和失实。

二是容易导致客观评估的局限化问题。尽管地方法治评估都试图通过评估过程来客观地反映法治建设的实际情况,因此其评估的指标体系设计也要尽可能地科学、全面、客观,使之更能客观地反映现实,使指数产生可量化性和可描述性。但是,这种评估方式本身的缺陷也十分显著:一个方面是,法治既是一种国家治理活动和治理过程,也是一种社会生活、社会秩序和文化状态的表现状况,更是人们的生活状况和社会的文明状况,这些状况中,有些方面是可以通过具体的量化评价的,但也有很多方面是无形的、是无法通过量化方式描述的。如果单纯地把那些无法量化的方面也以量化

---

[1] Newcomer K., Using Performance Measurement to Improve Programs, New Directions for Evaluation, No.75, 1997, pp.5-14.

指数的方式来评价，就会指数化、量化或者数据化，可能出现南辕北辙的结果，从而使法治评估脱离实际。比如，法治要追求的公平正义的标准，是很难以量化方式进行指数化或者量化描述的，正如在制度中设计多长时间的诉讼时效或者设计多长时间的行政许可期限才是正义的，甚或在制度安排中设计多长时间的限制人身自由的监禁刑罚是最正义的，这是无法进行精确计算的。又如，如何度量政府公共服务法治化程度，也是一个量化上的难题，我们既不能以政府公共服务中签订 PPP 协议的数量作为度量政府公共服务法治化的标准，也很难通过政府在公共服务中涉及的行政诉讼案件的数量作为法治化程度的标准。相反，这样做的方式只能成为评价政府法治化程度的反例。正是在这个意义上，我们可以得到一个相对谨慎的结论，那就是，不能机械化地照搬企业管理中的"效益最大化"原理来指导政府治理。在法治评估这个事情上，道理是一样的，我们也不宜用简单化的数据来单纯考量一些法治建设上不宜量化的内容，从法治的客观标准上来说，一些人认为这样是趋向于法治的，而另一些人也可能认为这样的指标恰恰是法治的背离。正如本书指出和强调的，任何试图通过量化或者细化法治某些方面指标体系的做法，可能到头来都是徒劳的。因为，正如公平正义作为一种价值取向一样，法治服务的程度，法治文化的状况，法治意识和法治文明的高低这些评价都带有明显的主观性色彩，都有鲜明的价值取向性，准确地说，这些内容本身是无法完全客观量化的。并且从这些范畴的性质上来说，其本身就是一种"规范性范畴"，而非"描述性范畴"，其带有明显的实践性和非技术化取向。这些指数的不可量化性的另一个方面的原因是，法治评估中的客观评估方法是无法兼顾各种不可预期的法治效果和法治影响的。实际上，在法治过程中，有很多法治效果的评估是一种结果性的，但有些法治效果尚未发生或者正在发生，也有些效果根本就不会发生，因此量化评估从何谈起呢？在这里，有一个方面是可以肯定的，那就是，法治建设需要的政治、经济、文化、社会和历史条件，这些因素都是不以人的意志为转移的。同样，社会公众的千差万别的需求和日益变革的社会需要，对于法治发展的内在动力来说，也是不可或缺的，这些必然带来法治的深化发展。如何描述这一关系，是法治评估的难题。或者说，如何通过指数设计来反映法治发展与政治、经济、社会、文化和历史发展的关系，这本身就是一个难题。另外,正如前文提及的,法治评估也很难摆脱参与评估的各方主体的主观影响,难以实现真正的评估者价值中立,这样,就很容易出现所谓"法治指标得分虚高"问题。

三是绩效化评估的实际效果并不理想。各地方法治评估的最终目标是要通过评估要刺激各地法治建设水平的提升。就是通过法治排名刺激地方加强法治建设,以实现各地方法治化程度的转变,实现治理体系和治理能力的现代化。从目前评估的实际情况来说,绩效化评估的眼前效果达到了,有的地方因法治评估排名不高、法治评估得分较低,在一定时间内政府主管领导可能被问责,在国家资源配置或者建设投入、政策支持方面受到一定影响,甚至在法治环境、法治形象上也受到一定程度的打击。这些对于刺激一些地方政府加强法治政府建设和法治社会建设,加强法治治理产生了良好作用。但是,也可能存在一定程度的负面因素,导致一些地方政府不敢作为、不能担当、创新意识较差,甚至因害怕担责而过于拘泥于外在的指标要求等等,使地方经济社会发展受到一定程度的影响。虽然这些问题并不完全应当归之于法治评估的因素,但盲目追求排名的做法并不可取,应当深入剖析法治建设的实质症结,切实推进转变政府治理理念,转变政府服务方式、转变法治建设中的思想方式和行为方式,这样才能切实解决地方治理中面临的各种实际问题,而不是只看排名,不顾长远。目前,可以说,我国治理体系和治理能力现代化建设已经取得了长足进步,但在笔者看来,当前的突出问题是,国家治理仍然主要停留在国家机关层面,社会各方面主体参与国家治理的程度还不够,多元主体参与治理态势尚未真正形成,特别是社会组织尚未发挥出参与公共治理的有效作用;而在国家机关内部,国家机关之间、中央与地方之间的事权划分仍需要通过改革和实践逐渐完善;同时,实现公民的现代化,特别是人的思想观念和行为方式的现代化,是实现国家治理现代化的关键一环,也是实现法治的重要内容。如何在法治评估中客观评价公民或者说人的现代化,是法治指数设计的重大考验之一。

(四)法治评估指标体系设计的具体问题

在法治评估指标体系设计的具体问题上,还可能存在着以下一些问题。

一是法治指标体系在具体指数设置上可能存在问题。

总的说来,各个法治评估指标体系在设计具体的几级指标和相关指数时,基本上都能考虑到采用主观与客观相结合的方式,尽可能既考虑到各地方法治建设的制度、人员、案件、法治环境等客观实际情况,也考虑到公众对法治的满意度等主观认识状况,但是具体如何实现"客观"指数与"主观"指数的有机结合,使客观量化指标与主观量化指标能够全面反映评估的法治实际水平。各地的做法不尽一致,没有统一标准。按照有的学者的比较深入的分析认为,一些地方的法治评估主要以主观评估为主,一些地方的主观量化指标完全为主观评估,而另一些地方的主观和客观量化指标都含有不同程度的主观因素①。因此,这些指标存在着主观、客观相糅杂,比例设计不统一,主客观指数占比,以及权重和地位不相同的情况,很难说哪种评估更准确。

二是法治评估指标体系设计上的开放程度存在差异。

所谓法治评估指标体系设计的开放程度,是指相关法治指标是否存在着公众参与以及多大程度上体现公众参与。一般说来,大部分的法治指标体系设计都能体现一定程度的公众参与,对公众参与评价、公众满意度都有不同程度的反映。但是,由于各地的法治建设都以"政府推动"为核心,政府是法治的主导力量,以政府为中心设计的法治评估指标体系,在考虑公众参与度时,主要停留在法治效果的实际评价上,很少能体现具体的制度规范、案件处理、立法执法司法过程水平。这说明,不同的指标体系设计或多或少都存在一定的开放程度不够的问题。

三是不同法治评估指标体系间,某些具体权重分配与指数计算方式存在较大差异。

---

① 有学者认为,香港法治指数主要体现为一种主观评估,其评估依据中的相关数据反映的基本上都是公众对的法治直观感受;余杭法治指数体现了一定的主客观相统一的特点;昆明法治指数中主观评价指数只占全部 15 项指数中的 3 项;南京法治指数中公众评价指数全部为主观指标;四川法治指数中第三层次的指数均为"混合性质指标",其比例一般按主客观各占 50% 设计;广东法治政府指数则每项一级指标下的二级指标中主客观指数的数量比例各不相同。参见周尚君:《法治定量:法治指数及其中国应用》,北京:中国法制出版社,2018 年版,第 139 页。

如在评估指标的权重设计上,有的评估指标体系以权利均等分配的原则为指导,把各个指标体系所占的权重平均分配[①],这种方法简便易行,容易计算,表现上看各个指标所占比重相同,不偏不倚,貌似公允。但实际上,这种方法并不能体现出法治建设过程中不同法治环节实际情况的差异。

为了解决这一问题,很多城市的地方法治评估中,都先后引入了"德尔菲法",评估专家独立进行多轮反馈,彼此之间互不接触,防止互相泄露信息,通过各自独立的判断形成评估意见,也可以避免因集体讨论而出现意见盲从或者受到权威意见的影响。这种方法的优势在于能够形成专家的独立判断,并在独立判断上汇总意见,使意见显得更为客观、中立。余杭、四川等地都采用了德尔菲法。对以"德尔菲法"形成的数据和意见,一般采用4种具体的处理方式:一是中位数和上、下四分点法;二是算术平均统计处理法;三是主观概率统计法;四是非量化预测结果的统计处理法[②]。但要注意的是,在多层次、多指标的复杂评估环境中,各层次、各指标的重要性有明显差别,无法通过定量的方式确定下来,在这种情况下,评估专家采用一般的经验估值法难以给出科学的评估[③]。

在有关的指数计算方面,先计算每一指标的具体得分,然后用加权平均值的方式,在得分中去掉一个最高分,再去掉一个最低分,算出其余部分的平均数,再计算每一法治指标重要性权重的平均值,其算法同上,最后加权平均得出最终的法治指数。这一分析法在技术上基本上采取的是加权平均的方式。

此外,还有的地方在计算时采取了层次分析法,主要运用在对指标得

---

① 例如在世界银行的国家政策与制度评估项目中,一级指标共16个,被评估者分为4组,每组的权重平均分配(各25%),每组内的各个指标也是平均分配(由25%除以该组指标个数,即为该组的具体指标的权重)。参见 http : site resources. World bank.org/PROJECTS/Resources/40940124416323994/6180403-1372096800800/webFAQ12.pdf,p.2.2019年8月2日访问。

② 参见刘学毅:《德尔菲法在交叉学科研究评估中的运用》,载《西南交通大学学报》(社会科学版),2007年第2期,第23—24页。

③ 彭国甫等:《应用层次分析法确定政府绩效评估指标权重研究》,载《中国软科学》,2004年第6期,第139页。

分的权重处理方面,一般是先将多套数值求出一个平均值,然后将平均值进行层次分析,得出权重,再与对应指标得分数值相乘,得出最终数值。指标得分数值的最终结果仍采用求平均值的方法。[①]

四、法治建设指标体系研究的反思

笔者认为,应当从以下方面反思各地法治建设指标体系可能存在的问题,并围绕这些问题寻找破解思路,以期更好完善法治评估指标体系的制度设计,全面推进法治评估的科学化、规范化、程序化和制度化,更好推动法治建设。

(一)明确地方法治评估体系"指数"的价值导向

法治中国建设以及地方法治评估体系指数设计到底应当何去何从?笔者认为,按照法治中国建设中的法治国家、法治政府和法治社会一体建设、整体推进的建设思路,在地方法治评估体系指数设计上,重要的是要考虑是否存在统一的法治的价值导向和法治观念。也就是说,在坚持党的正确领导下,在国家和政府的积极推动下,在社会各方面的充分努力参与下,科学设计和合理推进法治建设应当有统一的观念认识,只有这样,法治建设才能更好地有序推进。

笔者认为,法治价值观念至少应当统一到以下几个原则上。

第一个原则是宪法至上和法治统一。就是要将指标体系和确立指标体系的规则统一到宪法至上和法治统一原则之下。宪法是国家的根本大法,维护宪法的权威,树立宪法至上,归根结底就是为了保障法律至上,维护法

---

① 参见周尚君:《法治定量:法治指数及其中国应用》,北京:中国法制出版社,2018 年版,第 146 页。

律权威。宪法也是整个法律体系的核心和根本，国家的其他法律、法规都以宪法为依据，国家的一切法律活动也都以宪法为核心展开，这就确定了法治建设的根本价值取向和原则，也是法治评估应当遵循的基本价值指引和原则。按照这一原则的指引，法治评估指标体系的设计，最终都应当还原或者归结到宪法至上和法治统一的标准上来，归结到国家法律至上和法治统一的标准上来，要看所设计的各个具体的指数是否满足和回答了这个标准和原则，是否以体现这一原则和标准为目标，否则，其指标设计就是不完整的，也是不科学的。

第二个原则是程序正义。程序正义是现代法治的重要内容，也是现代法治的重要标准，它体现了形式法治的重要特点。法治评估指标体系中最直接的价值导向不是实体正义，因为实体正义是很难被量化、数据化的，实体正义背后总是与某种特定的价值观念产生联系，总是由某种价值判断左右人们对于实体正义的理解和认知，片面强调由实体正义导向的结果正义，也容易使过程偏离正义的轨道，出现为了结果不择手段的非正义状况。因此，人们普遍认为，片面追求实体正义的指标体系设计也是不科学的，它容易把法治引向片面追求结果是否正义的歧途。因此，将程序正义作为法治评估指标体系的价值导向，就是要解决偏重实体公正的不足，使法治评估的指标体系设计多从程序出发，多从程序的科学性、规范性、具体性和可操作性入手，实现程序合理、程序民主、程序公开、程序公正，最终实现法治上程序正义标准的统一。

第三个原则是权利本位。权利是法律的灵魂，也是法治的核心要义。在现代社会中，任何一项法律制度、任何一种社会治理方式，如果不是把人民需要、人民利益、人的权利放在第一位，不把确认人的权利、维护人的权利和保障人的权利放在第一位，这样的统治或者治理都会丧失合法性和正当性，都会背离历史发展的轨道，最终被历史所抛弃。把权利放在第一位，是现代民主政治的最根本的体现。这就要求在法治体制设计或者社会治理过程中正确处理权利与权力、权利与义务、权力与责任的关系，坚持"以人为本"，以人民的权利和需要为本位，在法律上，就是要以"权利为本位"。因此，笔者认为，法治评估指标体系的建立，也应当以权利为本位，实现权力运用的"权为民所赋、权为民所谋、权为民所用"，最终实现法治体现人民利益要求的"以人民为本位"的法治价值观。

（二）充分认识地方法治建设中存在的各种错误观念

笔者认为,在地方法治建设过程中,存在着如下五种典型的错误观念。

一是法治的"地方中心主义观念"。这种观念完全从本地方的法治出发,不考虑国家法治的整体需要或者全局,割裂地方和国家的法治联系,片面强调本地法治的特殊性和局部性。目前,地方法治评估中,不但在评估的主体、内容、对象、指标体系、评价标准和程序上完全是"地方自主",而且其借鉴的"先进经验"也是"各自为战",既缺乏上下协调,也缺少横向沟通,甚至在某种程度上演变成为"自我中心"化的法治,这体现了一种典型的法治地方中心主义。

二是法治的"地方保护主义观念"。地方政府完全从本地经济发展出发,利用行政权力干预市场经济,对当地企业和外地企业差别对待,这是经济发展层面的地方保护观念。而在法治评估过程中,由于过分关注和强调本地法治的"相对独立性"和"特殊性",不愿意也不重视学习国内其他地区法治的先进经验,总是强调地方的"差异化"和"自我利益",导致法治评估和法治建设的"封闭化",既没有开放的法治心态和勇气,更缺少外界的监督和广泛社会参与的可能,使得法治建设"一潭死水""静止僵化"。

三是法治的"地方保守主义观念"。表现在法治评估过程中,就是片面强调本地方的传统与区域特殊性,不注重用发展的、持续的、变化的和动态的眼光来设计评估指数,更不能运用发展的、持续的、动态的和变化的眼光来对待地方法治评估工作,对外来经验简单照搬或者机械照抄,使得指数套用变成了"常态化",缺乏批判精神和务实勇气。特别是各地方在法治评估中"单打独斗",未能建立起法治评估的"平台",不能有机对话、协调统一行动,这样,优秀的法治资源和先进经验就得不到充分的发挥和借鉴。

四是法治的"功利主义观念"。就是试图为法治建设画好"时间表",制定好"路线图",希望按照这张"时间表"或者"路线图"迅速完成法治建设目标,达到法治建设预期。就复杂、丰富的法治实践来说,这样做带来的实践影响却可能是负面的甚至是消极的,不但容易造成所谓的"法治大跃进",甚至导致"自评自建"的不客观、不真实的法治评价结果。法治的功利主义最容易助长的就是法治建设方面的"攀比心理",使各地容易在评估指数的"指挥棒"下打造法治的"政绩工程",试问:这种"为了评估而评估"的指数对于法治建设本身有何益处呢?正如姚建宗教授和侯学宾博士在《中国"法治大跃进"批判》一文中指出的那样,"迫切希望确证中国特色社会主义法治模式在实践中得到成功的思想和行动的背后,恰恰是一种'革命浪漫主义'思想在支撑"①,这种思想有着重要的历史进步意义,但也有其弊端,容易过于乐观,出现法律万能的幻觉。

五是法治的"工具主义观念"。尽管学者们对"法治工具主义"可能会有不同的理解或者认识,但是,一个基本的理论共识是,"法治工具主义"是把法治作为工具,作为实现某种社会目标的工具或者手段②。事实上,这种观念在中国有着悠久的历史传统,中国古代的法治传统就带有十分明显的"法治工具主义"特征。然而,在当前的地方法治评估中,依然有这样一种倾向,就是把地方经济、政治、社会发展中的某些方面的问题,以法治评估的方式指数化、指标化,希望通过法治这一"工具"实现其相关的社会目标,忽视了法治的实质的权利与正当程序、法治精神与法治心理、法治意识与法治观念、法治文化与法治环境等方面的指标。

（三）着力解决和处理好法治评估过程中的几对基本关系

我国地方法治评估中出现的各种问题,是不利于法治整体推进的,必须克服和正确处理法治评估地方化的相关问题,理顺以下几个基本关系。

一是要正确处理中央与地方关系。

毛泽东同志曾指出:"处理好地方和中央的关系,这对于我们这样的大国大党是一个十分重要的问题。"③在当前的法治评估中呈现出来的法治评估"地方化"问题,实质上是地方法治评估权力过大的问题,反映出在

---

① 姚建宗、侯学宾:《中国"法治大跃进"批判》,载《法律科学》,2016年第4期,第21页。

② 对这一问题进一步的讨论,可参见姚建宗、侯学宾:《中国"法治大跃进"批判》,载《法律科学》,2016年第4期。

③ 毛泽东:《毛泽东文集》(第七卷),北京:人民出版社,1999年版,第32页。

处理法治建设问题上中央与地方权力不够协调、权力分工过于下移、中央到地方的纵向权力领导体现不够充分,以及各地联系不够紧密、沟通不够协调通畅等问题。虽然各地的法治评估基本上都委托了评估工作小组以课题研究、项目推进的方式进行,力求使法治评估客观、中立、科学、准确,但是,这些评估的发动主体基本上仍然是地方的党政机关,评估的价值取向仍主要以本地需要为主,容易造成法治的"条""块"分割问题。因此,要特别注重协调法治评估中的中央和地方关系,注重既要加强中央领导,也要调动地方的积极性,使中央和地方能够协调推进法治评估。

在国内一些学者看来,解决地方治理和法治评估中的地方权力过大问题的关键,在于以法治化方式推动合理权力结构的形成。例如,以法治化方式实现权力的结构化、促进权力结构的协调化、权力结构的可控化和有序化①,把实现"中央与地方关系的民主化、科学化和均衡化作为处理中央与地方关系法治化的现实目标",提出了"建立中央与地方关系法治化中权力划分的动态性协调机制",并要处理好"地方自治""垂直管理"等问题②。

笔者认为,地方法治评估中存在的上述问题,从本质上来说是一种法治运行的监督问题和法治评价问题。作为一种对法治状况"监督"和"评价"的活动,就要保证所进行的监督和评价具有客观性、权威性、中立性、科学性和程序正当性。在具体的法治评估活动中,评估主体事实上具有一定的"话语权",如果评估主体和被评估对象是同一性的,那么就很难保证评估的客观公正。为此,由中央统一发布评估的标准、程序、评估主体的组成和要求等,是更为科学合理的做法,这种做法要比当前各地自主评估要具有更大的优势。在中央统一确定标准的过程中,还要注意原则性与灵活性相结合,考虑各地方的不同需要,实现中央与地方在法治评估问题上的协调,调动地方的积极性。中央不宜把这种标准或者原则定得过死过细,要

---

① 魏红英:《纵向权力结构合理化:中央与地方关系和谐发展的基本进路》,载《中国行政管理》,2008 年第 6 期,第 29 页。

② 杨海坤、金亮新:《中央与地方关系法治化之基本问题研讨》,载《现代法学》,2007 年第 6 期,第 24—25 页。

给地方法治评估留有一定的空间。

二是要科学对待经济社会发展与法治发展的关系。

从现实社会发展状况上看,各地方在经济社会发展上存在着一定的差异性和不平衡性,这构成了地方法治发展不均衡的基本动因。要科学对待各地方经济社会发展与法治发展之间的辩证关系,一方面不能过于夸大二者的一致性,避免因过分追求"整齐划一"而忽略地方实际,从而不利于地方法治的实际推进,造成法治的"机械化"和"教条式"推进。另一方面,也不宜过分夸大二者的相对独立性。地方经济社会发展的差异性和不平衡性是对地方法治评估整体性考量时不能不参考的依据。在具体的法治评估框架和指标设计中,应当充分考虑各地方经济社会发展的实际状况,在评估框架和评估过程中科学对待二者之间的关系,既不能把法治评估当成是"万能良药",作为推动发展和解决发展中问题的唯一一对策,也不能忽视经济社会发展本身对法治建设水平的影响与作用。

事实上,通过法治评估,我们发现,法治与发展二者是相辅相成、互相促进的。法治本身是发展的重要成果和基本标志,经济社会发展到一定程度才会有较高的法治发展水平。据调查显示,各地方法治发展水平与经济社会发展水平呈现了一种正相关关系,经济发达的东部城市的法治化程度最高,其次是中部城市,最后是西部城市[①]。同时,法治对发展本身也有一定的促进和保障作用。在法治评估中,要防止把法治指标作为推动经济社会发展的唯一指数,防止出现法治指数的盲目乐观主义和唯法治指数论,要实事求是,防止法治评估脱离实际。

三是要准确把握法治的统一性与差异性。

法治既要注重形式的统一性,也要重视地方法治之间的差异性,是二者的统一。一方面,我们要看到各地方法治评估中的优点,但也要重视消除各地方的"中心化"取向,就像朱苏力教授强调的,"从中国现代化和市

---

① "中国法治政府评估"课题组:《中国法治政府评估报告(2013)》,载《行政法学研究》,2014年第1期,第4—5页。

场经济发展的要求来看,要逐步消解地方性秩序,法律必须统一,具有普适性。"①另一方面,我们也要看到法治在地方经济社会发展中的差异性,不同地方的法律规则、执法司法以及由此形成的法治秩序,总是对当时当地具体社会实践要求的回应。而这,也造成了法治在空间维度上的"两难",即法治要求的统一性与具体法治实践的差异性,这既是法治发展过程中本身必然面临的一个难题,也是法治现代化过程中必须面临的一个问题。

如何解决这一难题和问题呢?这里面讲的统一性问题,实际是法治要求的原则性在法治形式与内容上的体现;这里面强调的法治的差异性,也体现为法治实践中呈现出来当然的多样性与丰富性。这种差异性体现了法治与地方经济社会发展的结合。二者在本质上并不矛盾,按照格尔兹、苏力等学者的研究,法治的统一性并不排斥法治的差异性和灵活性。但要注意的是,在"整齐划一"式法治尚未完全实现时,要注重对于法治特殊性实践的尊重与承认,但这种尊重与承认,不应当以割裂法治、肢解法治、异化法治为前提,对地方法治"特殊性的眷顾完全是在遵循统一性的框架内进行的"②,应当从法治更为根本的实质内容出发来设计地方法治的评估办法与评估指数,消解二者难题的关键在于从法治的根本原则出发,例如限制权力、保障权利、注重程序、实现民主等方面。

此外,在地方法治评估的过程中,还应当注重处理好法治指数的静态化与法治建设的动态化的关系问题,认真把握法治评估程序的目的性与法治建设的实质性相统一原则,推动地方法治建设,实现法治评估的科学化、客观化和公正化,推动法治建设步伐。

(四)重点破解法治评估中存在的"唯绩效主义"评估逻辑

正如前文提到的,"绩效主义"逻辑反映在法治评估活动中,就表现

---

① 苏力:《道路通向城市——转型中国的法治》,北京:法律出版社,2002年版。转引自陈柳裕、唐明良:《"地方法治"的正当性之辨:在特殊性与统一性之间》,载《公安学刊》,2006年第2期,第46页。

② 陈柳裕、唐明良:《"地方法治"的正当性之辨:在特殊性与统一性之间》,载《公安学刊》,2006年第2期,第47页。

在法治评估过分注重以"绩效"性指数作为法治评估的目标或者标准,在以量化方式衡量和考查一个国家或者地区法治建设的过程中,过分强调评估的效率、效益和效果,重视分数和排名,并以分数和排名对法治建设水平进行综合性评价的一种逻辑和方法。

作为现代国家治理的重要工具之一,法治指数体系适应了现代国家治理的需要。然而,当这种评估的话语体系与现代国家治理的实际情况相遇时,特别是与不同国家文化背景、社会现实相遇时,难免会产生这样或者那样的问题,尤其是当绩效主义逻辑成为法治指数设计的基本方式以后,这样的问题就更为明显。美国管理学家戴维·约翰·法默尔(David John Farmer)为此特别强调,当评估中的绩效逻辑成为一种国家治理的现代话语时,必然会产生以下五个方面的问题,那就是特殊主义、科学主义、技术主义、企业逻辑和解释学,这是现代国家必然面临的五种"现代病"[①]。笔者认为,反思法治评估中绩效主义逻辑所衍生的诸多问题,并从理论和实践上重构法治评估这一现代国家治理工具,必将有益于法治的推进。

一是要深入反思法治评估绩效主义逻辑的认识问题。

法治评估的绩效主义逻辑从本质上说,是一种"管理工具主义"或者"治理工具主义"逻辑的产物。由于最早引入绩效评估的政府评估活动,并未完全考虑到这种量化评估工具可能产生的不良后果,甚至也未完全考虑其与评估对象的文化背景、社会背景的关系,过分依赖量化指数的结果是,在实践中产生了评估指数与评估对象之间的"排异"现象,这实际上是唯科学论的副产品,这值得我们深入反思。

一方面,工具主义局限是导致法治评估绩效主义逻辑衍生各种问题的主要原因。在现代国家治理过程中,科学和技术的创新不但给国家治理提供了各种先进的工具,而且在应对新的社会风险和挑战时,科学和技术也能发挥意想不到的作用,大大提高了国家治理的效率和水平。但是,在享受科学和技术进步带给我们的各种便利的同时,我们也应当意识到,过分倚

[①] [美]戴维·约翰·法默尔:《公共行政的语言》,吴琼译,北京:中国人民大学出版社,2005年版,第334—335页。

重科学和技术,过分相信工具理性,并不能解决我们当前社会面临的所有问题,那些复杂的、依靠价值判断和定性分析的问题是无法依靠工具主义的。然而,现代国家治理所呈现出来的一些新趋势,却加剧了工具主义和工具理性的影响,表现为:(1)越来越多地运用理性工具的方案来解决组织问题;(2)越来越多的政策制定集中化并依赖数据支持;(3)相反,社会上越来越缺少人文关怀和价值关怀①。为此,当法治指数所提供的分析框架、分析模式和解决方案不能解决上述问题,反而会加剧这些问题的出现时,就必然使唯科学主义和唯工具主义大行其道,使人类进入一种"异化"了的工具理性状态。我们应当清醒地认识到,评估只是一种技术手段和工具,我们不能只注重其实施本身,更要注重对其本身进行理性反思和价值批判;我们不能只考虑其具体的技术细节,而且要充分考虑工具背后蕴含的公平正义;我们也不能只注重利用这一分析工具的经济效果,更要充分重视其本身的文化价值蕴含。所以,反思法治指数体系的工具理性,有助于我们深入把握其作为量化工具的技术特点,而不是简单套用其量化工具的实施做法,特别是深入认识其在处理复杂问题时还可能面临着各种各样的价值选择。

另一方面,压力型体制是导致法治评估绩效主义逻辑衍生各种问题的制度化障碍。

所谓"压力型体制",是指在上下级政府之间,下级政府主要因为迫于压力而完成上级政府布置的任务和各项指标,从而形成的上下级政府之间所处的一种压力状态与层级关系。"压力型体制"这一概念,多用来表达和描述处于科层体制中的政府上下级关系,在这个关系中,下级政府要对上级政府负责,并接受和落实上级政府安排和布置的各项任务,上级政府保留对下级政府的评价、控制与约束。虽然我国法治评估并不完全由政府直接推动和展开,在形式上要依赖于第三方,主要是科研机构的力量,但实际上,当法治指数一经政府发布,无论由哪种类型的评估主体进行评估,

---

① 全钟燮:《公共行政的社会建构:解释与批判》,北京:北京大学出版社,2008年版,第179页。

这一评估就都带有明显的政府倾向与色彩。而在我国法治地方（法治省市或者县区）的法治指数设计和评估过程中，之所以被称为是一种"内部评估"，就是因为这些指数体系是由政府内部自行设计并组织评估实施的，既带有明显的自上而下性，也带有明显的自我评估性。从目前我国实行的行政体制而言，这种自上而下安排和布置法治评估的做法，反映了压力型体制的特点，在某种程度上构成了对法治绩效评估的制度障碍。譬如上级政府为完成本级政府的法治绩效，就会以行政命令方式要求下级政府完成更多的任务，这样的压力层层传导下去，最终使基层政府可能不堪重负，出现数据造假，而实际的法治绩效可能并未实现。

此外，法治功利主义观念是影响法治评估绩效主义逻辑衍生各种问题的深层原因。功利主义观念表现在法治评估上，就是试图通过事先为法治建设制定好"时间表"，画好"路线图"的方式，希望按照这张"时间表"或者"路线图"迅速完成法治建设目标的一种状态。然而，就复杂、丰富的法治实践来说，这样的观念如果不得到科学、合理和及时的纠偏，就可能带来很多负面的，甚至是消极。[1]法治功利主义最具代表性的体现就是在法治评估中的部门主义倾向。一般说来，法治是反部门利益的，由于各部门受利益驱动，在绩效评估中，对于不符合法治要求的部门行为往往会影响评估结果。因此，那些自设自评法治指数的做法就不足为奇了，这正是法治功利主义的最突出表现，甚至出现所谓的"法治大跃进"，也是这种法治功利主义的结果，各地方、各部门竞相把法治绩效作为政绩产出的效果，为维护本部门利益相互攀比，打造法治的"政绩工程"和法治的"GDP"，以彰显部门的治理能力和治理水平，这实际上是法治评估绩效主义逻辑可能衍生各种问题的深层原因。

二是要从实践上科学化重构法治评估绩效主义逻辑的方式。

法治评估绩效主义逻辑的滥用容易诱发大量的短期行为，助长法治的短期效益，造成公共资源的浪费，影响整个社会的健康与可持续发展。要

---

[1] 尹奎杰：《我国法治评估"地方化"的理论反思》，载《东北师大学报》，2016年第6期，第80页。

消除这种短期行为的不良影响,就必须坚持科学的绩效评估理念,在法治指数的设计与实施中,合理安排相关指数,妥善处理社会公共利益、个人利益与相关主体之间的利益关系,处理好公共权力与公民权利的关系,把实现国家治理和治理能力现代化作为主要目标,运用好第三方评估的相关程序,尊重专家和社会公众意见,减少评估的工具主义和功利主义影响,最大限度减少因压力型体制造成的数据获取失真与失灵问题,使法治指数真正成为反映中国法治客观实际,指引法治中国建设的"晴雨表"和"指南针",发挥其应有的激励和导向作用。

第一点是通过立法明确法治评估在法治建设中的地位。建议制定一部法治评估方面的基本法律,明确法治评估在法治建设中的性质和地位,明确法治评估应当遵循的基本原则和要达到的基本目标,并通过立法设置相应的评估主体制度、评估程序制度、评估沟通与协调制度、评估数据的反馈与应用制度。明确绩效性指数在法治指数中的地位和功能,健全和完善绩效评估的指数设计、标准确定、数据采集、统计分析等程序环节,重视多种评估方法的使用,重视法治评估中的公开性和公正性,使法治评估活动真正纳入法治化轨道,使法治评估活动有法可依。同时,在一些具备条件的地方,其地方人大或者政府也可以先行制定本地方的法规或者规章,用以指导正在开展的法治评估工作,避免评估绩效主义逻辑的滥用。

第二点是通过进一步规范法治评估中政府权力的运行,科学化推进法治评估活动。法治评估借助量化的数字指数来描述法治状况,纠正因过于强调定性法治实践存在的问题,被政府机关高度重视,很多政府部门和官员为了改善政绩,把量化的法治评估与"科学发展"相联系,试图把法治指数作为地方法治建设的科学化体现,特别是为能够贡献更多、更高的量化指标而积极主动地运用其所掌握的行政权力,这样就很可能导致政府的行政权力超出法律规定的边界,导致政府权力的滥用。一方面,要在法治评估过程中重视第三方的监督,建立公正科学的评估机制,实现由第三方主导的法治评价模式。同时,进一步发展、壮大社会公共组织的力量,使社会团体、公益组织和公共服务组织能够参与到国家和社会治理的实际过程中,形成多元社会治理的态势,发挥社会自治在法治建设中的实际作用,减少政府干预。另一方面,要切实提升政府的法治水平,特别是政府严格执法的能力,提升政府运用法治思维和法治方式处理矛盾的能力,更好地应对政府风险和社会风险,加快推进"五位一体"的社会建设,形成政府与公民、政府与社会组织、执政党与政府及其他主体一道共同构建法治生态的良好局面。

第三点是加强法治评估研究,从理论上探索复合型、综合性的法治评估模式。科学的法治评估不是建立在单一评估模式的基础之上的,而是采取不同评估模式,综合运用各种评估模式。科学的法治评估必须兼顾定性评估与定量评估、主观评估与客观评估的优势,以复合型、综合性的法治评估模式推进法治指数的落实,使法治评估的绩效主义逻辑得到科学化的实现。因此,要加强法治评估的理论研究,探索复合型、综合性法治评估模式的可能性。从理论上来说,当前的法治评估在价值取向上主要采纳的是两种理论进路:一种是客观进路,即侧重于以量化方式考查法治状况,其遵循的基本方式是把法治概念具体分解为一系列相互关联的量化指数,并赋以相应的权重,根据一定的统计和计算规则对测定的相关数据进行分析,从而形成相关结果,这也是一种绩效主义的逻辑体现;另一种进路是主观进路,就是侧重对法治状况进行定性评估。由于定性评估没有标准化的方法体系和指数体系,具体评估的方法因人因事而异,不同的评估专家需要基于不同的国家或地区、不同的情境采取不同的方法,对同一国家或地区的法治评估结果也就会差别很大,缺乏统一性。因此,定性评估对评估者有很高的专业要求,其必须能够充分理解被评估者的主观意图和背景,具有必备的实践经验和专业素养,能够与被评估者有效沟通,获取足够的相关信息等等[①]。基于上述两种评估进路所形成的评估模式,基本上体现了法治评估的两个极端,即要么走向唯绩效化,要么使法治评估处于一种各说各话的状态。为消弭述矛盾,笔者主张通过以绩效主义逻辑沟通二者,尽可能实现法治评估客观和主观的融合,定量与定性的融合,兼顾法治评估中的公平与效率、权利与权力、主观与客观的统一。

---

① 孟涛:《论法治评估的三种类型:法治评估的一个比较视角》,载《法学家》,2015年第3期,第29页。

第四点是切实推进评估结果有效反馈到法治实践之中,并使其制度化。充分发挥法治评估结果使用效益,使其能够真正落实并反馈到法治实践中,发挥真正的监督、激励和指引作用。在实践中一定要避免对待法治评估结果的两种不良倾向:一种是急功近利地对待评估结果,把结果作为政绩考核和政绩排名的工具;另一种是对评估结果漠然视之,将其束之高阁,使评估"空心化",从而无法引起有关部门的重视,导致评估的形式主义。所以,要高度重视评估结果的科学使用,建立评估结果应用机制,使其与立法、执法、司法和法治环境营造相联系,完善有关治理的规范体系,转变治理方式,引导各个主体围绕治理能力提升,实现国家治理从管理主义逻辑向法治治理逻辑转变。

第三章　法治建设指标体系中的权利指数问题

总体而言,在法治建设指标体系,特别是法治评估过程中体现出来的法治建设指标体系之中,对法治的宏观环节的各个指数关注是比较充分的,例如对立法环节、执法环节、司法环节、守法环节、法律监督环节的关注比较多;对群众满意度、法律职业群体、法治环境等因素也有充分的考虑和设定,但对其中权利状况反映得不够充分、具体。本书的主要内容就是如何认识权利指数在法治评估中的地位、影响和作用,如何设计和对待这一指数,以及如何实现这一指数在法治建设指标体系中的重要作用等问题展开。

一、权利指数的概念化问题

权利指数(rights index),是指用以表征和评价法治建设过程中公民享有的法律上权利状况的一种指数,这是相对于国家权力指数(power index)等而言的一种指数。这一指数,不但在实际情况上反映了公民在国家法治整体中的地位和影响,更重要的是可以标识出国家在政治、经济、社会、文化、生态等各个方面建设的实际情况,特别是公民在这些建设中权利的实现状况,它是实际反映国家法治建设水平的指数。

在法治建设中,权利是一个十分重要的概念,也是量化法治建设不能回避的重要概念。作为构成法治最核心的要素和因子,权利概念的界定显得十分重要。因为,作为可量化的一个基本要素,权利必须在法治建设的各个环节和各个方面能够体现法治的要求和目标,同时,对于法治建设的主体以及在法治评估中的被调查者而言,权利的概念也必须是可理解的。这就需要在法治建设指标体系的设计中,充分考虑权利的概念化问题,并使权利的概念化与法治建设指标体系的内在要求相一致。

所谓概念化,在英文中对应的词语是"conceptualization",它主要强调的是对经验性的事实,按照一定的理论化方式进行归纳、概括、总结和提炼的过程,在这个过程中,需要对经验性的事实进行形式抽象和逻辑分类,并需要对被概括的对象进行必要的分析和把握,寻求事物本质与概念概括的理论的内在一致性。在对"权利"进行概念化的过程中,有必要涉及权利的诸多制度、案例、法律实践活动及相关情况等进行理论化的分析与概括,按照对"权利"概念进行理论界定时赋予的一定的标准进行分类,进而总结出权利的构成要素或者基本内容,以此来进行相应的指数设计和赋权。

毫无疑问,权利指数应当为所有指标中的较为核心的因子,尽管在设置具体指标时并不一定必须以"权利"两个字出现。按照汤姆·金斯伯格的观点,一个优秀的社科概念应该具有三个特征,即"连续性""简洁性"和"实用性",同时这一概念与其他相关的概念的边界线是明显的。因此,比较抽象、覆盖范围较广的概念是较难进行界定的。从"权利"这一概念来看,它就带有很强的理论抽象性,涉及的范围也十分广泛,本书所称的"权利",也是一个外延十分宽泛,内容不易把握,且在理论上争论十分广泛的概念。它有时既是法哲学、政治哲学关注的对象,有时也是伦理学、社会学中经常使用的概念,在外延上,这一概念基本上涵盖了"自然权利"(natural rights)、"习惯权利"(customary rights)、"道德权利"(moral rights)、法律权利(legal rights)、应有权利(due right)、实在权利(real right)等各个层面的含义。所说的"权利概念化",是指围绕上述权利(rights)所形成的有关权利的一般认识形成的过程,也就是将上述诸权利进行观念化和形式化的过程。这一过程,进而形成了人们对于权利的一般认识和理解,这种认识和理解构成了西方学者所称谓的"权利话语"

（rights talk）[1]，它标识了人类现代观念中，特别是现代的法治观念中对于权利的一般理解和认识。[2]

按照这样的概念化理解，权利概念不仅是指法律上或者制度上已经明确了的直接列举或者明示出来的权利性规定和条款，而且包括那些没有被法律直接列举，但通过其他的法律原则、制度安排或者程序性活动，能够得以实现的自由或者利益。因此，也正是在这个意义上来说，法治中的权利有实体权利和程序权利，还有些是法定权利。有些是在司法或者执法过程中通过法律推定、法律解释或者法律论证的权利。

在考虑法治建设指标体系中的权利概念的过程中，应当充分认识到权利概念化过程的复杂性，这样才能在权利指标设计体系的过程中，尽可能全面反映权利质量的全貌，充分还原权利状况的实质。

二、权利指数设计中"权利"概念化的理论维度

在对权利指数设计中的"权利"进行概念化的过程中，存在着以下几种基本的理论维度。这些理论维度与人们对于权利概念的一般理论理解和思考方式有关，也就是说，如果对权利概念持有不同的理论立场和分析方法，那么，就会形成对于权利概念的不同解释。这些不同理解和解释会影响到权利指数的具体设计和指标体系安排。

第一个理论维度是"伦理－价值"的理性主义维度。这一理论维度表明了有关权利概念的理性主义解释方式和抽象把握，按照西方法治发展进程中对于权利概念的一般理解，与西方理性主义法治文化传统相适应的是，权利的概念经由希腊思想家通过阐释自然、社会、人与城邦问题时揭示

---

[1] See Mary Ann Glendon，Rights Talk，The Free Press，1991.
[2] ［美］科斯塔斯·杜兹纳：《人权的终结》，郭春发译，南京：江苏人民出版社，2002 年版，第 18 页。

出来的自然理性法思想与德性的文化关联,并经由罗马法学家发展的理性主义法律逻辑和法律实践,再经过中世纪基督教神学理性思想塑造和精神熏陶过程,从而使人们在头脑中逐步形成了有关法律与个人利益诉求的形而上学的合理性法律观念,在文艺复兴的人文主义与启蒙运动中人性的解放思想的塑造下,从而形成了有关个人权利的基本概念。这一基本概念中最核心的是权利与人的理性有关,并与个人自由、利益产生了联系,它表明的是一种个人优先的伦理原则,主张个人价值高于一切。在法律秩序和法治的制度安排上,个体优先于群体,个人权利优先于国家权力。这是西方个人主义权利观念在法律和法治上的体现。按照英国古典自然法学家霍布斯的解释,他强调个人权利与理性高度相关,从人的理性的角度来论证权利的自然正当性,并由此为国家权力运作的合法性与权利发展的理论逻辑进行道德的辩护。他说,"在各种自然的恶中的至恶就是死亡——死亡的发生就其真正起于自然的必然性而言就如同石头必然要下落一般。因此,如果一个人尽全力去保护他的身体和生命免遭死亡,这既不是荒诞不经的,也不应受指责,也不是与正确的理性(right reason)相悖的。可以说,不与正确的理性相悖,就是按照正义和权利(right)去行事的。'权利'这个词确切的含义是每个人都有按照正确的理性去运用他的自然能力的自由。"①在霍布斯看来,理性是衡量权利正当与否的基本理由,如果为实现理性目的的权利"而采取的必要的手段被否定了,那么实现这一目的的权利也就失去了意义……如果我应当自己来裁决我所面临的危险性这一点与正确的理性是相悖的话,那就会由其他人来作判断。既然其他人是在判断一件与我相关的事,而同样根据我们天生平等的理由,我也就是与他相关的事的裁决者。因此,我在他对这件事的看法是否有助于我的保存这一点上作出裁决,就是正确理性也即自然法的要求。"②因此,霍布斯强调法治中对人的自然权利保障的重要意义,他所强调的自然权利,实际上就是诸如人身自由权利、生命权利等在内的"道德上正当的、自然的和理性的权利",尽

---

① [英]霍布斯:《论公民》,应星、冯克利译,贵阳:贵州人民出版社,2003年版,第7页。
② [英]霍布斯:《论公民》,应星、冯克利译,贵阳:贵州人民出版社,2003年版,第8页。

管这些"权利"的很多内容在现代的法律中都得到了明确的规定,但仍然有些合理的自然权利还需要法律不断加以保护。正是基于这样的原因,列奥·施特劳斯高度评价了霍布斯的这一功绩。他指出,在 17、18 世纪这个自然法理论的全盛时期,把起始于"人类意志"的"一系列的'权利',一系列的主观诉求"作为自然法的标准,这是霍布斯的伟大贡献,这使自然法理论与传统的自然法得以区别开来,具备了"近代政治哲学的意义"。他称霍布斯是近代政治哲学的"创始者"。霍布斯从这个首要的权利观念出发,把它作为道德原则和政治原则的基础,从而否认了"法则"的首要地位。霍布斯所强调的"权利的道德优先性",实际上不是人们对于现存事物的实证性的(法律上规定的)权利,而是根据自然理性原则所具备的道德上的权利。他说,"不是来自道德中立的动物欲望(或道德中立的人类权力追逐)与道德中立的自我保存之间的自然主义对立,而是来自根本上非正义的虚荣自负与根本上正义的暴力死亡恐惧之间的人本主义的道德的对立"。[①]这使得现实的权利冲突在本质上就被描述为是一种道德的对立和正义的冲突。而"这个道德对立,是霍布斯政治哲学的一个必不可少的本质要素,或者,更确切地说,它就是霍布斯政治哲学核心基础"[②]。

因此,考虑权利概念的制度化设计过程中,要充分认识到对于权利概念而言,一直以来就存在着这种自然主义立场的权利观念。在西方法哲学发展过程中,德国著名的法哲学家康德也从理性主义视角反思和概括权利的概念。他认为,理性可以分为解决自然科学中的理论理性与人类道德生活中的实践理性,与其相适应,世界则分为概念的或本体的世界和感觉的世界,理论理性与本体世界相对应,实践理性与感觉的世界相对应。他反对唯理论与经验论割裂人类理论理性和实践理性、割裂理性和感性的做法,力图调和两个世界。他认为,人不仅属于前者,也属于后者。在后一个世界中,自由、自决和道德的选择都是可能的而且真实的。法律和道德作为人类的实践理性形式必须被纳入概念的世界中。他否定了所有试图将道德和法

---

① ［美］列奥·施特劳斯:《霍布斯的政治哲学》,申彤译,南京:译林出版社,2001 年版,第 32—33 页。

② 同上。

律的一般原则建立在经验人性的基础之上的做法,尝试着从理性命令基础之上发现权利概念的根据。他认为,作为权利最核心的价值指向——"自由",与"自在之物"一样,是一样真实的,属于本体的世界,他把自由区分为伦理上的自由和法律上的自由。所谓伦理上的自由,就是人的自主和自决,是人的自我实现,只要人们恪守自己心中的道德律(即康德称的"绝对律令"),那么人们就是自由的,这种自由被康德视为是人根据人性而具有的唯一原初的、固有的权利。这种初始的权利和自由决定了法律上的自由。只要具备了伦理上的自由,"每个人在这种情况下就成为自己的主人,任何人都没有权利仅把他人作为实现自己主观目的的工具。每个个人都应当永远被视为目的本身。"①他认为,自然权利的正当性不是源自纯粹理论(唯理论意义上的绝对理性)起点的理性主义体系,也不是建立在经验论基础之上的人性的感知,而是一种简单而全能的,由存在于人的天性中的道德感所揭示的道德规定,就是"绝对律令"。康德指出,"一项道德的实践法则是一个命题,它包含着绝对命令。那位通过法令来下命令的人是制法者或立法者。"②在康德看来,权利意味着任何东西根据权利是"我的","如果任何他人未曾得到我的同意而使用它,他就是对我的损害或侵犯。"③权利主要意味着"对它的占有",包括"感性的占有和理性的占有"。前者被康德称为对"实物的占有",后者被康德称为"纯粹的法律占有"。从第一个方面来说,康德认为是"占有"一词"表达了理性的占有",第二方面则表达的是"经验中的占有"。康德从绝对律令的自由意志出发,为权利的正当性提供了一个"实践理性的法律公设",他说,"把在我意志的自由行使范围内的一切对象,看作客观上可能是'我的或你的',乃是实践理性的一个先验假设。这个公设可以称之为实践理性的一条'允许法则',它给了

---

① [美]博登海默:《法理学:法律哲学与法律方法》,邓正来译,北京:中国政法大学出版社,1999年版,第77页。

② [德]康德:《法的形而上学原理——权利的科学》,沈叔平译,北京:商务印书馆,1991年版,第31页。

③ [德]康德:《法的形而上学原理——权利的科学》,沈叔平译,北京:商务印书馆,1991年版,第55—56页。

我们一种特殊的权限,一种我们不能够一般地从纯粹的权利概念推演出来的权限。这种权限构成对所有其他人强加一项责任的权利,给他们的不是别的规定,而是规定他们不得使用我们自由选择的某些对象,因为我们早已把它们置于我们的占有之内。理性决意使用这个允许法则成为有效的原则,而且此法则作为实践理性而确实生效,这条法则通过这个先验的公设,在实践中扩大了它的运用范围。"①因此,权利涉及一个人对另一个人的外在的和实践的关系,通过他们的行为,他们可能间接或直接地彼此影响;同时,权利的概念并不表示一个人的行为对另一个人的愿望或纯粹要求的关系,不问它是仁慈的或者不友好的行为,它只表示他的自由行为与他人行为的自由的关系。②

可以说,权利指数概念化过程中这一"伦理－价值"维度最为关心的是伦理规范或者说道德价值对于权利的至上性与决定性,并以此来确定权利到底意味着什么。因为按照这种理论逻辑,权利之所以"神圣而不可侵犯",是因为权利是"自然的""天赋的",因而也是"合理的""合乎道德的",它把权利的重要性与合理性建立在自然的合理性与道德的正当性的基础之上的,它既符合了自然的"神意",也符合人的"道德理性",体现了正义的自然性前提与本性,是不允许人的理性对之进行怀疑的,因为人要追求和实现自由,就要相信这种天赋权利的先在性与正当性,要树立权利的信仰,人的自由才能得以与自然的理性相一致,人们的生活才能与自然的要求相一致,人的发展也才能与社会发展相协调。

第二个理论维度是"规范－分析"的实证主义维度。这一理论维度最有代表性的观点和方法来自法律实证主义。事实上,法律实证主义并不是一个理论清晰、逻辑统一、观点一致的理论学派,它兴起于19世纪二三十年代,其理论不断完善、发展、传播,到20世纪中叶达到顶峰,成为20世纪西

---

① ［德］康德:《法的形而上学原理——权利的科学》,沈叔平译,北京:商务印书馆,1991年版,第55—56页。

② ［德］康德:《法的形而上学原理——权利的科学》,沈叔平译,北京:商务印书馆,1991年版,第39页。

方法学史上重要的法学范式。无论是边沁的功利主义、奥斯丁的"法律命令说",还是凯尔森的"纯粹法理论"、哈特的"新分析法学"、麦考密克的"制度法论"都被划到这个学派之中①,甚至当代的制度分析学派、法律现实主义流派也深受这一理论的影响。从理论品性上说,法律实证主义的理论方法是来源于英国经验主义的思想传统的。按照经验主义看法,一种法律规范是否合理,根据人类理性是无法判断的,只能根据人类欲望作出取舍。这种观点在休谟那里得到了充分的发展。休谟从他的二元主义的知识观出发,把知识分为两类,一类是有关事实的知识,一类是有关价值的知识,认为价值知识与事实知识无关,价值知识是只解决事情应该是怎样的,是有关事情的应然性的知识;而事实知识是解决是什么与为什么的知识,是有关事情的实然性问题的知识,譬如说地球是行星,由于引力作用,围绕太阳运行,运行周期为365天,由此造成了四季变化等等。事实知识通常直观,使用方便。他强调区别事物的应然与实然。在休谟看来,由于法律规范关涉价值判断,所以不能从其赖以存在的客观条件对其判断,必须从人类的欲望和要求出发,才能形成正确的认识与知识,那种超验的理性并不存在。这种经验主义的论调后来成为法律实证主义的各种理论观点的出发点。有学者把这一共同点概括为法律实证主义的"谱系理论"和"分离理论"②,理查德·霍尔顿也发表了类似的观点③。这一理论包括了把法理学概括为描述性理论,法学的研究对象设定在可以经验的实在法领域,重视逻辑分析等实证分析方法的运用等内容。也有学者认为,法律实证主义坚信三个基本信条:一是分离理论:法律和道德之间没有必然的联系;二是法的命令理论:法是人类意愿的一种表达;三是法律渊源理论:每一个有效的法律规范都是被一个法律系统的主权者所颁布的,规范的权威要诉诸主权者。④法

---

① 参见［美］比克斯等:《法律实证主义:思想与文本》,陈锐编译,北京:清华大学出版社,2008年版。

② Kenneth Einar Himma, Legal Positivism, the Internet Encyclopedia of Philosophy, 2001(5).

③ Richard Holton, Positivism and the Internal Point of View, Law and Philosophy (17), Kluwer Academic Publishers, 1998, pp.597—625.

律实证主义者在论及法律问题时,正是坚持了这样的理论立场的。正如休谟区分事实判断与价值判断的做法一样,他们首先区分"应当是这样的法律"和"实际上是这样的法律"。例如奥斯丁就称"实际上是这样的法律"是"准确意义上的法律",他认为,它包括人定法和神法,人定法是由人制定的法律规则,神法是上帝为人类设定的法律规则,这两类规则对现实的人的行为作出了规定,从而成为法理学真正的对象。但是,"应当是这样的法律"被奥斯丁称为"并非准确意义上的法",因为这些法要么是实际存在的社会道德或社会的伦理规则,要么被奥斯丁称之为隐喻意义上的法。"它们之间,同样仅仅是由于人们的类比式修辞活动,而产生与法的相互联系的。"①他从功利的标准出发,认为实实在在的善乐(happiness or good)是法律的正当性基础。他认为"权利""正义"之类的词语是肤浅的、抽象的、晦涩的和最易引发语词战争的,而功利原则可以帮助诊断我们对社会进行观察而产生的思考疾病。②

在权利问题上,奥斯丁按照同样的逻辑分析了"准确意义上的权利"和"非准确意义上的权利"的区别。他认为"准确意义上的权利"是由强制性法律在设定义务的同时授予的。而"非准确意义上的权利"则是通过人们对"权利"一词的延伸使用才被描述为权利的。他说,"如果相应的义务,是由强制性法律所规定的,那么,由此出现的权利,便是我们所说的准确意义上的权利。如果相应的义务,是由非准确意义上的法所规定的,那么,由此出现的权利,是因为'权利'一词的类比式延伸使用,而被称作权利的。"③通过这种实际存在的由人制定的法所设定的义务而存在的权利(法律权利),⑤作为准确意义上的权利,受实在法的保护。作为非准确意义

① Anthony J. Sebok, Positiviely Positivism : Legal Positivism in American Jurisprudence, Cambridge University Press, 1998, p.32.

② [英]奥斯丁:《法理学的范围》,刘星译,北京:中国法制出版社,2002年版,导论,第3页。

③ John Austin, Lectures on Jurisprudence or the Philosophy of Positive Law, Robert Campbell (ed.) 5th edn, John Murray, 1911, pp. 119—120, 122。

④ [英]奥斯丁:《法理学的范围》,刘星译,北京:中国法制出版社, 2002年版,第181页。

⑤ [英]奥斯丁:《法理学的范围》,刘星译,北京:中国法制出版社,2002年版,第181—182页。

上的权利,是"由实际存在的社会道德授予的权利","在道德上具有强制保护性,或受道德舆论的保护"。①从这种逻辑出发,权利的概念实际上不过是"实在的善乐"在法律上的必然体现。

法律实证主义的另一个代表学者凯尔森则甚至把权利就等同于实在的法律本身,实际上是为了强调权利对法律规范的制裁作用的影响和法律规范对权利主体所产生的影响这两个方面的作用。他认为,说法律就是权利或者说权利就是法律,意味着法律"这一规范就是他的'权利',只有法律规范具有这样一种关系时,只有在法律规范的适用、制裁的执行,要依靠指向这一目标的个人意志表示时,只有在法律供个人处理时,才能认为这是'他的'法律、一个主观意义的法律,这就是指'权利'。只有这样,权利概念中所意味着的法律的主观化、客观意义的法律规范作为个人的主观意义的权利的体现,才是有根据的。"②在凯尔森声称,"如果我们将法律秩序授予起诉可能性的那个人称为可能的原告,那么权利主体总是一个可能的原告。……就像法律义务一样,法律权利是法律规范对一个由规范所指定的人,即可能的原告的关系。"③凯尔森进一步论证说,"法律授予个人以这样权利,它给予他或其代表提起最后导致执行制裁的诉讼的可能性",从一个动态的观点来看,权利的性质是参与法律创造的能力。④这样,法律与权利的二元论也就趋于消灭,"义务对权利在法律上的居先地位也就显然了。法律义务是每一法律秩序中每一法律规范的主要功能,而法律权利只不过是特殊法律制度的一个特定因素——私权利是资本主义法律秩序的制度、政治权利是民主法律秩序的制度。"⑤因而,权利的概念在他看来与

---

① [英]奥斯丁:《法理学的范围》,刘星译,北京:中国法制出版社,2002年版,第182页。

② [奥]凯尔森:《法与国家的一般理论》,沈宗灵译,北京:中国大百科全书出版社,1996年版,第92--93页。

③ [奥]凯尔森:《法与国家的一般理论》,沈宗灵译,北京:中国大百科全书出版社,1996年版,第93页。

④ [奥]凯尔森:《法与国家的一般理论》,沈宗灵译,北京:中国大百科全书出版社,1996年版,第97—98页。

⑤ [奥]凯尔森:《法与国家的一般理论》,沈宗灵译,北京:中国大百科全书出版社,1996年版,第100页。

实在的法律本身是可以互换的。

可见，按照分析实证主义的权利概念的分析，探求法治建设中有关法律建设标准的可量化标准或者指数，则直接可以从权利入手，权利的指标就是法治建设中法律的指标。

第三个维度是"个体－群体"的社会解释维度。事实上，传统法理学对权利概念的解释主要是导向个人的。可以说，个人主义维度开创了权利理论解释的滥觞。所谓个人主义就是强调以人的本性为基础，认为人是自由的、自律的，这种自由和自律的本性构成了个人具有权利的根据。哈特曾指出，"除非个人自由的道德价值被承认，否则就没有道德权利的位置……如果有自然权利那也必然是个人权利。"[①]拉兹也说，"任何道德理论，如果它认为一些个体的利益就能充分地使其他人具有义务，那它就承认了权利的存在。"[②]

但是，由于任何权利现象都不是孤立的，都是发生在社会关系之中，特别是法治社会之中的，任何有关权利的争议，必然有赖于在社会关系之中人与社会关系的解决。因此，从这个角度来看，无论是自然权利论的学者，还是实证权利论的学者，他们对权利概念的概括或者分析在某种程度上都过分夸大了个人在权利概念生成中的作用，甚至把个人抽象化、孤立化，这在理论上存在着一定的问题。按照社会学的解释，权利在现实上来说具有重要的社会属性，权利是依存于特定社会主体、社会行动和社会结构的，没有脱离社会关系和社会组织结构之外的权利现象。理查德·弗拉思曼反对从洛克到诺奇克式的先验主义的权利论调，他说，"权利并不是自然的、神圣的、原始的或严酷的事实，它们并不是以某种方式就可以自我证明为正当的，或者说能自我证明为合理的"[③]。他认为权利"产生于并符合

① H.L.A.Hart，Are There any Natural Rights? See J.Waldron，Theory of Rights，Oxford University Press，1984，p.78.

② Joseph Raz，Right-based Moralities，See J.Waldron，Theory of Rights，Oxford University Press，1984，p.182.

③ Richard E. Flathman，The Practice of Rights，Cambridge University Press，1976，p.2，p.8，p.188.

支配社会实践的法规","在自然权利论者提出的个人及个人权利概念和现代西方社会中起作用的权利实践之间存在着巨大的鸿沟。……正如我们对其所认识的那样,权利如果没有精心安排的体制和结构,它们就不可能存在。……而且,它们就存在于这些体制和结构中,个人在它们中间并通过它们发展自己的利益和追求自己的目的,并在其基础上获得行动的权利。"[1]这种对权利概念的解释表明了他对社会体制和个人利益及目的都有所强调。把权利的概念放在社会整体背景中进行解释的做法,还可见之于法国的思想家狄骥。他认为,个人并不具有自然权利,他们生来就是社会的一员。个人只有进入社会之后才拥有权利。[2]庞德也指出,自然权利理论和利益与法律权利的混淆造成了个人利益的膨胀,以致近来人们的自然权利变得像至高无上的国家和君主一般专横。[3]庞德强调一方面"通过主张权利来推动司法的发展"[4],另一方面,过分地强调个人权利的观念在现代已经过时了,主张以社会利益的发展为基础来保障和发展权利,在一方面是为了防止"政府中心主义",另一方面是为了实现真正的个人权利和自由生活,这使得法律的这个"社会工程"的真正福祉在于真正地实现个人权利。

从理论上说,对权利概念的社会诠释,一方面是源于法社会学和社会学法学的双重影响,另一方面也来自当代社会所面临的种种危机。在很多反思现代问题的学者看来,现代社会的诸多弊病有很大程度上是由西方社会过分强调自我和个人的文化观念造成的,人类中心主义、个人主义是造成"现代病"的根源。只有从文化立场和价值观念上改变这种错误的认识,才可能真正救治和解决现代问题。麦金太尔提出,当代人类的道德实践处于深刻的危机中,这种危机来自三个方面,一是社会中的主观道德判断;二是个人的道德立场;三是社会德性已经退居社会生活的边缘,不再占据主

---

① Richard E. Flathman, The Practice of Rights, Cambridge University Press, 1976, p.2, p.8, p.188.

② [法]狄骥:《宪法论》第1卷,钱克新译,北京:商务印书馆,1959年版,第154—155页。

③ [美]庞德:《普通法的精神》,唐前宏等译,北京:法律出版社,2001年版,第64页。

④ [美]庞德:《普通法的精神》,唐前宏等译,北京:法律出版社,2001年版,第75页。

要地位。这种道德实践体现出当代人们的伦理与道德观念实际上只强调个人情感与个人好恶,是个人主义道德文化过分泛滥的结果。麦金太尔指出,德性与法律在亚里士多德的论著中有着非常关键的联系,只有那些具有正义德性的人才有可能知道怎样运用法律,要做到公正就是要把每个人应得的给予他。在共同体内部,正义德性是形成法律的基础。然而,现代个人生活中,出现了碎片化的趋势,与此同时,道德在不同的生活碎片中存在不同的标准。这种社会角色对自我的消解使人们丧失了对整体德性的关怀与寻求,人们只有摆脱角色道德、职业道德的这种社会割裂,从生活整体(共同体)道德出发,继承和践行传统道德(古希腊式的德性),才能真正解决这种割裂与社会伦理的碎化。

不独如此,一些社群主义者也主张只有把权利放置于"共同体"的社群内部,才能获得真正的发展。辛格曾经指出,"一项权利关系是一种社会关系,诸个体共同参与其中。它也是一项规范性关系,用以调整诸参与者的行为。""权利关系是一种社会制度,受规范社群的泛化的他人的态度所支配。"①所以他给权利下了这样一个定义,"某一权利的拥有者,作为权利的规范社群的一位成员,参与权利关系,他拥有在该社群中被制度化的资格权利,同时拥有对其尊重的义务。"②他认为,只有把个人的权利置于社群内部,权利才是可操作的。

权利概念的"个人-社会"维度解释表明了学者在权利研究方面所做的两个方面的努力:一是摆脱关于权利及其起源和发展的过分简单化的解释,把实证主义、道德学说和历史学说结合起来,区分作为观念的权利和作为设置的权利,作为文化传统的权利和作为移植文化的权利,以及权利及其进化中的共性因素和个性因素的关系,并由此发现不同社会场合下权利发展的共同基础和共同规律。二是采用一种适合于权利及其历史的而不是适合于经济、哲学、政治及其历史的,甚至在一定程度上有别于一般法律

---

① [美]贝思·J.辛格:《可操作的权利》,邵强进、林艳译,上海:上海人民出版社,2005年版,第6页、第27页。

② [美]贝思·J.辛格:《可操作的权利》,邵强进、林艳译,上海:上海人民出版社,2005年版,第32页。

及其历史的解释理论,来观察和解释权利现象,找出刺激或抑制权利生成的具体因素。[①]

笔者认为,从权利所依存的制度、社会现实说,如果要准确界定权利的概念,必须充分地考查权利现象的历史的、现实的、制度的、文化的等诸多因素,特别是要重点研究权利观念、权利法律体系和权利实践中权利救济的状况,这样才能更为全面充分地认识权利的概念。

第一,权利的概念化与权利观念之间存在着一定的联系。在这一点上,权利的概念是与权利观念的发展、变化联系在一起的,权利观念的不断进步,在某种程度上丰富和发展了有关权利的概念,因而权利的概念应当是动态的、发展的和不断进步的。探讨权利概念的这种动态化发展的过程,离不开对权利观念转变的历史的探究。应当说,来自西方文化传统的权利观念受"斗争哲学"的影响,强调从"斗争"的意义上理解权利问题,在实践中表现为偏重以"斗争"的方式取得、保有和发展权利,认为权利来源于斗争,正如耶林呼吁的"为权利而斗争"的主张,集中反映了这种权利观念。然而这一观念在社会发展进步到 21 世纪的今天,它显然忽视了人们在社会交往过程中"合作性因素"的作用,主体之间的相互合作对权利发展和权利实现也会起到不同的作用。在当今建设和谐社会的语境下,必须要对原有的充满斗争意味、忽视合作观念的权利观加以重新审视和调整。只有这样,才能保证权利文化的正常发展。在权利概念上,从传统的竞争式的"为权利而斗争"的个人中心主义的权利观向现代的合作式的"权利的对话与交流"的自我克制主义的权利观转化与进步,能够拓展和深化我们对权利问题的理解和认识。

第二,权利概念的界定离不开现实的权利法律体系与制度体系。事实上,西方国家的权利法律体系自 17、18 世纪形成以来,就基本上确立了以人权与公民权利为基础的自然权利体系,强调在法律的制度安排上,首先要确认和维护人权和公民权利。在这里,这一权利制度体系包含了人的

---

① 夏勇主编:《走向权利的时代:中国公民权利发展研究》,北京:社会科学文献出版社,2007 年版,绪论,第 25 页。

生命、自由、财产等基本人权,也包含了进入国家后的人——公民的基本权利,例如政治权利等等。1789 年的法国的《人与公民权利宣言》所建立的基本权利体系,就反映了这种权利概念的基本内容,对后世的西方权利观产生了深远的影响。20 世纪以来,权利概念有了重大发展,权利体系也随之发生了很大的变化,权利的内容开始不断扩大到经济社会和文化领域,权利的概念不断丰富。一是将生存权、社会经济权的概念引入现行宪法,扩大权利体系的内容。日本宪法学家宫泽俊义将公民的基本权利,分解为自由权、社会权、生存权、参政权或政治权。1919 年的德国《魏玛宪法》开始把"社会经济权"引入现行的宪法①。受"三代人权体系理论"的影响,各国在权利体系的国际交流中不断为本国和本国人民争取国际地位。所谓"三代人权体系"历经了三个发展阶段,历经了以自由发端,继而平等,而后发展为博爱的权利内涵的变化。以自由为核心的古典人权,主要指公民的政治权利;以平等为核心的现代人权,主要指社会经济、文化权利;以博爱为核心的新型权利,主要指民族自决权、发展权、环境权等。②三代人权的理论体现了权利理论的巨大发展。

在我国,自 1949 年中华人民共和国成立以来,权利体系不断扩大,权利的内容不断发展,表现为:一是从基本权利的数量看,其中 1954 年宪法有 14 条,1975 年宪法有 2 条,1978 年宪法有 12 条,1982 年宪法有 18 条。二是从宪法设定的权利体系的结构看,1982 年宪法将公民的基本权利与义务置于国家机构之前;三是从权利体系的具体构成上看,四部宪法均在同一章中既规定公民基本权利,又规定了公民基本义务,而且采用的是逐条立宪的、没有分节的模式对基本权利做了规定。现行宪法规定了公民在法律面前一律平等的原则,权利义务相一致的原则和公民使用权利和自由时不得损害国家、集体、社会和其他公民合法的自由和权利;四是现行宪法列举了政治权利和自由、人身自由权、宗教信仰自由权、监督权、社会经济

---

① 将社会经济权列入宪法的国家有中国、日本、朝鲜、韩国、越南、印度尼西亚、德国、意大利、摩洛哥、索马里、印度、孟加拉国、缅甸、泰国、尼泊尔等。

② [法]瓦萨克:《人权的不同类型》,载《法哲学——与法社会学论丛》第 4 卷,郑永流主编,北京:中国政法大学出版社,2001 年版,第 468—469 页。

文化权利和特定主体的权利,应当说从数量到具体内容都有重大的发展。目前,我国的权利体系除了宪法对基本权利体系内容的规定外,还有如中国政府在签署两个人权国际公约后所表明的,"自1978年以来,中国立法机关制定了300多项法律和有关法律的决议,初步形成了比较完整的保障人权的法律体系"①。

第三,权利概念的界定与现实的权利保障与权利救济密不可分。在权利概念的界定过程中,还应当从权利运行过程中来看权利的现实表现。从立法上认可、创制、规定权利到现实的执法和司法过程中对权利的保障与救济,可以看到权利概念的现实状况,也就是说,人们对权利概念的认识,更多地依赖现实的权利运作状况。我们知道,在奴隶社会和封建社会中,由于制度上存在着人与人之间的事实上的不平等,这样的社会中,普通的下层民众,包括奴隶、农民、农奴,这些人是无法享有与统治者相同的权利的,在这些时代中,人们的头脑中是不会形成平等的权利概念的,因为在当时的生产资料私有制的社会条件下难以形成实现一切人权利平等的客观因素。正如马克思指出,"在中世纪,权利、自由和社会存在的每一种形式都表现为一种特权。"②在梅因的《古代法》一书中,也描述了这种等级特权的基本特征,他说,罗马法中的人权基本上是不存在的权利,"只能是属于一个特定的人的一切权利。"③正是生产力的发展水平和一定的经济文化条件影响了权利的发展,虽然某些权利对于人类发展与人类进步来说是不可缺少的,但是由于这些客观性因素的限制,这些权利在某一国家的某一时期是难以实现的。到了近代社会以后,随着自由主义政治学说的提出,资产阶级启蒙思想家开始强调保障权利是政府的消极义务。以洛克、亚当·斯密等为代表的自由主义学者主张,管得最少的政府是最好的政府,政府不要干涉个人生活和工商业自由。个人生活自由、工商业领域自治而不受政

① 符福渊、周德武:《中国签署〈公民权利和政治权利国际公约〉》:《人民日报》,1998年10月6日,第1版。

② 马克思、恩格斯:《马克思恩格斯全集》(第1卷),中共中央马克思恩格斯列宁斯大林著作编译局编译,北京:人民出版社,1956年版,第381页。

③ [英]梅因:《古代法》,沈景一译,北京:商务印书馆,1959年版,第102页。

府任意侵犯,国家(政府)的权力(行政权)应限于禁止欺诈或处罚破坏商品经济发展的违法行为。"资产者不允许国家干预他们的私人利益,资产者赋予国家的权力的多少只限于为保证他们自身的安全和维护竞争所必需的范围之内。"①所以,国家(政府)对人民负有一种消极的保障义务:第一,国家(政府)不得利用行政权力侵犯这些公民的基本人权和公民权利;第二,国家(政府)可以以一定的行政权力制止和惩罚侵犯他人权利的行为;第三,国家(政府)运用行政权力禁止侵犯公民行使合法的权利的行为。根据这些观点,开始出现了先于政府的个人权利的概念,这一概念的提出,正是当时社会发展到一定阶段后,资本主义商品经济条件下新兴资产阶级权利诉求不断成长的结果。随着近代工业革命的完成,商品经济向集约化、专业化、垄断化和多样化发展,城市人口的增加与城市范围的扩大,交通运输的扩展,文化、教育、卫生、体育事业的发展,以及环境保护行业的出现和日益复杂化,越来越多的普通民众对自身权利要求不断成长和增加,对政府处理复杂化社会问题的能力上提出了更高的要求。加之各种严重的社会问题诸如经济危机、环境污染、人口激增、失业、道德下降等一系列工业文明问题的出现,都向传统政府行为模式提出了挑战,原来的消极政府行为模式不足以解决日益复杂的社会问题。这也从一个侧面要求政府行为的模式必须向积极方面发展。政府在权力实现上不再只担当"守夜人"的角色,积极地保障和维护人民基本权利和各项具体权利是现代政府的职能。特别是西方社会政府由"警察国家"向"社会国家"再向"福利国家"的当代转型,也体现出了政府在权力行使上的保障人民基本权利的积极作用。随着第三代人权口号的提出,各国政府也在着手促进发展权、和平权、环境权、人类共同遗产的财产权、人道主义援助的权利等的全面进步与实现。

综上所述,权利的概念与特定的权利理论、权利制度体系、现实的权利运行过程存在着紧密的联系,不能单纯地从法律上对权利规定的状况来界

---

① 马克思、恩格斯:《马克思恩格斯全集》(第3卷),中共中央马克思格斯列宁斯大林著作编译局编译,北京:人民出版社,1960年版,第412页。

定权利,应当还原权利在现实生活中的实际状况,这样才能在法治建设指标体系和评估标准中明确权利指数的地位和意义。

三、权利指数的基本内容和功能

从理论上来看,研究权利指数的基本内容,既离不开对权利概念的基本把握,也离不开对权利内容的具体理解。因此,在设定和建立权利指数的过程中,充分把握这两个方面的内容,才能形成全面的权利指数认识,建立科学的权利指数标准。

(一)权利指数的基本内容

笔者认为,从现有法治建设的基本状况和国家法治建设的总体目标来看,权利指数的设计应当与法治建设指标体系的内容相衔接,并充分体现权利指数在法治指数中的重要地位和影响。具体说来,权利指数包括如下内容。

一是权利意识与权利观念指数。它指的是在权利指数设计中是否包含了人们的权利意识和权利观念方面的指数,这些指数可能包括:反映人们是否意识到自己有作为人和公民在法律上和社会上应当享有的各种权利(如政治、经济、社会、文化权利,生存权与发展权,各种程序性权利,妇女、儿童、老人和残疾人等特殊群体享有的权利,符少数民族享有的权利等等)的指数;反映能够清晰地懂得权利的合法性与合理性、权利的内容与边界、权利的行使方式与救济途径等的指数;反映人们对他人享有的权利的状况及看法,对一切合法的权利(包括个人的、集体的、国家的人类的权利)给予同等的尊重和维护的态度的指数。就最后一个方面来说,它包含了人们对依法享有权利及其价值的理解与认识,对自身享有的权利得以有效合法行使方式的认知,对不得滥用权利和不得非法侵犯他人权利这一问题的理解与认识等等。这一指数说明了权利意识、权利观念在法治中的状况。

二是权利的立法创制指数。它指的是在国家立法和地方立法过程中,涉及有关权利方面的立法指数。这些指数主要表现为两个方面，一个方面是反映国家立法中对权利创制、权利规定的实际状况的指数，包括宪法、国家的基本法律、其他法律中对权利规定的状况；另一个方面是反映国家有关法律法规规章和地方性立法中对权利限制的基本情况的指数。以上这两个方面的权利指数有的是以直接的列举方式表达的，有的是以一定的法律制度方式表达权利的，比如行政许可制度、行政强制制度、刑罚及行政处罚、民事制裁，以及诉讼制度等内容中表现出来的对权利的赋予、保障、救济、限制及剥夺的情况。这些指数说明了权利在实际法律中的制度安排状况。

三是权利在法律运行中实际保障指数。它指的是反映权利在法律的现实运行中，主要是在各种法律纠纷、法律案件中涉及的权利实际保障状况的指数，也即在法治实践中的权利保障指数。它包括执法程序中的权利保障指数、司法程序中的法律保障指数，以及其他非诉讼法律程序中的权利保障指数，它关涉国家行政机关、司法机关、其他纠纷解决主体（仲裁、调解、公证、其他社会组织）在法律程序中保护主体权利的指数，也关涉上述主体和律师等法律服务主体对权利主体提供服务状况方面的指数，还涉及相关主体在权利保障方面的素养、水平等相关因素。

四是权利发展过程中有关社会环境、教育制度和文化环境状况方面的指数。这些指数是影响权利保障和权利实现的基本指数。包括国家为权利实现和权利发展提供的政治、经济、文化、社会保障的程度。例如国家的民主政治制度保障，有关权利的人财物保障，有关权利的教育制度安排、媒体宣传和文化保障等。

（二）权利指数的功能

权利指数作为法治建设和法治评估中不可或缺的重要组成部分，它不但是法治建设和法治评估中的实质性指标之一，也是法治对法治建设质量进行评价的重要标准，是影响法治实践的重要因素。在法治建设指标体系中明确权利指数，不但可以完善法治建设指标的内容，丰富和拓展法治建设具体指标，而且可以强化和提升权利在法治建设中的地位，真正体现"以人民为本位"的法治建设精神要求，实现人民当家作主与法治的高度统一。

具体说来,权利指数具有如下功能。

第一,权利指数是的法治价值目标选择和法治建设中工具策略选择的有机统一。在中国特色社会主义法治建设过程中,既要把"法治国家""法治政府""法治社会"作为法治中国建设的基本目标,实现国家、党和政府"依法治国""依法执政""依法行政"的价值目标,也要把法治的目标,法治建设理想化、制度化、法律化目标与每个个体的理想、信念与行动在价值观层面上统一起来,实现人与他人、人与社会、人与国家关系最优化、最理想、最先进的秩序化状态,实现通过法律的正义和自由,恢复和修缮因利益冲突和各种纠纷引起断裂的社会关系,通过法律的途径矫治和纠正不轨的行为,规制与约束各种容易侵犯权利的桀骜不驯的权力,进而守卫和实现人民的神圣权利。应当说,法治不但能够确认人们在经济领域和市场领域中的各项权利与利益,能够鼓励人们从事正当竞争,实现契约自由,而且有利于保护和实现人们在政治领域、社会领域中的各项权利与自由,包括实现人们在政治生活和政治交往中的各项政治自由与权利、公民权利与自由,以及在社会活动中的各项权利与自由。法治的这种价值目标无不蕴含着它对权利保障的正义之魂、人性之美和道德之善,体现了以人民为宗旨、以人民的利益和权利为归宿的法治精神。

在推进保障人民权利的各种法律制度的策略选择中,除了国家在法治建设中提出的全面推进依法治国的各项基本任务和内容以外,还应当包括对于权利维护和保障的具体策略和方式,权利指数作为法治建设中以量化评估方式衡量法治建设质量与水平的重要方法,体现了一种量化法治安排的工具理性与实践理性,符合法治建设的实际要求,具有重要的作用,它不但可以评估法治建设中人民权利的实际状况,也可以评估法治建设的水平与高度,是法治建设和评估不可或缺的重要一环。

第二,权利指数是对法治建设进行质化描述与量化评估的有机统一。

对法治建设的实际情况进行描述和概括,是十分复杂的一项工程,既需要有科学、合理、系统、全面的评价标准与评价系统,也需要有客观、中立、公正的评价主体和评价程序。在法治建设中增强和拓展权利指数这一维度或者标准,是丰富和完善法治建设评价标准的需要。应当说,权利指数为法治建设评价提供了重要的指数支撑和观察视角,从质化描述与量化评估两个维度丰富了法治建设评价的内涵和深度。

从法治建设的质化描述方面来说，权利指数主要是满足和实现法治建设的目标、任务和价值取向方面需要的一种评价标准。因为它能够解决"法治为了什么？实现什么？以什么为目标？"这一系列问题中的核心问题，它是法治建设的出发点，也是法治建设的最终归宿。从法治建设的量化评估的实际过程来说，权利指数也能够为法治量化评估提供可操作、可参考和可衡量的具体标准，通过对权利状况的量化评价，我们可以通过感官直接感知法治建设在权利向度上的基本状况，从而在现实的法治改革和法治发展中找到问题所在，进一步完善法治，促进权利的保障和权利的实现。

第三，权利指数体现了法治建设的目标性主体与评估过程中参与对象的有机统一。这个统一就是要统一到人民这个主体地位上。在法治建设的评估中，需要通过人民参与调查、人民评价法治建设水平的方式反映法治建设的实际水平和状况，这主要是因为人民既是法治的建设主体，也是法治建设的评价主体，是二者的有机统一。

法治建设的最终目标就是要实现全体人民的当家作主，实现人民在依法治国中的主体地位。法治建设的目标是为了人民，就是在法治建设中，不但立法上，而且在司法、执法实践中，要把事关人民群众的利益诉求和权利要求纳入法治调整范围之中，要使法律运行的各个环节能够充分反映人民意志，体现人民利益。同时，法治的建设要依靠人民，在法治建设的规范体系建设过程中，要坚持科学立法和民主立法的基本原则，依靠人民的力量完善法治建设的各个环节。在立法过程中，通过扩大公民在立法中的有序参的方式和途径，把相关意见和建议体现在立法中，实现立法为民和立法民主的法治要求，在执法和司法过程中，通过严格、规范、公正、文明的执法和司法程序维护人民的各项权利，形成全体人民信法、尊法、守法、用法的良好氛围，最终实现法治建设造福人民的基本目标。因此，在法治建设中，体现人民利益、愿望与诉求，增进人民福祉与权益是依法治国的根本要求，特别是在涉及人民生活的、人民最关心、要求最普遍的食品安全、生态环保、社会保障、教育医药、就业养老等民生法治等法治建设的各个方面，要依靠人民不断推进各项法治建设，这样才能真正保护人民，使人民体会到法治的公平正义，体会到法治的安全感，从而增强人民对法治的信心。

四、权利指数评价的反思

总体而言，目前学术界还未对法治建设指标体系中的权利指数问题进行系统、全面的理念反思。事实上，对权利指数的反思，在某种意义上，就是对现实的法治建设中权利实现与权利保障"质量"的反思，本质上就是对权利质量的一种研究。本书拟对这一问题从质量研究的视角，剖析权利指数的实际情况。

总体而言，"质量"（quality，mass）是个多义词，在物理学上，"质量"用以指称量度物体平动惯性大小的物理量①。在管理学上，"质量"一词用以指称某种产品或者工作的优劣程度②。在社会学领域，"质量"用以表征某种客观价值或者主体感受的"现量"，例如通过观察获得的社会"质量"，其包括社会大众的生活适应性及生活水准。而在实践中，"质量"是常常作为评价事物优劣、好坏的一种规范性范畴，人们在日常生活中也以此来对各种事物作出判断。按照马克思主义哲学理论上的观点，"质量"

---

① 物理学上的"质量"概念，是用以描述物质的量的量度，是指物体所具有的一种物理属性。作为一个正的标量，"质量"在物理学上有很多概念，如静止质量、惯性质量、引力质量、电磁质量等等。这些概念都是为了解释各自领域的物理现象而引入的，例如"惯性质量"和"引力质量"的概念最初就是由英国著名物理学家牛顿在他的《自然哲学的数学原理》一书中提到的。参见［英］艾萨克·牛顿：《自然哲学的数学原理》，赵振江译，北京：商务印书馆，2006年版。

② 按照管理学的理解，"质量"意味着产品或者工作具有的某种能力或者属性，提高"质量"，就意味着提高其能力或者属性，以达到满足用户需求的过程。在1994年颁布的ISO8402—1994《质量管理和质量保证——词汇》中，"质量"一词被表述为："反映实体满足明确或隐含需要能力的特性总和"，而在国际标准化组织（ISO）2005年颁布的ISO9000—2005《质量管理体系基础和术语》中，"质量"则被定义为："一组固有特性满足要求的程度"，在这里，"质量"的载体不仅针对的是产品，即过程的结果（如硬件、流程性材料、软件和服务），它也针对的是过程和体系或者它们的组合。也就是说，所谓"质量"，既可以是零部件、计算机软件或服务等产品的质量，也可以是某项活动的工作质量或某个过程的工作质量，还可以是指企业的信誉、体系的有效性。

也构成了哲学上的一个范畴。从哲学上说,"质",就是事物的内在的、本质的规定性,"量",就是事物的外在的、"数"上的规定性。描述和评判事物的变化,就可以运用哲学上"量变"和"质变"的范畴予以概括。

在法学上,以往对权利状况的评判和描述,都主要是基于法律的规范逻辑进行的。就是主要通过对法律上的权利规范来概括和描述权利的制度状况,通过对权利与义务、权利与权力、权力与责任等概念的对立统一关系,揭示法律上对权利的表达、权利的实现方式以及权利的救济途径等内容的。在实践中,人们也主要是通过研究权利的立法、执法和司法等问题,来探讨和揭示权利的保障与救济状况,进而揭示法治发展程度和水平的。在法治评估指标体系的设计中,目前有关权利指数的设计也都基本上遵循了这一思路和方式,更侧重于通过权利指数或者权利本身在法律上的文本效果和意义表达来描述权利、评判权利的,它所关注的是权利的法律价值和功能,对权利在现实生活中的实践状态和现实效果揭示得还不够深入。本书运用"质量"这一概念范畴来反思权利指数中的权利质量问题,有助于我们发现法治评估中权利运行和保护的实际问题,探究权利与法治之间的真实的、必然的和客观的内在联系,探讨权利与法治发展的内在规律,以在法治实践中进一步丰富、完善和提升我们对权利的确认、维护、实现与保障的认识,进一步扩大和发展我们的权利。

(一)描述权利质量的物理学视角:从外在视角评估"权利质量"问题

在法治评估的指数设计上,可以从外在视角来评判和设计权利指数。一种可行的办法就是运用物理学上常用的对物质描述和评估的办法来设计权利指数,以明确权利质量问题。我们知道,物理学的研究对象被称为"物理现象",指的就是物质的外在形态的变化,却没有本质的变化。在宏观物理学领域,"质量"是作为物体的物理现象的一种表现形式,可以通过观察、实验等方式获取相应的数据,并在对相关数据分析的基础上获得对质量的认识。可以说,物理学就是通过这种些数据来评估物理现象的。一般来说,称量物体的质量首先通过对物体外在形态、数量多少、结构样式和性质分析等方面进行描述和分析,进而达到对物体质量的属性进行把握。我们设计法治评估指标中的权利指数时,也要对权利的形态、数量多少、在法律结构中的样式和性质进行相应的描述和分析,这也是借鉴物理学研究方法的一种尝试。

描述和分析法治指标体系中的权利质量,首先要描述权利的"外在形态",即通过描述认识权利的"外貌"和"整体外观"认识权利的整体情况,包括描述权利体系的情况、权力介入权利的状况以及权利在现实中的存在形态等内容,总体上认识和把握权利的数量和客观水平。

首先是描述权利体系的整体情况,也就是描述权利的立法体系的整体情况。对立法体系的状况的认识会影响人们对于权利整体外观的判断。有学者在描述权利体系的这种"外在形态"时,认为其"质量"的意义可以界定为是一种权利的"构成性质量"[1],并把它归结为是一种"公民权利的立法质量"[2],它可以描述出立法机关在权利体系形成过程中产生的影响,因为它是通过强调立法的"科学性、民主性和系统性,增强公民权利的明确性与安全性,为提高公民权利的调适性质量提供良好的立法基础"[3]来描述权利的"外在形态"的,甚至这种描述可以概括出一个国家的执法水平[4]、司法水平[5]和律师执业的水平[6]程度。通过这种外在的整体性描述和

---

① 胡成蹊:《权利质量之探析》,《厦门大学法律评论》,2013 年第 1 期,第 131—150 页。

② 任瑞兴:《法治中国建设中的公民权利质量》,《中国社会科学报》,2018 年 4 月 24 日,第 3 版。

③ 任瑞兴:《法治中国建设中的公民权利质量》,《中国社会科学报》,2018 年 4 月 24 日,第 3 版。

④ 在执法水平方面,江必新教授指出,"由于具体行政行为侵犯相对人合法权益的现象导致相对人的权利得不到应有的保障,致使相对人不知告、不愿告或者不敢告、不能告等问题"。参见江必新:《行政相对人的权利救济》,夏勇主编:《走向权利的时代:中国公民权利发展研究》,北京:社会科学文献出版社,2007 年版,第 446 页。

⑤ 有学者认为,司法公正是实现社会正义,完成公民权利妥帖保护的关键所在。参见贺卫方:《通过司法实现社会正义》,夏勇主编:《走向权利的时代:中国公民权利发展研究》,北京:社会科学文献出版社,2007 年版,第 144 页。

⑥ 张志铭教授指出,"有效的民权保障,需要有发达的律师业,而律师业的发达,总体上也只有以民权的倡导和法治的实现为依托"。参见张志铭:《当代中国的律师业——以民权为基本尺度》,夏勇主编:《走向权利的时代:中国公民权利发展研究》,北京:社会科学文献出版社,2007 年版,第 91 页。

揭示,可以在某种程度上展示权利在立法、执法和司法过程中的状况、程度和水平,从而明确权利的整体状况。

对于国家权力介入主体权利实现过程的情况,从整体上揭示权力对权利的影响,描述权利实现受到影响的整体程度或者质量,是这种整体性描述的另一个视角。从权利实现的过程上来看,这一视角可以用"积极权利"和"消极权利"两个概念标识出实际情况。一般而言,"积极权利"意味着国家可以通过积极介入公民社会、经济、生活领域,对其权利的实现施加影响,以积极作为方式保障公民权利的实现;而"消极权利",则意味着要排除国家对公民权利实现的妨害,防止因国家权力行使而侵害到公民权利。在这里,国家对公民权利有不作为之义务,这就是法律理论上常讲的公民的"自由权",是一种国家权力行使消极状态下的公民权利。从这种描述视角我们发现,国家权力运行的作为或者不作为程度,也是折射权利整体外观及水平的一面"镜子"。

事实上,要描述权利在现实中运行的整体状况,最直接的方式就是描述权利在现实法律上的渊源状况、权利的发展状况和权利的实现程度状况,就是通过描述权利从应有权利、法定权利到实际享有的权利的转变过程来认识权利的问题①,它包含了"在法律形式之前的"权利存在形式的状况,"应有权利的制度化、规范化形态"的法律权利的状况,以及法律在现实生活中被实际享有的状况。描述权利的这一现实转变过程有助于我们对权利质量在整体外观上的认识和判断。一方面,由于"一部法律文明史,在很大程度上可以认为是应有权利的制度化的历史","是低级文明向高级文明发展的历史",就是人们"应有权利上升为法律权利,并逐渐转化为现有权利的过程",这个过程"总是要经过一番过滤、蒸馏的过程"。②另一方面,在现实生活中人们享有多少权利,实际上不过是法律满足公民多少权利需求的程度,也即所谓的"调适性质量"③。事实上,从应有权利向法

---

① 蒋传光、郑小兵:《法律在应有权利向实有权利转化中的作用》,载《江苏警官学院学报》,2006年第4期,第93页。

② 公丕祥:《权利现象的逻辑》,济南:山东人民出版社,2002年版,第16—17页。

③ 胡成蹊:《权利质量之探析》,载《厦门大学法律评论》,2013年第1期,第135页。

律权利再向实有权利的转化的过程,实际上就是权利质量不断提升的现实过程,是权利发展水平和发展程度不断提升的过程,本质上是法治水平不断提升的体现。

我们描述法治评估指标体系中的权利指数和权利质量,还要注意权利在法律规范和现实生活中表现出来或者实现程度上的数量上"多少"的问题。也就是要注意法律上权利的多寡和现实中法律权利实现程度的量化问题。对权利"多少"的描述和分析,可以从权利主体的视角展开。例如我们可以从性别、年龄、民族、职业、收入等不同角度来看不同主体权利的法律保障程度,也可以从权利内容的角度来分析人们享有的财产权利、人身权利、社会保障权利、劳动与就业权利、受教育权利等不同内容,还可以从法律救济与保障程度的角度来看公民在各种诉讼中的实体权利和程序性权利实现情况等等。

权利在外在形态上也可以从"大""小"的角度来进行描述和分析。这主要是考虑权利实现的程度问题,也就是针对权利在现实中受到立法、执法、司法实践保障程度的分析。对权利"大""小"的描述,要看法律制度和规范中确认了多少有关权利的制度规范、在执法司法实践中维护和保障了多少有关权利的案件请求等等。

应当说,描述权利的"多少""大小",更符合人们对于权利状况的外观最直观、形象的判断与理解,这些是经验性的,也是实证性的,是符合权利评价的量化逻辑的,也是权利指数判断的最直接的依据和材料来源。当然,权利的复杂性就在于,只是外在描述这种"多少""大小"的权利现象,仍不足以揭示权利之于法治的特殊性与重要性。笔者认为,描述法治评估指标体系中的权利状况,深入把握权利指数和权利质量之于法治之意义,还应当深入剖析权利的法律"结构",从逻辑的视角审视现实的法律规定之于权利的内在关联,认识权利在规范意义上与法治的内在关系。从理论上来说,权利的各要素之间具有一种相对稳定的排列组合关系,这种排列组合关系具有较强的逻辑关联性,其质量的高低影响到权利实现的实际效果。有学者把它概括为权利的"规范质量"。要描述权利的这种规范质量,就要深入把握权利规范内部的各种排列组合关系,认识权利构成,这样才能更好形成有关权利判断的标准。

　　基于这种认识,我们一般把权利的规范结构划分为三种基本类型,这三种不同类型的权利构成是判断和影响权利质量的重要基础和前提。第一种类型即"积极行为"的权利,它要靠权利人自己主动采取某种行为才能表现权利的要求和性质,这种权利被理解为主体行为的某种"可能性",你有权即意味着你在法律上有某种行为的"可能";第二种类型即"请求权",即你如果享有某种权利,意味着你得以某种方式向义务人提出请求,义务人依法履行相应的法律义务;第三种类型为"要求保护的权利",即在义务人违反法律要求其所承担的义务时,权利人诉诸国家,要求协助保护其权利的可能性。[①]在权利的这三种规范结构中,积极行为的权利是其他两要素的核心,没有主体的积极行为,就不可能有真正的权利,因为它体现了一定社会条件所允许的行为自由和主体的积极性、独立性。而权利人享有的请求权和潜在的要求保护权,则构成了对权利人积极行为的有机补充,它们有助于配合权利人积极行为权的实现,也就是说,权利人积极行为的权利只有在义务人不侵犯权利人的利益(消极的不作为)或者按照权利人的要求履行实施一定行为的法律义务(积极的作为)的情况下,权利人的利益才能得到保证。而且,当义务人不承担义务因而使权利人的利益受到侵犯时,权利人就可以求助于国家,被侵犯的权利就能得到国家法律的保护。[②]对权利结构的这种描述,就是描述权利人、义务人以及国家在权利保护方面的各自状况,通过对权利与义务和权力之间相关关系的说明,揭示出权利在一定程度上受到义务和权力的影响与制约,权利的现状也就在一定程度上通过义务的现状和权力运行的现状来揭示。

　　描述法治评估指标体系中的权利指数和权利质量,关键在于分析权利的"性质"。如果说权利的"外在形态""整体状况""多少""结构"等问题反映的是权利的"量",那么权利的"性质"则反映的是权利的"质",这是深入反思权利质量不可或缺的理论环节。影响或者决定权利性质的因素,主要是有关权利合理性或者权利正当性论证的充分程度和必要程度。

[①] 孙国华:《中华法学大辞典·法理学卷》,北京:中国检察出版社,1997年版,第345页。
[②] 孙国华:《中华法学大辞典·法理学卷》,北京:中国检察出版社,1997年版,第345页。

一项权利的主张是否是足够正当的或者足够合理的,要看这项权利的诉求是否具备了合理性与正当性,也就是是否具备了一定的"标准"。按照马克斯·韦伯的说法,就是要具备形式合理性(formal rationality)和实质合理性(substantive rationality),在这里,权利的形式合理性,是指权利要具备立法程序所确定的规定性,也就是符合权利得以通过法律确定的程序依据以及根据这种程序的可计算性所做出的判断,形式的合理性进一步确认了权利来源的合理性;权利的实质合理性,则强调了权利背后的价值规定性,特别是有关权利所依据的结果价值和目的价值之间进行适当权衡所做出的判断,它属于一种主观的合理性①。权利在客观或者主观上具有的合理性程度,是构成或者影响权利的"质"的重要因素,这要看法律上的权利在多大程度上具备了形式合理性与实质合理性,实现所谓的"合乎规律性""合乎价值性""合乎目的性"三者的有机统一,实现人的活动的目的与手段、过程与结果、目的与价值等方面的统一。

(二)描述权利质量问题的管理学视角:作为管理现象的权利质量现象

在建立权利指数的过程中,我们也可以借助管理学的视角来描述权利现象。在管理学中,其基本方法是要把质量管理作为对产品或者服务全部管理职能的一个方面。管理者通过确定质量方针、质量目标和管理职责,确定有关产品或者服务的质量管理体系,进而明确质量策划、质量控制、质量保证和质量改进来实现所有管理职能。应当说,管理学中的质量管理问题是围绕有关产品或者服务的质量目标提升和企业发展目标确定的所有具有管理性质的活动。在这个活动中,关注的是有关产品或者服务的质量管理的发展目标(优劣程度)、满足主体需要的实现程度(顾客满意度)、质量的标准(质量体系)以及质量控制、保证、改进和提升的实际措施(维护和确保质量的各种实际行动)。

---

① 尹奎杰:《权利正当性观念的实践理性批判》,北京:科学出版社,2008年版,第166页。

从这个意义上来说,权利质量可以理解为在社会生活中对权利的发展情况进行评价和判断。权利质量的前提是将权利作为一项法律产品,服务于实现人的需求。对权利质量进行评价,就是通过法律权利的发展进而推动人的发展的优劣程度。按照哲学家高清海先生的看法:"社会发展从本质上说就是人的发展。研究社会发展问题必须落实到人的发展,把实现人的价值放在核心地位考虑。"[①]法律发展中有关权利的问题也是如此,权利质量的优劣本质上就是人通过法律对自我价值进行的自我确证、自我发展和自我实现程度上的表现。

在此,权利的质量也可以理解为一套有关权利的标准或者权利的价值体系。通过权利标准和权利价值体系的确定,可以提升权利的质量。但是权利标准的确定本身就是一道难题,因为它涉及权利的合法性、合理性、正当性等问题。在法律上对权利标准确定的主要途径是通过立法、司法等方式明确权利的法律内容。在立法上,一是通过国际人权法律文件形成有关权利的国际标准,这些文件包括各种类型的国际人权公约及其议定书等,它们确定了世界范围内人们对待权利的最低标准的一般看法,既强调权利标准的一般性,也承认权利法律保障的特殊性,特别是明确了缔约国对不可克减权利的国家义务与国家责任。二是通过权利的国内法律规定的标准,它是确认与维护国内权利主体被侵害时予以追究侵权者法律责任的基本标准。从司法上认识权利的标准,主要是通过程序化方式实现权利的维护与救济,权利质量取决于程序标准的设定,例如联合国《公民权利和政治权利公约》第14条规定:"在判定对任何人提出的任何刑事指控或确定他在一件诉讼案中的权利和义务时,人人有资格由一个依法设立的合格的、独立的和无偏倚的法庭进行公正的和公开的审讯。"这条规定确定了国际范围内的人权的司法上的程序标准,司法组织的合格、独立和不偏不倚,司法过程的公正、公开是推动和实现权利质量的程序标准。

同时,权利的质量还可以理解为是现实中权利的行使的状况。权利的行

---

① 高清海:《哲学的奥秘》(《高清海哲学文存》第2卷),长春:吉林人民出版社,1997年版,第176页。

使既应当符合法律的制度性规定,也要符合人们的理性化追求,是一种理性化的行使。描述权利的质量,在这个意义上就是描述权利理性化行使的质量。权利的理性化行使在一定程度上取决于权利主体在权利行使中合理性"算计"的能力,也即进行理性的权利选择的能力。所以,凡是理性的、合法的权利选择都会受到法律的保护与确认,而非理性的权利选择,就可能受到法律的否定或者制裁。同样,追求理性的权利行使,不但是对公民的要求,也是对司法过程的要求,更是程序合法性对于权利主体的要求。合法的质量较高的权利行使,是一种不断趋向于正当程序的理性化行使,是主体的行为"理性推演"①的结果。因此,在权利的行使中,理性地约束和限制自身的行为,在作出权利的选择、决定、判断和行为时,不得侵害他人的、社会的、国家的权利和利益,不得以损害公共秩序和善良风俗为前提。同时,也要防止和减少"权利泛化"和"权利滥用",减少"廉价权利"的出现。

(三)描述权利质量的社会学视角:社会赋权

应当说,权利指数建立的前提或者基础是现实社会中权利在法治与社会发展过程中的实际状况,考查权利,不能不研究权利所依存的社会关系或者社会结构,也就是每个个体的人在社会上的状况。社会赋权(Social Entitlement)这一概念比较恰当地揭示了权利之于社会结构关系的范畴。作为社会质量理论的核心概念,"社会赋权"强调通过提高社会中每个个体的能动性,达成个体与社会结构之间的良性互动,进而提高社会整体的发展水平。在这里,社会赋权中关键的因素在于提高个体能动性(individual initiative),而个体能动性的提升则主要依靠于社会赋权来实现,这里的社会赋权,强调的就是社会通过为其成员提供更多的资源(resource)和渠道(channel),来有效实现个体的社会参与和政治参与,而个体能动性则反映的是个体社会参与权与政治参与权实现的状况,社会赋权的程度在一定程度上反映为个体参与权利质量的提升程度。

---

① [美]戈尔丁:《法律哲学》,齐海滨译,北京:生活·读书·新知三联书店,1987年版,第245页。

标识个体社会参与权、政治参与权实现状况的社会赋权,强调的是社会对于权利质量的认同与接纳程度,它意味着个体在社会参与的过程中的权利效能感(sense of right efficiency)是否得到提升以及得到多大程度的提升,是否形成一种正向、闭环的质量评价和反馈机制。因为,一方面,社会上的每个个体只有通过社会参与的过程,才能实现其在社会上的主体地位,其作为个体在社会上的权利才能得到实现,个人的社会生活质量才可能有所保证;另一方面,社会必须提供必要的条件和机会为个体得以参与公共生活提供更为广阔的空间,从而增强个体对社会的认同感,这样的社会结构才是稳定的,社会关系才是健康的,否则,社会就可能产生分裂或者不稳定。权利个体与社会之间所建立的这种关系需要一定的反馈机制才能形成一种稳定的社会结构,这主要取决于三个方面的基本条件:第一个条件是个体或者社会公众在社会参与方面的权利状况;第二个条件是个体或者公民在政治参与方面的状况;第三个条件是个体或者社会公众有关社会参与、政治参与的参与效能感(sense of participation efficiency)的状况。

如果说个体或者社会公众在社会参与方面的社会赋权(简称为公众社会参与赋权)有助于提升个体或者社会公众的社会权利质量的话,那么对个体或者社会公众进行社会参与方面的社会赋权,主要是通过设计科学的社会参与制度,推动公众参与社会治理方式达到的。也就是说,要通过不断完善公众社会参与的体制、机制和配套性政策体系,为公众社会参与提供保障和便利,社会赋权才有可能实现。在这个过程中,要不断健全公众在社会参与中的利益表达、利益协调和利益保护机制,引导个体或者社会公众依法行使权利、表达诉求、解决纠纷,实现社会与公众之间的良性互动,还要不断加强公众社会参与的平台、载体建设,通过组织化方式推动公众有序、有效和规范参与,激发社会活力。

笔者认为,社会赋权的关键在于提升公众的社会参与能力,因此,有效的公众社会参与赋权不是公众个体行动的简单汇总,而是作为整体的社会组织对公众社会参与能力提升的系统性方式,它需要整合整个社区或者社会组织团体等多方面的力量,发挥各自优势和功能,通过多方协同联动来调动公众参与社会治理,进而培养和提升个体或者社会公众的公共意识和社会责任感,提升他们的参与能力。

个体或者社会公众在政治参与方面的社会赋权（简称为公众政治参与赋权）有助于提升个体或者社会公众的公民权利与政治权利质量。从理论上看，狭义的政治参与也被称为参与政治，它指的是一定的政治主体所从事的政治活动。广义的政治参与是指普通公民作为权利主体参与社会公共政治行为，如行使选举权、被选举权、批评权、建议权、申诉权等权利，都属于广义的政治参与。公众政治参与赋权有利于进一步促进社会公平正义的实现。社会赋权不但是要增强公众的社会参与和政治参与，更重要的是通过赋权，畅通多元化的利益诉求渠道，化解各种社会矛盾，维护合法利益，促进利益分配的公平公正。"公民政治参与是人们表达愿望要求的过程，它可以使社会利益分配的政策符合公民的愿望和要求"①，有学者认为，较高水平的政治参与可以保障社会产品得到更公平的分配。公众政治参与赋权还有利于维护社会安定有序和政治稳定，它可以为社会稳定和政治稳定起到"安全阀"的作用，因为社会公众正常、合法和多样的政治参与渠道保持畅通，社会矛盾就会得到一定程度的纾解，进而实现社会稳定和政治稳定。

（四）权利指数是法治指标体系中重构权利质量判断的基本尺度

从理论上看，权利质量判断标准的内在尺度的生成，应当围绕权利质量本身的"物理属性""管理属性"和"社会赋权"，从权利质量提升的内在需求出发，通过反思现有权利质量建设的不足来重建权利的质量判断标准。一方面，要突破传统权利理论的"价值本位"立场，减少传统价值理论对权利制度生成和现实法律实践的影响；另一方面，也要拓展对权利质量设定的现实状况的考量，如果把法律为主体提供的权利看作是一种"制度化产品"，则可以运用质量哲学（Quality Philosophy）的观点，为权利品味的提升拓展空间。正因为如此，笔者认为，权利质量判断标准的生成是理论的，也是需要对传统权利理论进行反思与重构的，它的判断标准主要包括

---

① 王瑞芳、吕景城：《对扩大我国公民有序政治参与的现实思考》，载《经济与社会发展》，2006 年第 2 期，第 41 页。

主观和客观两个方面,这两个方面的结构构成了权利质量判断标准生成的内在尺度。

第一,判断权利质量所应当具备的主观性标准。

判断权利质量的主观性标准,主要是依赖于客观性权利的主观化过程。在西方传统的权利概念中,权利被称为主观的法,法律则被称为客观的权利,客观性权利的主观化就是客观的法上升为法律意识的过程。它包括客观的法上升为主体人的法律意识和权利意识的过程,也即人们通过对自身主体意识的判断提升权利质量的过程,这一过程是在法的创制、实施等运行过程中实现的。客观的权利客观性权利的主观化主要表现为客观性权利(法律)内化于人,使人形成法律的主体意识,进而发展这种主体意识形成权利认识、权利判断、权利思维和权利行动的过程。在这个过程中,主体对自身的权利意识不断发展、不断深化,并在不断的自我评判中提升自觉的权利能力。

因此,客观性权利的主观化过程,是人们对自身的权利认识不断深入并生成自觉权利行动的过程,更是人们将客观的权利转化为主观的权利诉求和权利需要的过程。在这个过程中,人们主要是根据自身对权利的主观需求、理性能力和目的性来认定权利的质量,正是在这个意义上,我们与其说权利质量的好坏是一种个体化的选择,不如说权利的质量取决于主体的主观评判。个体对权利质量进行主观评判时主要依赖于以下三个标准:

一是权利主体需求的满足程度[①]。按照马斯洛的需求层次理论,权利主体可以依据这种需求对权利质量进行如下的描述和概括,即个体的生命健康权利的质量(生理与生命需求方面的权利)、自由与安全权利的质量(安全需求方面的权利)、社会经济交往与家庭中的权利质量(爱和归属感方面需求的权利),以及人的精神、人格和全面发展的自由权利(尊重方面需求的权利),这些标准常常是因人而异的,因为每个人在现实生活中的需

---

① 马斯洛把人的需求分成生理需求(Physiological needs)、安全需求(Safety needs)、爱和归属感(Love and belonging)、尊重(Esteem)。参见 Wahba, M. A., & Bridwell, L. G. Maslow reconsidered: A review of research on the need hierarchy theory: Organizational Behavior and Human Performance, 1976, pp.212-240.

求是不同的,甚至是充满冲突与对立的,其判断标准也可能要么遵循功利化的考虑,满足最大多数人的最大幸福[1];要么遵循一种反功利主义的原则,尊重正义的原则或者纯粹个体的目的或者道德[2]。

二是权利主体的理性能力。这是权利主体在法律上实现自我认知、自我理解和自我评判的基本前提,也是权利主体对法律制度的认知把握、权利实现的客观条件,以及现实的权利关系的理解能力。权利主体对权利质量的理性评判能力,主要取决于其对自身的认识是否客观准确、对法律的规律性认识和判断是否全面,以及对处在社会交往和权利关系中的权利状态的评判是否理性等方面。因为权利不是孤立的,而是存在于与他人交往之中的。理性能力不单纯是个体的思维、计算或者认知问题,还表现为在主体交往中的语言沟通、行为交涉与相互理解的状况,特别是在对待权利与权利、权利与义务、权利与权力、权力与责任的关系上,权利主体应当更为客观、理性地对待自己与他人、自己与国家、自己与社会的关系,这是权利主体从外在角度来理性评判自身权利质量的重要尺度。

三是权利主体的目的性。通常是指权利主体根据自身的需要,借助意识和观念的中介作用,对预先设想的行为目标和结果所做出的判断与行为指向。作为影响权利质量判断的主观形态,权利主体的目的性常常因人而异、因事而异,它直接反映了权利主体在行动中自身对客观事物的某种特

---

[1] 功利主义认为,人应该做出能"达到最大善"的行为,所谓"最大善"的计算则必须依靠此行为所涉及的每个个体之苦乐感觉的总和,其中每个个体都被视为具相同分量,且快乐与痛苦是能够换算的,痛苦仅是"负的快乐"。不同于一般的伦理学说,功利主义不考虑一个人行为的动机与手段,仅考虑一个行为的结果对最大快乐值的影响。能增加最大快乐值的即是善;反之即为恶。边沁和密尔都认为,人类的行为完全以快乐和痛苦为动机。密尔认为,人类行为的唯一目的是求得幸福,所以对幸福的促进就成为判断人的一切行为的标准。见风笑天:《社会学研究方法》,北京:中国人民大学出版社,2009 年版,第 189—192 页。

[2] 在罗尔斯看来,功利主义的一大弊端是对人性的要求太高,难以实现,使得道德显得没有力量。因此,公正而非"牺牲"合宜的道德。罗尔斯认为,功利主义的观念会伤害人的自尊,它不把人本身作为目的,"当我们必须为了别人而自己接受一种较低的生活前景时,我们如果体现到一种自尊的丧失,一种对达到我们的目标的自我价值感的削弱,这确实是很自然的。"而"那些尊重自己的人更易于尊重别人,反之亦然。"参见〔英〕罗尔斯:《正义论》,何怀宏译,北京:中国社会科学出版社,1998 年版,第 490 页,第 171—173 页,第 487 页。

定的实践关系。虽然人的实践活动总是以目的为依据，并以目的为方向的，但在法律上，行为的目的性也常常成为主体评判权利质量的重要标准和因素，对于权利主体而言，达到了行为的目的，就意味着达到了权利行使的质量标准，反之则没有达到权利质量的目标。

判断权利质量的主观性标准对于权利主体而言，总是意味着满足主体需要的程度或者是否符合其主观的理性标准，是否符合其行为的目的性，因此，这种标准是随意的，不确定的，不能作为现实的权利质量评价的基本标准。

第二，判断权利质量所应当依据的客观性标准。

判断权利质量的客观性标准，一方面取决于权利是否与现实的社会物质生活条件相适应并与社会发展程度相一致，另一方面取决于权利得否与他人的权利需求和法律要求相一致。

一是权利制度安排的客观标准，即与现实的社会物质生活条件相适应并与社会发展相一致原则。它表明，法律上权利质量取决于特定的社会物质生活条件，不同的社会物质生活条件有着不同的法律权利的制度安排和权利质量。一方面，从权利制度安排的历史过程上来看，在前资本主义时代，对社会上的大多数而言，权利的质量是偏低的，而对少数享有特权的阶级而言，权利的质量则是很高的。另一方面，就权利在现实社会中获得救济和保障的质量来说，权利的实施和救济都是需要一定成本的。社会投入的成本越高，权利实现的质量和水平就会越高，反之则会越低。按照霍姆斯和孙斯坦的看法："权利是昂贵的，因为救济是昂贵的。实施权利是费钱的，特别是统一而公平地实施；到了法律权利还没被实施的程度，那它就是空有其名。"[①]正是在这个意义上，权利的质量取决于公共资源的投入。

二是权利表达中的客观标准。权利是利益在法律上的表达，利益作为主体的某种客观存在的需要，有其特定的在时空与需要上的"量"与"质"，这些内容本身就是客观的，例如权利主体对人身权利的利益表达，其

---

① 参见［美］霍姆斯、孙斯坦：《权利的成本》，毕竞悦译，北京：北京大学出版社，2004 年版，第 26 页。

在法律上对人身权利的追求与其说是对其人身权利实现质量的追求,毋宁说是其对自身的生命时间的长短、生活层次的判断、身份地位的认知等自我利益实现的质量追求。这些判断标准一般说来都是可以通过现实的物质计算来实现的,是可衡量的,是与特定的社会发展历史阶段相联系并相一致的,没有超出现阶段发展水平的权利质量问题,那种超出现阶段发展水平的权利是不受承认和保障的。

三是权利实现中的客观标准。它依赖于义务和责任的承担状况,换言之,任何法律上的权利都要依赖于义务主体承担义务或者权力主体承担责任。权利的质量取决于义务人履行义务的质量或者权力人承担责任的质量。在权利与义务的关系上,马克思强调,"没有无义务的权利,也没有无权利的义务。"[①]而在权利与责任的有关系上,权利的质量也取决于责任的落实情况,正如姚建宗所说,"在宪法性的权利中,权利的创设恰恰是为了促使政府更加负责任地行动。权利自己具有一项负责任地行为的权利。权利不仅仅典型地为其他那些面对权利的人们承担着责任,而且权利拥有自己有时也被行使他们的权利的德行而要求承担更多的责任。"[②]

四是权利运行中的客观标准。也就是在权利的立法过程中要遵循的立法标准、司法过程中要遵循的司法标准,这些标准包括法治、科学、程序、民主、合法性与合理性相统一、公正公平公开等标准,同样也构成了对权利质量的外在影响。现实的权利运行中立法者、执法者与司法者的立法、执法和司法水平也在一定程度上构成了限定权利质量标准的外在因素。

第三,权利评估和权利指数设定应当考虑的基本原则。

应当说,法治评估的实质指标之一就是对权利质量进行评价,它包括对权利主体范围也就是享有权利的人群状况、权利内容与权利类型,特别是基本权利的实现状况、权利的法律保护与救济状况等方面的评估,在这些方面的评估中,应当遵循基本的法治要求,按照权利发展的一般规律设

---

① 《马克思恩格斯选集》(第二卷),北京:人民出版社,1995年版,第137页。

② 姚建宗:《现实主义的法律权利观》,载邓正来主编:《中国书评》(第3辑),桂林:广西师范大学出版社,2005年版,第152—153页。

计权利的评估指数,实现权利质量标准设计上的客观化与科学化。

一是要遵循法治的最基本的原则。权利是法治的核心要素,也是法治的基本目标。在权利质量标准设定过程中,首先要遵循的原则,就是要按照法治的最基本的原则和要素进行指标的设定。在这一方面,理论界与实务界已经形成了有关法治原则的基本共识,这些共识性的要素可以具体化为权利质量标准设定的基本要素。二是要遵循科学化原则。就是按照法治发展规律和权利发展规律,实事求是地按照法律权利的实际状况设计评估指标体系,客观、全面、真实地获取有关权利的指数,根据科学的统计与计算方式,对权利的实际状况进行分析与评价,既能够真实地反映权利的实际状况,也能够客观地对权利质量进行评价。三是要遵循程序性原则。就是对权利质量的评价,要运用中立、公开、独立的第三方评价程序,防止单纯地从特定权利主体的视角来设定权利指数或者进行权利质量的评估,防止权利质量评价中的先入为主或者主观偏见。要运用第三方评价等方式建立起程序化权利质量评估机制。四是要遵循有效性原则。在权利质量评估中,要建立相应的权利指数反馈机制,把评估获取的数据反馈到有关立法、执法、司法部门,切实按照国家法治建设规划落实人民权利的保障要求,体现以人民为本位的价值观,实现权利质量评估的"质量闭环",通过对权利质量的评估实现权利质量的切实提升。

具体说来,权利质量标准设定时还应当考虑以下五个关键性指标,这些指标在客观上影响了权利质量实现的程度。第一,地方人大和政府对权利实现提供的财政支持情况的指标情况。这一指标是关涉权利实现的现实基础如何,它包括:地方政府提交的有关权利实现方面的财政预算是否合乎预算法治化的要求?与上一年度相比,这些财政方面的投入是否有所增加?增加的范围、对象和幅度是什么?相关的财政预算表设计是否足够合理并具有可操作性?相关预算、决算的执行情况是否落实到位?等等。第二,村委会、居委会、社区、企业和其他社会组织在承担社会责任,特别是扩大社会公众社会参与方面的赋权行动落实情况如何?地方人大等国家机关在选举、村委会居委会在基层选举、地方各级行政机关及其内设机构在行政活动、地方司法机关在司法活动、政协等国家监督机关在民主协商和政治监督活动等国家权力运行过程中公众的政治参与情况如何?第三,地方司法机关、复议机关、仲裁、公证与调解机关在诉讼、复议、仲裁、公证与调解活动中对权利救济、权利保障、权利维护的案件数量有多少？权利保障的程度如何？相关的生效裁判执行状况如何？第四，信访、检举等案件的数量及状况？特别是涉法涉诉访、生活待遇访、权属纠纷访等信访接访调处的情况、比例等等。第五，地方律师及法律服务工作者的数量，也就是有关为权利主体提供法律服务的从业者的情况，包括相关的权利保障环境、权利法律教育、权利法律普及等各方面的状况。

总之，在这些指标体系的设计中，应当注重各个关键性指标权重的设计，遵循权利质量评估指标设计的基本原则，合理分配关键性指标权利的分值区域，科学划定相关的一、二、三级指标内容，并进行权重的概括和提炼，以期科学化地处理权利的质量评估问题。

第四章　域外法治建设中权利指数的实践

法治建设评估指标兴起于国外，我国在此方面属于后发国家，但也兼具后发国家的优势和局限。对于后发国家的法治建设来说，其在法治建设的指标设计方面可以参考已经适用的各类指标体系的成熟经验，同时也可以避免这些指标体系的局限与不足，实现指标体系的科学化与适应性转化。当然，不同国家在权利指数设计方面各有特色。

一、域外法治建设指标体系中权利指数的设定模式

通过前文权利指数的一般理论研究介绍和对一些国际组织及国家、地区的法治建设评估现状的分析和描述，可以看出，权利指数在一定程度上构成了世界范围内法治建设指标体系的重要组成部分，但其在具体的指标设计上是有所差别的。就目前而言，不同的法治指标中的权利指数的情况并不相同，造成这种差异的原因是多方面的，包括评估主体、评估方法、评估目标等因素的影响。对于某些实行法治指标体系建设的地区而言，法治评估中的权利指数分布较为分散，没有专门的原则性指标对基本权利进行相关描述，产生这一现象是该地区法治指标的设计者的本意在于评价法律体制而非法律价值，因此主要是从评价制度的角度进行设计，而衡量权利的相关指标分散于法治指标的各个方面，很难通过对制度的整体性判断来描述权利的状况。与这些地区法治建设指数设计不同的是，"世界正义工

程"的法治指数,则较为重视权利指数在法治指数体系中的地位和作用,把权利指数单独作为一项重要的指数内容来安排,表明了权利指数对于法治指数的重要性,这一做法对完善我国法治建设指标体系具有较高的参考价值。对其权利指数设计的状况,可以做如下类型的理论划分:

(一)权利保护模式设计的权利指数

这是以法律上对权利的保护方式的不同为划分标准概括的权利指数设计模式。权利的主体是公民,公民的权利在法治过程中受到法律的保护,在实际的法律规定中,可以分为显性保护(正向保护)和隐性保护(反向保护),这种分类体现在法治评估的指标设计上可以分为直接性的评估指标和间接性的评估指标,这两种分类体现了对权利保护的两种进路,即直接保护角度和限权角度。直接保护如"世界正义工程"法治指数的设计,其直接将"基本权利"列为几大一级指标之一,并在二级指标中明确保护的各类基本权利。隐性保护评价例如在"世界正义工程"法治指数中也是存在的,这样两种设计方式并不是孤立的,而是可以一起使用的,其实,这样的评估方式更为完整。

(二)基本权利模式设计的权利指数

这是从宪法是对基本权利确认的角度对权利指数设计进行的概括。一般在各国的法治指标体系中的权利指的就是权利主体的"基本权利",也就是通过本国宪法或者基本法律确认和维护的权利。这些权利具有底线性、根本性和原初性,是评价和标识主体权利程度的根本所在,也是一个国家法治程度的根本标准。从理论上说,基本权利既具有"主观权利"的特点,也具有"客观法"的属性,是兼具法律的主观性与客观性特点的权利。但由于各国的文化传统、法系特点以及现实状况不同,各国宪法和基本法律对公民基本权利的规定也有所差异。在我国,宪法规定的公民基本权利主要包括了平等权、选举权与被选举权、言论出版集会权、游行结社和示威自由权、宗教信仰自由权、人身自由权、文化教育权利、社会经济权利、监督权与请求权、特定主体的权利等内容。我国宪法对公民基本权利保障应当贯穿法治运行的全过程,因此,法治建设评估中的权利指数内容也应当包含评价立法、司法、执法、守法环节中对公民基本权利的保障情况，以及反映出公民对权利的需求状况。

除此之外，基本权利的指标还必须表明什么样的权利是基本的，这一点对于不同的主体来说，其内容是有所不同的，例如，对社会弱势群体来说，其基本权利的内容首先是不受歧视和平等对待，对于其他普通的主体来说，基本权利则意味着受到尊重并不得滥用，特别是在大数据时代，基本权利受现代科学技术影响，已经扩大到网络、人工智能、生物技术以及信息化技术领域，扩大到权利的各个方面，甚至一些新型权利也被视为是基本权利，例如，有学者就主张"个人信息"构成了新时代公民的基本权利。

在"世界正义工程"的法治指数中，权利指数被考虑得更为细致和明确。在对各个国家的具体评估过程中，要根据不同国家的宪法中规定的人权状况作出具体评价。具体而言，在"世界正义工程"的法治指标中设置了与基本权利有关的"平等待遇和没有歧视""生命权和人身安全权""思想自由、宗教和言论自由（包括媒体自由、结社自由和集体谈判权）""禁止强迫劳动和童工""隐私权""被告的权利"，以及"追溯适用刑法的权利"等内容。

（三）权利指数设计和评定的主观化模式

这是按照法治建设指标体系中权利所占各项指数中的主观性程度进行的概括和划分。在法治建设指标体系的建设过程中，在不同主体对不同地区的法治建设设置评估指数时，可以采取主观评估、客观评估、主客观相结合的评估方法。顾名思义，主观评估方法主要是通过评价人们对客观存在的法律现象的真实感受和期待，主要是通过数量或者程度表现人们对法律现象的不同感受；客观评估方法主要是直接评估现实存在的法律现象。

在评估方法上，有的地方法治评估主要是采取了主观评估的方法，因此其权利指数也带有很强的主观性。具体来说，就是通过随机方式选取政府、执法、司法、立法人员这些实务专家，加上一些专家、学者共同组成专家评价组，由他们对事先筛选来的包括权利指数在内的各项指标数据进行主观评估，经过多轮的讨论，最后形成评估结论。应当说，这一指数体系的建构是在法律面前人人平等、权力的制约、程序正义等原则的前提下展开的，符合法治的基本原则。对于二级指标的设定来说，其考虑的因素则更为广泛，其中权利指数的设定上大多数仍停留在权利观念或者权利理念层面，相对来说缺乏量化上的具体性，主观性较大。与此相对，"世界正义工程"的法治指标体系则采取了偏重客观测量方法的评价系统，比较客观地计算司法人员、司法装备、犯罪率等指标，这主要是因为该项目的评估对象为各个受其资助的国家或者地区，主观测量方法可能难以保证其评价的客观性，因此采取了客观测量方法。

无论是主观评估还是客观评估都具有其局限性，最妥当的方法还是采取主客观相结合的评估方法。人的主观认识也受到诸多因素的影响不断变化，对法治的评价也在不断变化；除此之外，由于法治状态是一个流动的、不断变化的状态，难以进行客观的计算。单一的主观或者客观的评估方法都是片面的，需要两者相结合进行综合评价。

（四）权利指数设计的差异化模式

由于法治是一个需要从多角度进行理解的立体化概念，因此，法治建设的指标设计也需要从不同角度来思考和评价。在法治指标体系的设计中，涉及权利问题的考虑需要差异化对待。就是依据差异化的考虑，设计权利的不同指标，例如，从质和量两个方面考虑权利状况对于法治建设的实际意义。例如，有的法治建设指标体系中要求考虑法律程序中权利被平等对待方面的指标，包括程序正义、司法中立等因素，这实际上体现了对法治建设的不同层面的要求，既考虑国家权力运行方面的要求，也从权利主体权利实现的角度考虑，兼顾权力主体和权利主体、程序性权利与实体性权利方面的因素。但这种差异化的考虑虽然顾及了法治中权利状况的不同层面，但如何合理安排这些相关性指标和要素则非常关键，这是值得深入研究的。

（五）因权利指数设计的不同视角而产生的模式

权利指数的设计，有的是站在政府或者行政主体的角度设计的，体现了一种"自上而下"式的政府主体模式。例如，有的法治建设指标体系中主要围绕如何实现政府的公正执法与公正司法，反映相关制度对公民权利的保障程度；有的法治建设指标体现则直接以权利主体为视角。例如，有的法治建设指标体系中权利指数的设计主要是从普通人的视角出发，设计那些影响人们日常生活中权利实现状况的指标，包括人们能否在无须担心犯罪和警察暴力的情况下从事日常生活，使人身权利、自由权利、财产权利得到保护等等。这两种不同的设计思维实际上体现了两者不同的价值取向，但不能妄断以普通人视角进行权利指数的设置更有利于权利评估或者权利保护。

（六）因权利指数独立化程度不同而产生的模式

因权利指数在法治建设指标体系中的独立程度不同而可以产生不同的权利指数设计模式。有的法治建设指标体系中，权利指数是作为独立性的指标被设计的，这就是独立性的权利指数设计模式；有的权利指数是分散于不同的一级指标之中被考虑和设计的模式；这就是不独立的权利指数设计模式①。在"世界正义工程"的法治指标体系中，权利指数较为集中地分布在第二项的有关基本权利的指标之中，指标是以明确而直接的方式写进来的，并且内容包括了一些基本权利，例如，"法律保护基本权利""法律保护人身安全""法律保护财产安全""平等对待和减少歧视得到有效保障""生存权和人身安全得到有效保障""信仰和宗教自由得到有效保障""集会和结社自由得到有效保障"，以及"基本劳动权得到有效保障"等指标，这一模式可以被看作是权利指数相对独立的模式。

总的来说，在世界法治建设评估指标体系的建设过程中，权利指数的设定受到越来越多国家的重视。很多法治指数都对其中的权利指数进行调整与更新，增加了权利指数的权重。这说明，权利指数不断受到重视已经成为指标体系调整的一项重要内容。

---

① 例如，"世界正义工程"法治指数存在一套系统的规范体系，其中法治基本原则包括四项：一是政府及其官员均受法律的约束；二是法律应当明确、公开、稳定、公正，并保护包括人身和财产安全在内的各项基本权利；三是法律的颁布、管理和执行程序应公开、公平、高效；四是正义通过称职、具备职业道德且独立的代理人和中立者得以实现，他们数量充足、装备精良并能够反映其所服务社会的特性。

二、域外法治建设指标体系中权利指数设定的局限

不同国际组织、国家和地区根据自身的实际情况和目标追求采用了不同的法治建设的评估指标体系,权利指标的设置模式不尽相同,这种差异在一定程度上也反映着这些指标设定的局限和不足,主要体现在价值导向有偏差、权利指标的占比过低、过于概念化、不够具体、设定模式单一等方面,这些局限和不足在我国权利指数的设定时都是应当尽量避免的,这也是域外法治建设指标体系中权利指数设定的局限带给我们的启示。

(一)世界银行全球治理指标体系中权利指数设计存在的局限性

世界银行的全球治理指标体系,侧重对"治理"指数的评价,因此,对权利指数的设计存在不足。

首先,在对基本概念"治理"的界定上缺少对权利的认知与把握。按照全球治理指标体系中对"治理"的定义:其包括"政府的选择、监管、替代的过程""政府有效制订与实行合理政策的能力、尊重公民",并对"管理经济与社会交互的制度予以阐释"这三个基本层次。其下的"发言权与问责""政治稳定与杜绝暴力或恐怖主义""政府效能""监管质量""法治""控制腐败"这六个方面的具体解释中,没有涉及权利的概念。

其次,在数据计算方面缺少对权利指数的关注。全球治理指数的数据源是较为全面和多元的,包括来自个人、家庭、公司、非政府组织、多边机构以及其他公共部门等。在数据的具体处理过程中,第一个环节是将数据库中的信息按照上述的六个方面进行划分,经过基本的匹配;第二个环节是将数据标准化,每个数据的取值区间为 0 ~ 1;最后一个环节是对数据进行最后的计算,即采取不可观测成分模型(Unobserved Components Model,即 UCM),利用这一方法确保各治理要项的复合指数取值在 −2.5 到 2.5 之间,并有可比性。数值越接近 2.5,代表该治理要项质量较高;反之,代表该

要项质量较低。具体而言,这种计算方式首先带来的一个问题就是数据划分上的不确定性,在设计指标时,很多本可以属于法治方面的指标出于其他原因被放入其他方面,这就导致法治水平的评估指标不够全面。由于涉及"权利"的指数被分散至不同的指标数据中,通过上述的计算方式是难以综合评估出权利的实际状况的。

最后,在评估结果的准确性方面,与权利指数要求的内容相距甚远。全球治理指标体系中的法治评估结果与实际的权利保护水平是有差距的。作为一项全球通行的指标体系,不但对各国的实际法治状况难以拿出一个统一的客观标准,而且,就法治整体中必不可缺的权利问题,也难以找到统一的标准来。

(二)"世界正义工程"法治指标体系中权利指数设计存在的局限性

相对于世界银行的全球治理指数中的法治评估而言,"世界正义工程"的法治指标体系中虽然对权利指数有相对比较充分的设计,但其也存在以下一些问题。

一是受美国式的法治价值观和美国式的权利观念影响作出的权利指数判断。在"世界正义工程"最初成立时,它并非是一个独立的国际组织,而是一个成立于美国、由美国培养发展、有4个资助机构的国家内的组织,其最早受到盖茨基金会(Bill & Melinda Gates Foundation)、考夫曼基金会(Ewing Marion Kauff-man Foundation)、沃尔玛百货有限公司(Wal Mart Stores,Inc.)和英特尔公司(Intel Corporation)的支持和捐助。尽管"世界正义工程"发展至今天已经转变成为一个由八十多个机构和个人进行捐助、近三十个战略伙伴的非营利性国际组织,但无论其在评估中采取的评估技术,还是对具体评估指标的设计无一不充满了美国国内法的特征。因此,其有关指数设计必然与上述主体之间产生联系,体现其要求和想法。正如这一指数要实现"美国式"法治的全球化目标一样,其指数设计深受美国国际开发署、福特基金会和美国的一些法律组织的影响,例如,美国国际法学会、美国律师协会、国际法律中心等。而且,"世界正义工程"法治指标体系的具体指数设计受专家个人的美国式价值观念的影响,虽然其成员表面上来看自世界各地,但这些人员在加入这个评估组织之前,大部分都来自美国或者在美国有一定的学习和工作经历。这种人员构成使得其对权利指数的设计不自觉地会融入美国的文化取向和价值观念。

二是有关权利指数标准的一元化色彩。"世界正义工程"对于权利指数设计完全采用美式权利的观念来设计,以个人权利为核心来考虑权利指标的构成和权重,并以此来衡量其他国家的法治状况,这实际上是不客观的,也是片面的。2019 年,"世界正义工程"共评估了 126 个国家和地区的权利状况。从法治的整体状况来看,前三名分别是丹麦、挪威、芬兰,而美国的排名是第 20 位,与 2017 年的第 19 名相比基本稳定,没有大起伏和变化。但其中关于"基本权利"的内容则完全是美国式的权利观,包括"不受歧视""生命安全权""正当法律程序""言论自由""宗教自由""隐私权""结社自由""劳动权",其排序和分值权重也体现的是美国式的权利观,没有体现不同国家的不同特点。在这些权利指数的得分中,美国的权利指数评价普遍为良好,在"生命安全权"等个别指标上表现优秀。但是,与这一报告的结果相悖的是,美国近年来频发的暴力枪击案件,使得普通民众的生命安全权却受到极大威胁。美国非营利组织枪支暴力档案(Gun Violence Archive)近期公布的有关暴力犯罪的最新数据显示,2018 年美国总共发生枪击暴力事件 21 892 件,死亡人数共计 5 427 人,其中较大规模的枪击事件导致 101 人死亡。近年来,美国校园枪击案屡屡发生,给民众带来极大的恐慌和不安全感,一度使得禁用枪支成为议题。特朗普总统上台后,美国更是退出世界人权组织的人权理事会,与墨西哥等国家的边境移民问题不断升级,种族歧视问题变本加厉。这种有目共睹的基本权利保障情况似乎在"世界正义工程"法治评估中没有得到任何形式的体现,"世界正义工程"的评估结果与有实际数据作为支撑的统计结果相悖,由此可见,"世界正义工程"的评估结果并不能真实地反映美国的法治状况,尤其是在权利的保护方面,评估结果与美国现实情况存在明显差别。

三是相关权利指数对他国的评价存在偏见。具体而言,"世界正义工程"对以美国为中心的西方阵营国家的评估更为"友善"。以"言论自由权"这项指数为例,2017 年,澳大利亚的政府部门公共服务委员会发布了"新社交媒体指南",这份文件中明确禁止了公务人员在个人社交媒体上批评政府的行为,禁止行为具体化到删除他人在公务人员页面的不良言论,否则将视公务人员的言论为不良言论。这一文件是在 2017 年发布的,但在 2017 年"世界正义工程"法治指标中其言论自由的评分高达 0.83 分,2019 年的分数仍是 0.82 分这样的高分数,这一评估结果表明评估并没有准确反映澳大利亚言论自由的实际情况,最起码对政府管控言论这一变化没有任何体现。但对于包括中国在内的一些国家,"世界正义工程"在进行权利指数的评估时,却存在严重的偏见。在 2019 年的法治指数报告中,排名在 100 名之后的国家多为亚洲、非洲的发展中国家,例如,巴基斯坦、埃塞俄比亚、玻利维亚、喀麦隆、埃及、毛里塔尼亚、阿富汗、刚果民主共和国、柬埔寨、委内瑞拉为最后十名,这些国家无疑是世界上最需要经济投资和建设的国家。按照"世界正义工程"的标准,这些国家存在严重的"阶级歧视""种族歧视""生命安全权"等问题。

四是权利指标的普适性较差。"世界正义工程"自称在进行指标设计时重点考虑各国法治的共同特征,但这种特征是完全建立在美国的法治话语权和法治文化之上的,如果体现了共性因素,也只体现了西方文化的某些共性因素,体现了强烈的西方价值偏好。这些价值偏好决定了其对权利概念的理解、基本权利内容的理解和分类、权利实现和权利保障所需要的必要的条件等,也都是西方化的,没有普遍地考虑不同国家的需要。

三、域外法治建设指标体系中权利指数设定的启示

通过对域外地区法治建设评估指标体系中有关权利指数设计局限性的分析,我们可以得到以下启示。

一是在权利指数的价值判断标准和目标选择上,应当尽可能结合本国法治建设的实际需要来设计法治评估指标的具体内容。例如,在"世界正义工程"的法治指标体系中,缺乏对不同国家和文化的法治价值观的认同与接受,片面强调美国式法治价值观与权利观念的重要性,使得有关法治评估的指标设计和权利评价状况呈现出难以反映各国法治实际水平的状况。因此,在法治建设指标体系设计中,特别是在权利指数的价值指向上,应当建

立一套更加完善、丰富和全面的法治建设标准,承认和尊重不同国家在法治道路、法治文化和法律制度安排上的差异性和多元化特点,尊重不同文化背景和社会实践背景下法治发展程度的差异,从现实意义上理解和支持不同国家或地区对自身法治发展道路的选择,特别是要尊重第三世界国家在法治发展道路上的选择,使有关评估指标体系的设计更有针对性。

二是在具体的法治建设指标体系上,可以选择不同的权利指数设计模式推动本国的法治建设。世界上不同国家、地区的法治模式都不尽相同,其具体的权利指数设计模式也应当具有不同的标准。即使是联合国有关人权方面的国际公约的内容,也只是有关人权要求的国际最低标准,而不能成为各国发展过程中有关人权规定的最终要求,各国可以根据本国的实际情况选择适合本国人权发展的实际制度。从这个意义上说,人权问题体现的是人权的普遍性要求与各国人权的特殊性要求相统一的问题,不能割裂人权共性与人权个性之间的联系,要尊重权利发展阶段的多样性、本土性。这样才能在权利指数设计和安排上真实反映国家的法治状况。

三是在数据采集上尽可能实现多样化的数据采集,使指标体系中的权利主体在法治建设中的实际参与情况和主体地位能够得到充分的体现,并在法治的实际建设过程中不断得到完善和提高。在"世界正义工程"法治指标体系中,有关指数的设计方式和主要的数据采集方式为 GPP(a general population poll)和 QRQ(a qualified respondents questionnaire)方法。GPP 是一种针对普通公民(包括社会边缘人员)的,调查其对本地区法治实践的真实感受的一种数据采集方式,是"世界正义工程"法治指数调查的核心方法之一。在进行具体的问卷设计时,需要注意问题的分类和区分受众层次,行文需要适应广大公民的理解方式,表达要易理解、较通俗,问卷的内容应包含体验式问题和感受式问题,其中,权利保护相关的一些指标主要采取感受式的提问方式,这样有助于公众真正表达出对权利保护状况的感受;问卷数量根据城市大小不同进行调整,最好是委托本地的专业调查机构进行。具体的方式可以采用网上在线调查、电话调查、面对面访谈等。大多数的法治建设评估指标的数据收集都是采用这种收集方法。这种问卷可以将公众的主观感受按照一定的评分标准转换为 1 到 10 的数字,再根据数字算出数据,这些数据基本上都属于公众主观感受的量化,因此测度等级比较低。QRQ 是一种专家问卷的数据采集方式,专家包括理论专家和实践专家,问卷内容必须涵盖感知性问题和开放性实践问题,问卷的内容设计较为专业,涉及基本权利的内涵等更为深刻的问题,专家自身的理解在一定程度上得以体现。但同时专家的教育背景、价值观和感知水平直接影响着最后的评分结果,这种主观任意性直接导致评估结果存在不准确性和随意性的风险。因此,我国可以采取公众参与与专家评审相结合的方法。在对内部评估和外部评估分析的基础上,由国内外有较高知名度、专业权威的专家组成"法治指数专家评审组"进行最后的评估。

四是在法治建设指标体系实现中的评估主体方面,建立多元化的评估主体制度是实现全面反映法治建设中权利状况的重要保证。一方面,法治建设只有多方主体共同推进才能更好地展开,这既需要党和政府,也需要社会各界,包括社会组织和个人的广泛参与,既需要法律职业人员,也需要普通的社会公众。因此,法治建设本身的主体是多元化、多样化的,其对权利的需求也是多元化、多样化的,其在法治建设过程中体现出来的权利类型、权利状况也是多样化的。在法治建设的评估指标体系中,也应当客观反映这种多元化、多样化的实际情况,特别是在法治评估主体的设计上,要反映法治建设的主体情况,也要使法治建设的主体能够参与到法治评估过程之中,使建设者能够参与到评估过程之中,真实反映法治建设的实际情况。而不是单纯依靠专家评价,或者政府评价。在国外,法治建设评估一般由第三方评估机构推进,但在评估中主要考虑的是抽样调查,对公众、法律职业者等进行调查。在我国,地方法治评估一般由政府推进,近年来,引入了第三方评估制度,评估呈现出多元化主体的模式,更广泛地吸收不同主体在法治评估中的看法和意见,这样有利于法治评估主体多元化的形成,有利于评估结果的客观性和可信度。

五是在法治建设指标体系的权利指数设计中借鉴国外或者域外法治指标的有益部分。例如,世界银行的治理指数中法治指标下的权利二级指标设计,包括"合同执行""财产权保护""知识产权保护""逃漏税""人口贩卖""暴力犯罪""有组织犯罪""司法程序的公开性""独立性和快速性""征用""国有化"等,这些内容每年都会根据一定的标准进行不同程度的调整。又如"世界正义工程"发布的法治指标体系中的8

个指标"限制政府权力""根除腐败""开放政府""基本权利""秩序与安全""监管执法""民事司法""刑事司法"是有关权利设计的指数。虽然,这些指标存在一定的价值取向的局限性,但有些具体指数时设计是可以参考的。我国在法治建设指标体系中设计具体的权利指数时可以结合国家具体情况予以取舍。正如"世界正义工程"法治指标体系也要每年根据实际情况进行不断的变动和补充一样,其一级指标和二级指标也同样进行不断的变化。

六是建立我国权利指数的大数据评价方式。大数据是信息化社会的重要标志,在法治建设指标体系的信息获取和处理方面,大数据有着传统信息获取方式无可比拟的优越性,加之现代科技发展带来的人工智能,大大加快了法治建设的步伐。在国外,"世界正义工程"利用每年的评估数据建立起一个专业性质的法治评估数据库,这一数据库的数据随着每年评估工作的进行不断丰富,并且可以从宏观的视角展现出各个国家或地区法治建设的发展趋势,以此对未来的法治发展态势进行合理预测。当然,就目前而言,这一数据库中的数据还难以形成完全大数据意义上的数据集合体,但已经初具雏形,具有一定的参考价值。随着人工智能、5G技术不断发展,信息的爆炸程度在之前的基础上会有增无减,如何利用数据进行专业的分析和科学的决策是未来法治信息获取的重点之一。我国是一个东、西部法治建设差距较大的国家,目前法治建设的相关指数和信息的获取工作主要集中在东部,并且不同地域之间的联系没有形成机制,很少互动交流,这种隔离状态对于法治建设评估的全国化是十分不利的,建立相关的数据库尤为必要和迫切。

总之,法治发展是所有国家关心和必须面对的问题,权利指数是法治建设和发展不可缺少的关键因素。总的来说,无论是现实的法治现状还是长期以来形成的人们对于法治建设的观念、认识,也无论是中国固有的文化因素还是区别于西方的政治体制、意识形态等,中国当前的法治状况与域外的国家与地区,特别是与以美国为代表的一些西方国家在法治建设方面存在着十分明显的差异。因此,在法治建设的价值取舍、方式途径、道路选择,甚至在具体的实践方式等方面也应当存在较大的差异与不同,中国必将走出一条符合中国国情的具有中国特色的社会主义法治道路,也必将为世界现代法治文明发展做出自己的重大贡献。应当说,对于权利问题,对于权利在法治建设中的地位问题,人们在理解和认识程度上已经基本取得了共识,那就是必须把人们的基本权利、最广大人民群众的基本人权的保障与实现作为社会主义法治建设的重要内容,而且,这些年来中国法治建设取得的光辉成就说明,只有不断丰富和扩大人民的权利,社会主义法治建设才能不断取得胜利。但是,我们也要清醒地认识到,以美国为代表的一些西方国家,由于长期把持和掌握着人权和法治领域的意识形态话语权,他们按照他们固有的思维模式和意识形态标准,以自身的法治模式去妄加评判其他国家的人权与法治状况已是常态,用西方所谓的人权标准粗暴干涉别国内政已经成为其在国际政治舞台上肆意表演、挥舞"人权大棒"、担当世界宪兵的惯用伎俩,同时,他们也把西方法治意识形态进行文化输出,这是我们在建设中国特色社会主义法治国家的过程中应当高度警惕与防范的。在这种情况下,我国既要能够以开放姿态充分借鉴国外或者域外法治建设的有益经验,也要把握中国法治建设的底线原则,发挥后发国家的法治优势,实现中国法治建设的迅速发展。作为中国法治建设中的重要因素,权利的重要作用不言而喻。在基本权利的保护上,我国宪法中规定的基本权利的范围与《世界人权宣言》中对人权界定的内容基本一致,宪法保护最广大人民的根本利益,保护其基本权利,这点毋庸置疑。在现实的法治实践中,无论是法律规范体系中,还是在法治实施体系、法治监督体系、法治保障体系和党内法规体系中,公民的权利都在不断丰富和扩大,这对于我们总结法治经验、提升权利在法治建设指标体系中的地位有着十分重要的价值和意义。

第五章　中国法治建设指标体系
权利指数的设计

从目前我国已经实施的各类法治建设的评估指标体系情况来看,无论是一些地方政府推行的法治指标体系,还是一些高校或者科研院所以第三方身份发布的指标体系,都有着明显的综合性、全面性特点,但也存在着对权利指数设计关注度不够、对权利在法治中的地位,特别是在立法、执法、司法等法治各个环节上应有的指数权重关注不够的问题,这在某种程度上说明了法治建设者和评估者存在忽视权利的现象。权利指数在法治建设的评估指标体系上的缺失,不能不说是法治指标体系的缺陷之一。因此,合理权利指数在法治建设指标体系中的设计,具有重要的意义。

一、中国法治指标中权利指数设定的意义

权利指数的设定,在中国法治建设中具有重要的意义,它是中国法治建设指标的重要方面,也是法治建设的最核心的内容。

（一）权利指数设定是中国特色社会主义法治道路的应有的题中之义

一方面，从人民享有的基本权利出发，切实实现和维护人民权利是全面建设中国特色社会主义法治、走中国特色社会主义法治道路的重要标志之一，也是中国特色社会主义法治体系的出发点和归宿。我们能够建立起中国特色社会主义法治道路自信的重要理由和根据就是，在中国的历史上，中国人民在中国共产党的领导下，真正实现了从"站起来""富起来""强起来"的国家富强、民族独立和人民当家作主，切实实现和解决了人民的生存权、发展权，实现了广大人民群众的政治权利、经济权利和社会文化权利的法治保障，为走向"强起来"的伟大复兴而不断奋斗。坚持党的领导、人民当家作主和依法治国的有机统一这一基本要求，既是党所确定的全面依法治国基本方略的重要原则和价值指引，也构成了中国人民推动法治建设、进一步落实人民当家作主政治地位和法律地位、进一步坚定不移走中国特色社会主义法治道路的精神指引和方向指引。在全面推进中国特色社会主义法治建设的征程中，按照中国特色社会主义法治建设的重要使命和任务要求，其根本就在于要不断扩大、确认、实现和保障人民的基本权利。

另一方面，人民的权利在中国特色社会主义法治道路的实践征程中，又是一道色彩最为鲜艳、亮丽的"风景线"。公民权利构成了法治建设水平的最重要的内容和评价标准。"法治的首要任务在于实现权利法定化，把保护人的权利作为法治的价值所在"[①]，对权利进行关注、重视，把权利作为重要的法治评价指数列入法治建设指标体系之中，是法治评价的重要任务。因为权利这一指数，不仅能够描述出公民在现实法律规范体系、法治实施体系、法治保障体系中作为权利主体的地位和受到权利保障的状况，也能够切实反映出公民参与法治建设、实现自身主体自由的实际情况。正是

---

① 陈红岩、尹奎杰：《论权利法定化》，载《东北师范大学学报》2014 年第 3 期，第 81 页。

在这个意义上,权利指数构成了更为精确、细致的法治描述手段和标准,能够更加细微、科学和全面地反映法治建设的实际状况,目前还存在哪些方面的问题,以及未来法治改进的方向,这些内容构成了中国特色社会主义法治道路的重要基石。

(二)权利指数的设定是中国特色社会主义法律体系发展和完善的重要方面

新中国成立以来,特别是改革开放 40 多年来,中国特色社会主义法律体系不断完善和发展,法律的内容不断丰富,涵盖了社会生活的主要方面,基本的社会关系都纳入法治的轨道。现行宪法在 1982 年颁布后,又根据社会发展的需要进行了五次修正,截至 2019 年 3 月,我国已制定、修改和完善现行有效法律 271 件、行政法规 760 多件、地方性法规 12 000 多件,并制定了大量的符合全国各领域和地方经济社会发展的规章。目前,涵盖社会关系各个方面的法律部门齐全、法律制度丰富、法规规范完整,中国特色社会主义法律体系的内部规定在总体上也达到了科学、和谐和统一,形成了以宪法为核心,以国家基本法律和单行法律为主干,以国务院制定的行政法规、地方人大及其常委会制定的地方性法规、国务院各部门制定的行政规章等法律规范性文件在内,涵盖香港、澳门特别行政区的法律法规、少数民族自治地方自治条例与单行条例在内的,由多个法律部门、多层次法律规范构成的中国特色社会主义法律体系。在中国特色社会主义法律体系完善的过程中,权利保障也在不断深入,无论从现行宪法还是构成社会主义法律体系的法律、法规、规章的内容上来看,公民权利的内容不断丰富和扩大,在政治权利与自由、民事权利、诉讼权利、经济权利、社会权利、文化权利、环境权利等方面有了现实的制度保障和法律基础。

第一,宪法作为权利保障的根本大法,在公民基本权利的确认、维护和保障上,体现了最大的权威性和最高的法律效力。宪法通过规定我国各方面的基本制度维护公民享有基本权利的制度基础,例如,通过规定国家的基本经济制度和分配制度,维护了公民的基本经济权利;通过规定人民代表大会制度、中国共产党领导的多党合作与政治协商制度、民族区域自治制度等,从政体和根本政治制度等方面确保了人民当家作主的政治地位与政治权利;通过明确宣告公民在宪法上享有的基本权利和基本义务,为公民充分、全面地享有在国家法治中的主体地位,为公民能够在国家的政治、经济、文化和社会生活中充分发挥积极性、主动性和创造性提供了极为可靠的法治保障,极大地促进了我国社会主义人权事业和各项社会事业的发展,特别是通过明确规定"实行依法治国,建设社会主义法治国家"这一国家治理的基本方略,为实现依法治国、依法执政、依法行政共同推进,法治国家、法治政府和法治社会一体建设确立了宪法基础,为实现人民权利的全方位保障提供了法治遵循。

第二,在具体的民主权利保障上,我国已经确立的人民代表大会制度、中国共产党领导的多党合作和政治协商制度、民族区域自治制度、基层群众自治制度等相关宪法和法律规定,为推动社会主义民主政治法律化、制度化,推动公民的民主权利、政治权利等基本权利的保障和实现奠定了基础。无论公民的性别民族状况、家庭出身、宗教信仰、财产状况等,只要年满18周岁,就享有选举权与被选举权,就可以依据现行的选举法和相关法律参与国家民主活动。国家有关立法、行政、司法、监察等国家权力行使的基本法律,例如全国人大组织法、国务院组织法、地方各级人大和地方各级政府组织法、民族区域自治法、法院组织法、检察院组织法、立法法、监督法、监察法等基本法律,在规定国家的立法权、行政权、司法权、监督权和监察权的同时,也保证了公民依法通过各种途径和形式参与管理国家事务的权利。在法治政府和依法行政建设过程中,国家先后颁布的行政诉讼法、行政复议法、行政处罚法、行政许可法、行政强制法等行政基本法律,有效地保障了公民、法人和其他组织在国家行政管理活动中的相对人权利,有效规范了行政权力的依法行使。同时,根据基层群众自治的基本制度,国家通过的村民委员会组织法、城市居民委员会组织法等,进一步扩大了农村村民和城市居民的民主权利,有效保证了人民依法直接行使民主权利,为实现基层群众自治奠定了基础。此外,我国香港、澳门特别行政区基本法的颁布实施,也为香港、澳门的依法施政、改善立法和地区司法提供了法律依据,为落实"一国两制",维护国家主权和领土完整,促进特别行政区的繁荣稳定提供了宪法和法治保障,特别是反分裂国家法的制定和颁布,把党和国家对台工作的一系列重大原则和方针、政策、措施通过法律的形式固定下来，对反对、打击和遏制"台独"分裂势力及其活动、维护国家主权和领土完整、维护国家安全发挥着重大作用。

第三，有关社会主义市场经济的法律制度提升了公民享有民事经济法律权利的程度和水平。自改革开放以来，国家在民商事法律领域中制定了大量保障民商事主体从事民商事法律活动的基本制度和法律规范，有效保障了公民在民商事领域享有的人身权利、财产权利，特别是随着社会主义市场经济的建立与发展，国家通过立法进一步规范了市场主体及其经营行为，为有效维护市场秩序，保护市场主体的经营自主权和知识产权，规范市场管理行为，完善市场宏观调控中的各种法律制度规范提供了法治保障。在招商引资、营商环境改变等方面的制度不断完善，为广大社会公众参与市场经济建设，依法享受市场经济发展的成果提供了法治保障。例如，物权法作为保障市场主体和广大公民充分享有的财产权利，为维护物权保护的市场法则提供了基本的法律遵循；合同法为市场主体和广大公民从事平等的交易与民商事活动提供了共同遵守的交易规则；公司法、合伙企业法、个人独资企业法、商业银行法、外商投资法等对各类市场主体和其在市场活动中应当遵循的规范进行了全面的规定，有效保障了其平等参与市场竞争的经济权利；企业破产法、担保法、保险法、票据法、拍卖法、信托法、招标投标法、证券法等法律完善和保障了市场经济活动中的某些特定领域和市场主体从事相关领域活动的基本权利；专利法、商标法、著作权法等知识产权的法律制度，为保障市场主体的创造性权利的实现提供了保护；反不正当竞争法、反垄断法、产品质量法在维护市场秩序，保护和促进市场主体的公平竞争权利方面发挥了重要作用。

第四，有关社会主义社会建设和文化事业方面的公民权利得以丰富和拓展。在社会建设领域，国家通过制定和修改劳动法、劳动合同法、就业促进法、安全生产法、职业病防治法等，保障广大劳动者依法享有的劳动权、休息权、劳动过程中的人身安全权利和身体健康权等，使劳动者在就业、创业和劳动过程中的各项权利得到有效保护。在社会保障方面，国家为了更好地促进社会保障制度的完善，实现公民充分享有社会建设的成果，通过制定和修改社会保险法、老年人权益保障法、妇女权益保障法、未成年保护法、残疾人保障法等基本法律,促进城乡之间、性别之间的社会保障与权利保护,特别重视对社会弱势群体合法权益的维护和促进。国家还专门强化了文化、科技和卫生等领域的立法与完善,通过制定和完善教育法、科学技术进步法、体育法、食品卫生法、药品管理法、信息安全法等基本法律等,促进了公民享有的文化、科技和卫生领域的权利。同时,国家也通过不断完善刑法、刑事诉讼法、民事诉讼法、行政诉讼法、人民调解法等法律制度,切实维护和保障广大社会公众在诉讼程序及非诉讼程序中的程序性权利,切实地维护人权、保障人权,促进人权事业发展。

第五,有关社会主义生态文明建设和公民环境权利的法律保障制度不断完善。随着我国社会主义生态文明建设的全面开展,为了加强建设资源节约型和环境友好型社会,实现生态可持续发展的目标和要求,国家在生态与环境方面的法治建设水平不断提高。环境保护法、环境影响评价法、大气污染防治法、水污染防治法、海洋环境保护法、环境噪声污染防治法、固体废物污染环境防治法、放射性污染防治法、清洁生产促进法、节约能源法、可再生能源法、水土保持法、矿产资源法等一系列国家法律的不断制定和完善,切实保障了公民享有的环境权,对于防治环境污染和其他生态公害,切实保护和改善生态环境,促进环境资源的合理开发和利用有着重要的意义,特别是2015年立法法修订后,授权设区的市可以围绕城市建设与环境保护行使地方立法权,加快了对公民享有的环境权的地方立法保护,有效实现了国家生态文明建设的立体化制度保护,加深了法律保护的强度与广度。

从上述情况来看,中国特色社会主义法律体系的完善和发展过程,既体现了我国社会主义法律制度作为人民权利得以实现的载体特征,也充分体现了在中国共产党领导下,切实落实人民民主、保障人民自由、实现人民权利的政治主张与法治努力,反映了我国在实现治理体系和治理能力现代化的进程中对于权利保障的最新成就,有利于实现国家的长治久安和人民幸福。当然,随着中国法治和各项事业的不断推进,中国特色社会主义法律体系在促进和完善权利方面仍然需要与时俱进,不断完善。

（三）权利指数的设定是中国特色社会主义法治理论体系完善的必然要求

中国特色社会主义的法治理论体系是中国特色社会主义理论体系的有机组成部分，是中国特色社会主义理论体系的理论原则、理论要求、理论思维和理论内容在法治领域的具体体现，也是中国特色社会主义法治实践的经验总结与理论概括。它不但体现了中国特色社会主义法治道路的基本特点，是中国特色社会主义法治实践经验的概括总结与理论提升，也是中国特色社会主义法治体系生成规律的理论表达，集中反映了中国特色社会主义法治文化的核心要义。

第一，新时代完善和发展中国特色社会主义法治理论体系，研究和探讨权利指数的设定问题，有利于进一步回应和解答新时代社会主要矛盾变化为法治建设提出的新课题。

新时代，我国社会的基本矛盾虽然没有转变，但社会的主要矛盾已经转化为人民日益增长的美好生活需要和不平衡不充分的发展之间的矛盾。这一变化，反映到法治建设过程中，实际上就是人民对民主、法治、公平、正义等方面的美好生活需求与法治建设和法治发展不平衡不充分之间的矛盾。在这个具体的矛盾中，人民的民主需求、法治需求、公平需求、正义需求等可以表现为其向国家有关机关，包括政府机关、司法机关等，提出的一项项具体的权利请求或者权利诉求。如果这些诉求能够得到较好的保障与维护，那么，人们对于民主、法治、公平、正义要求的获得感、满足感就会增强；相反，如果这些权利诉求得不到有效的满足与回应，那么，人们对法治的获得感和满足感就会降低，就会减少人们对于法治的认同和信仰。因而，在具体的法治实践中，要把人民对于法治的美好需要与法治的实际发展联系起来，特别是把人民的权利诉求与法治建设的实际效果联系起来，减少二者之间的冲突，这样才能通过法治化方式化解人民内部的矛盾，破解人民群众急需破解的难题，解答新时代社会主要矛盾变化为法治提出的时代课题，使社会主义法治理论做到与时俱进和创新发展。

第二，新时代完善和发展中国特色社会主义法治理论体系，研究和探讨权利指数的设定问题，有利于进一步深化理解法治理论和法学理念中的基本范畴、核心概念和价值原则等问题,进而深化法学理论和法治理论的研究。

中国特色社会主义法治理论体系中有关社会主义法治的基本范畴、基本概念和价值原则,是构成这一理论体系的重要因素和基本内核,研究好这些问题,可以使中国特色社会主义的法治思想、法治理论走向深入。在中国特色社会主义法治理论体系的生成过程中,对相关基本范畴、基本概念、基本的价值原则的探讨,在近些年来的法学理论研究中不断深入。例如,在与社会主义市场经济建设相适应方面,中国法学理论界提出了"权利本位理论""法治现代化理论""党内法规理论"等,为这些基本问题的讨论注入了活力。在这些基本理论问题研究中,结合中国特色社会主义实际,发展马克思主义的国家与法的理论与学说,深入研究马克思主义法学思想理论体系中的国家观、民主观、法律观,特别是马克思主义的政党观、政治观和法治观,结合新时代发展和中国实际深化马克思主义的人权观、平等观、正义观和权力观,实现马克思主义法学思想和法治思想的中国化,有着重要的理论意义和现实意义,特别是有关社会主义法治建设中的人权意识、人权精神与人权理论的研究,通过设定法治建设中具体的权利指数等办法,细化社会主义人权的理念和价值诉求,不但有助于丰富中国特色社会主义的法治理论,而且也有助于提升和拓展中国特色社会主义法治的实践向度,更有助于中国特色社会主义法治理论体系的完善和发展。

第三,新时代完善和发展中国特色社会主义法治理论体系,研究和探讨权利指数的设定问题,有利于丰富和拓展中国特色社会主义的制度实践理论。

权利指数的设定,总是与具体的法治制度实践相联系的,也总是与具体的法律规范体系和法治实践理论相联系的。在具体的法律规范体系和法治实践理论中,有关法律的规范和制度体系、执法司法体系、法治监督与保障体系等内容中的具体理论,涉及法治的主体、行为、程序、结构、体制和机制等一系列法治的基本理论问题需要解答,在解答上述理论问题的过程中,不避免也无法回避的就是有关权利在上述基本范畴和基本理论中的地位问题。例如,在建立有关法律制度和法规规范体系的过程中,不但应当首先考虑主体的权利、地位、资格等基本问题,也要考虑这些问题与相关主体的关系问题,这些是构成上述基本理论问题的核心问题。因此,在阐释社会主义法治中立法、执法、司法等诸问题的过程中,权利指数的设定是个重要的理论参照系,也是个重要的理论解释工具,它可以为社会主义法治理论体系及法治具体实践环节或者运行环节提供相应的理论阐释方式,进而拓展相关问题理论阐释的空间。

（四）权利指数的设定是中国特色社会主义法治文化建设的具体任务

如果从权利保障和权利实现的角度来看中国特色社会主义法治文化建设的具体任务,那么,可以得出一个基本的结论,即权利指数的设定在一定程度上成为社会主义法治文化建设的具体工作任务之一。

建设社会主义法治文化,首先要全面、系统和科学地把握社会主义法治文化的基本内涵和主要特征。社会主义法治文化与其他社会类型的法治文化最大的不同之处在于,根本的社会制度上的差异。特别是由于中国特色社会主义法治文化首先根植于中国几千年的文化传统,又与新时代中国特色社会主义制度相适应,与中国社会主义初级阶段的发展状况相一致,它所蕴含和形成的法治理念、法治精神、法治思想和法治价值等法治文明成果,与已经日益成熟和完善的法律制度成果、法律实践成果一道,共同构成了社会主义法治文化的鲜明特色。这些基本的特色包括:鲜明的人民主体性、悠久的历史承继性、开放的文化包容性,以及渐进的发展变革性等等。在这些突出体现中国文化特质,又颇具时代特色的内容中,社会主义法治文化始终站在人民的立场上,切实体现以人民为本位,以实现最广大人民群众的根本利益和权利为目标,强调人民群众是法治文化建设的主体力量和权利的最终受益者。因此,权利指数的设定实际上体现了这种文化的根本诉求,表达了文化的主体指针和内容要求,归根结底是一种社会主义的权利文化,是保障和促进人民权利实现的文化。

建设社会主义的法治文化,还应当深刻认识和全面把握建设社会主义法治文化的重大意义。它既是塑造人们法治信仰、培育法治观念、养成法治习惯的基础和前提,也是构成法治中国建设的强有力的精神力量源泉。在全面建设国家治理体系和治理能力现代化的历史进程中,法治文化也为治理现代化提供了必要的文化保障,使广大领导干部形成法治思维,掌握法治方法,提升法治能力的基本体现,最终形成"做出决策循法,实施决策依法,解决问题靠法,化解矛盾用法"的文化状态,从而为营造全社会学法信法、尊法崇法、守法用法起到良好的带头和引领作用。之所以全社会能够依循领导干部以及法治文化要求普遍守法,形成良好的守法秩序,是因为这样的法治文化能够从内在方面唤醒公众对于法治的信赖与依靠。因而,权利指数的设定可以为法治文化建设注入重要的思想因素和精神支撑,构成法治文化的实质内核,使法治文化立基于权利文化的基础之上,形成法治文化更为巩固的基础。

建设社会主义的法治文化,是一个渐进而漫长的过程,它需要社会各个方面共同努力,持之以恒,坚持不懈,只有肯定不同主体为了自身权利实现的努力是合法的、正当的、合理的,才能汇聚起强大的精神动力,才会最大限度地加快社会主义法治文化建设的步伐。当然,任何权利都不是无限的,"权利不得滥用"是现代法治的重要原则,权利只有得到法律的认可,只有具有正当性与合理性,才可能在现实中具有可操作性。宪法法律至上、法律面前人人平等这些法律原则应当是在法治文化建设中权利行使的基本要求,要坚决惩处在法治文化建设中出现的权大于法、以权压法等现象,预防和惩治因为追逐个人利益而不惜违法,甚至徇私枉法的问题,使权利的行使纳入法治的轨道之中,进而融入个人的生活工作,甚至是价值观念与精神世界,最终法治成为规范个体行为、塑造社会秩序的最重要力量。因此,设定权利指数,不单纯是在权利问题上明确其在法治中的地位,更重要的是使它能够与现代法治文化的精神相契合,落实到法治文化建设的全过程与各方面。

建设社会主义法治文化,其具体的任务可以分解为四个方面。一是如何在法治文化建设中使公民的民主权利和自由得到充分保障;二是在国家政治权力运行中,如何通过科学合理地配置立法、行政、司法、监察等国家权力,通过党的坚强而有力的领导实现人民权利的最大化;三是必须完善国家权力行使的法律程序,通过正当法律程序保护公民的权利;四是通过营造平等、民主、公正的文化氛围,使平等、民主和公正的方式、方法成为日常社会交往、工作和处理社会关系的准则，以实现人民民主权利为依归，实现民主的制度化、法律化。

二、中国法治建设中权利指数设定的现状

新中国成立以来，我国法治建设取得了举世瞩目的成就，公民的权利日益得到尊重和保障。2019 年 9 月，国务院新闻办公室发布了《为人民谋幸福：新中国人权事业发展 70 年》白皮书，该白皮书从我国人权事业发展的总体高度，回顾了新中国成立 70 年来人权发展的辉煌历程，阐释了中国特色的人权发展理念，总结人权进步带来的人民生活的水平持续提升，高度概括了广大人民在经济、政治、社会、文化、环境等方面普遍享有的权利和对特定群体权利的保障，描绘了各项人权事业的全面发展的现实图景，对不断加强人权的法治保障和促进国家人权事业发展提出了目标明确、内容详细的方案和对策，并进而展望了中国人权事业的未来图景[①]。

中国当前法治建设中权利指数的设定情况，可以从两个方面来理解，一是通过法治建设中的实际权利保障和实现情况来认识权利状况；二是通过法治评估指标体系和评价方案中概括权利的指数状况来认识权利状况。事实上两者存在着一定的差异，目前还未统一起来。

（一）中国法治实践中的权利发展的总体情况

法治实践中权利指数的实际设定，主要表现为实践中是否设定，以及如何设定权利的比例或者权重，这一问题可以折射出权利之于法治的更为

---

① 白皮书全文 25 000 余字，包括前言、正文、结语等内容。紧紧围绕新中国成立 70 年来在人权事业发展方面取得的辉煌成就，结合新时代中国特色社会主义建设的"两个一百年"奋斗目标和中华民族伟大复兴的中国梦，在"五位一体"总体布局、"四个全面"战略布局指引下，在促进和保障全体人民充分享有人权、实现人权的目标下，积极参与全球人权治理事业，为推动全球人权发展提出设想。

实质和内在的关联度问题。总体而言，中国法治实践在某种程度上并未设定权利的"指数"，也未实际或者量化考虑"权利"在法治的实践中到底应当占多大的"比例"或者"权重"。实践中人们大多是从一般意义上强调权利对于法治十分重要，但并未提出具体的重要性的界限或者标准。从这个意义上来说，中国法治实践对权利指数的设定或者使用是缺失的，即使近年来开展的法治评估，也未把这一指数量化出来。

但是，应当说，尽管当前权利尚未以一种"指数化"或者"指标化"方式出现在法治建设的实践过程之中，但这并不妨碍我们从"指标"或者"指数"的意义上来认识权利之于法治的意义和影响。从这个意义上来说，在当前的社会主义法治建设的实践探索中，权利已经在某种程度上成为法治建设主体高度关注的要素，包括在立法中重视对公民权利的确认、维护，以及立法程序中的民主权利、参与权利的实现，在行政和执法中注重保护公民各项基本的法律权利，在司法中维护受到侵害的权利，并保护程序参与者的程序性权利等等。虽然，这些内容并未被量化或者设定为具体的指标或者指数，但法治途径和法治方式保障和维护公民权利的总体状况，我们可以从一般意义进行整体描述和概括。

一是立法上通过不断完善法律的权利保障体系，扩大权利在法律上的范围和内容。在公民权利和自由方面，法律对于公民权利保护的范围不断扩大。从宪法上来看，我国宪法从制定伊始就确认了公民各项基本权利，包括切实保护公民的人格权、人身权和财产权，维护人格尊严、保障人的全面发展，以实现对生存权、发展权等基本人权的法律保障。国家通过推进户籍制度改革，放宽户口迁徙政策限制，在某种程度上推进了公民迁徙权利法律化进程。同时，法律严格保障公民的住宅不受侵犯，通信自由和信息安全受法律保护。切实保障和维护劳动者的各项劳动权利，不断促进劳动者的就业权、休息休假权、获得劳动报酬权、同工同酬权、职业安全权、女性劳动者特别保护权、依法参加和组织工会权、参与企事业单位民主管理权等各项权利。通过完善社会保障和改善民生的各项法律制度，建立覆盖城乡的社会保障体系和制度，保障公民在养老、工伤、失业、生育、医疗方面的基本权利。切实按照教育优先发展战略的部署和要求，依法保障公民平等接受教育的权利，使学前教育、义务教育、高中教育、职业教育、高等教育等事业得到迅速发展。公共文化服务更好惠及人民,通过建立覆盖城乡的公共文化体系,实现公共文化设施的逐步免费开放,推动了文化产业的快速发展,公民享有的文化权利得到保障。民主权利得到切实保障,选举权与被选举权,以及基层群众自治权、知情权、参与权、表达权、监督权得到充分实现。此外,依法保障宗教信仰自由,依法保障公民的环境权利,依法保障少数民族、妇女、儿童、老年人和残疾人的合法权益,这些法律保障使不同宗教信仰、不同民族、不同性别、不同年龄的群体能够以平等的地位、均等的机会充分参与社会生活,充分共享物质文明和精神文明成果,充分实现法律上的主体地位。

二是在法治政府建设过程中不断加大对权利的保障力度,通过建设有限政府、责任政府、服务政府,依法确定行政权力界限,防止权力滥用导致的侵犯公民权利现象。按照"法无授权不可为"的法治原则,政府的各级部门强化权力清单、责任清单、负面清单的实施,明确权力边界,严禁法外设权、违法用权,切实保障了公民权利。同时,在国家不断深化的"放管服"改革中,通过加快转变政府职能,促进放管结合,提升为群众和企业服务的能力与水平,有效帮助公众权利的实现。在行政执法领域,通过加强严格规范公正文明执法,落实"三项"制度(即行政执法公示制度、执法全过程记录制度、重大执法决定法制审核制度)相关要求,不断强化执法程序,建立了明确的行政裁量权基准制度,维护行政执法中相对人的合法权利。通过完善执法公开制度,保障公众知情权。通过完善以执法考评为主要内容的绩效考核体系,细化和落实公众的执法监督权利。

三是在司法改革中不断强化审判权、检察权依法独立公正行使,保障公民权利。通过全面实施立案登记制,切实保障当事人的诉权,通过改革深化了以法官、检察官员额制为核心的司法人员分类管理制度、司法责任制度、刑事案件认罪从宽制度和速裁程序运行机制,以及省级以下地方法院、检察院人财物统一管理制度、公益诉讼制度等,切实保障公民权利。通过推进阳光司法,深化司法公开,完善人民陪审员和人民监督员制度,强化对司法活动的监督,保障公民在司法中的获得公正审判的权利。在刑事司法过程中,高度重视对犯罪嫌疑人和被告人的辩护权的保障和实现,高度重视犯罪嫌疑人和被告人获得律师辩护的权利,高度重视辩护律师会见、阅卷、调查取证、质证和辩护等各项诉讼权利。切实通过制度落实，保障犯罪嫌疑人、被告人、服刑人员、戒毒人员及刑满释放人员的合法权利。此外，根据宪法，国家先后在 2015 年和 2019 年两次对部分服刑罪犯予以特赦，体现了法治原则下"宽严相济""保障人权"的基本理念。并且先后出台了禁毒法、戒毒条例等法律法规，依法对禁毒和戒毒开展执法监督，依法保障戒毒人员的合法权益。健全和完善了刑满释放人员救助管理的相关制度，进一步落实刑满释放人员的社会救助和就业安置措施，促进了刑满释放人员得以顺利回归社会和融入社会。

四是建立完善各项有利于公民权利救济的法律制度，使公民的法律救济权、国家赔偿权能够得到有效实现。例如，随着国家赔偿体制的不断完善，国家不但提高了赔偿的标准，而且扩大了赔偿范围，在赔偿类型上增加了精神损害赔偿，使公民权利得到了更为广泛的保障。同时，国家还健全和完善了国家司法救助制度，通过设立司法救助委员会，建立司法救助与社会救助、法律援助相衔接的法律制度，帮助那些无法获得有效赔偿的受害人摆脱生活困境，改善生活条件。

五是在公共法律服务方面注重以更加优质、便捷帮助公民维护权利。法律援助制度、律师制度不断完善，与其相配套的公共法律服务体系得以建立，设立了"公共法律服务实体平台""'12348'法律服务热线"和"法律服务网络"三大平台。同时，大力推进司法鉴定管理体制改革，提高了司法鉴定质量和公信力。

六是全社会权利意识、法治意识不断提升，人们的权利意识水平和法治观念水平不断提高，特别是国家强力反腐行动进一步加强了人民的权利保障，切实地维护了人民的利益。

（二）法治评估指标体系中的权利指数状况

在当前国内已经开始实施和操作的法治建设指标评估体系中，存在着以下几种基本的工作模式，即"职能模式""工作职能＋社会评价模式""工作职能＋社会状态模式""工作职能＋社会评价＋社会状态模式"，以及"法治的要素模式"等。

其中，"职能模式"强调的是以政府机关各部门内部的职责分工为主，侧重评估其职责落实的情况和职能实现的评价。例如,《天津市依法治理评估体系框架》是"职能模式"的代表,这种模式更加注重政府机关的自我评价和自我总结,对"以人民为本位"的法治理念落实尚不到位,这一指标体系中缺乏反映法治城市的总体发展状况的相关内容,而且对民意反馈的相关指标设计也较为薄弱,特别是缺少有关权利指数的反映状况。

"工作职能 + 社会评价模式",在考虑政府职能评价的基础上,还要照顾社会公众对政府的监督,在一定程度上考虑了公众参与政府法治建设的情况。例如,国内最早开展的"法治余杭"量化评估体系就是"工作职能 + 社会评价模式"的代表。在这一模式中,余杭区确定了以对政府职能评价为主,兼顾社会公众对法治工作的舆论评价为辅的工作方式,指标体系也呈现了这一特点,并在历年的实践中不断完善。

"工作职能 + 社会状态模式",则重点依托政府职能的同时,兼顾其在社会治理、法治建设中的实际社会效果,比之余杭法治指数考虑得更为宏观一些,但也在一定程度上缺少对公众权利实现的考量,即使是有所考虑,其比重也显得较低。例如《北京市法治建设状况综合评价指标体系》,就是"工作职能 + 社会状态模式"的代表。这个模式试图呈现出地方法治建设过程中法治工作所依托的社会环境以及所产生的社会效果。可是指标设计烦琐,指数计算存在很大困难。而有的地方法治指数作为"法治的要素模式",其确立的具体指标不能完全很好地反映一个城市或小型区域法治的现状。从上可以看出进行地方法治评估指数体系建构要兼顾工作职能、社会评价和社会效果等多方面要素。

在当前国内的地区法治评估实践中,还有从"法治要素"的角度来设计和实施评估指标体系的做法和模式。这一做法,主要是在明确了法治目标和基本原则的基础上,通过列举和构建构成法治要素的"一级指标",然后再对这些"一级指标"进行细化,依此类推,从而形成"二级指标""三级指标",最终形成了法治建设的"三级指标体系"。其中,"一级指标"只是起到原则和指引作用,是对该地区法治目标的反映。以余杭的"149"结构[①]和"法治昆明"综合评价指标体系为例:余杭法治评估指标体系中提

---

① 钱弘道:《余杭法治指数的实验》,载《中国司法》,2008 年第 9 期,第 61 页。

到了"149"结构,这里的"1",是指要用"1个指数"反映余杭的法治整体状况;这里面的"4",是指被评估的对象涉及4个层级,即区级政府、机关部门、镇乡(街道)、村(社区);这里面的"9",是指评估指标体系设定的9个方面的一级指标,包括人民群众"对党风廉政建设""政府行政工作""司法工作""权利救济""社会法治意识程度""市场秩序规范性""监督工作""民主政治参与""社会治安"的满意度调查情况。这9个一级指标还被分解为具体的27项任务和77项的细分内容。在"法治昆明"综合评价体系中,评估者设定了由3个一级指标、13个二级指标和33个三级指标构成的指标体系。其中,3个一级指标分别为"法治的社会环境综合指标""法治的制度环境综合指标"和"法治的人文环境综合指标",其中,在一级指标下设的二级指标分别涵盖了"依法行政""公正司法""规范立法"等多个方面,并又进一步细化了这些二级指标,从而形成了更为细致的三级指标。

此外,从各地发布的法治评估指标体系来看,其都是按照国务院发布的《全面推进依法行政实施纲要》和《关于加强法治政府建设的意见》这两个规范性文件的规定要求,结合各地实际特点构建的三级指标体系,与前面提到的"法治要素"模式大同小异,也未能充分反映和体现权利指数应有的地位和效果,权利指数作为一个完整的指标并没有在法治建设指标体系和评估体系中占据一席之地。

三、中国法治建设中权利指数设计存在的问题

总体而言,中国法治建设中,权利指数虽然在实践中尚未成为重要的参照系和指标系,在法治评估中也未以独立的指标列入评估体系中,但随着法治建设的不断深入,人民权利需求和权利意识的不断提升,权利已经实质地构成了法治建设的核心指标。

在现实的法治建设中,特别是在评估指标体系中,目前的评估指标体系在权利指数设计方面还存在如下问题。

（一）法治评估指标体系在操作过程中存在的问题

一是由于调查范围和调查样本的局限性，不能全面反映公民权利实现的全貌。很多地方法治评估指标在得出数据的过程中，采取随机抽样的方式，尽管这样做能够最大限度反映法治建设的客观情况，防止调查者先入为主，产生虚假不实数据，但由于调查范围、调查对象受限等原因不可能采取大数据样本。因此，抽样范围、样本数量的局限，使得法治评估中有关权利方面的数据较为单薄，有的较为间接，有的存在着对权利理解的偏差等，不能反映全貌。例如，有的地方在调查中只选取了 1000 个左右的样本，这些样本无法满足一般意义上社会科学调查大范围选取的基本抽样要求，按照社会科学研究的一般要求，如果研究对象的数量超过 1000 万人以上，至少需要 2500 个左右样本才能得出较为准确的结果。[①]在地方法治评估中，我国各省人口都已经远远超出了这个数量，因此，调查范围方面仍然存在不足，反映对权利状况的样本数量就更为有限，权利在法治建设中的实际情况揭示得就更加有限了。

二是调查取得的数据在一定程度上存在主观性较强而客观性不足的问题。在一些法治评估指标体系中，由于选取的一级指标和二级指标标准不同，体现了不同的指标设计思路、原则，反映了对法治建设不同的理解和认识。尽管自 2014 年党的十八届四中全会以来，已经形成了有关法治中国建设的总体方略和基本框架体系，提出了法治建设的"时间表""路线图"，但各地目前的法治评估仍未完全按照中央文件要求设计各自的评估指标体系，具体的指标内容也千差万别，各行其是。这些不同的指标体系设计，在很大程度上反映的是被调查对象的主观感受，当然也包括了指标设计者对法治要素的主观认识，与法治建设的实际存在较大的距离，特别是在权利问题的认识上，由于每个个体对自身权利的认识都可能存在差异，因此，在问卷调查中，这种差异必将影响问卷的效果，从而对客观反映权利

---

① 张宝生、郑飞：《世界法治指数对中国法治评估的借鉴意义》，载《法制与社会发展》，2013 年第 6 期，第 6 页。

实际情况产生影响。

三是在评估方法上还存在一定的不完备、不全面现象。当前,法治评估的主要方法是在对社会公众进行法治建设满意度调查的基础上进行的,缺少全面地对法律制度文本、执法和司法过程中的案件,以及社会效益方面的全面评价,因此,评估难免挂一漏万,不够全面,相关的指标体系设定由于又带有设计者一定的主观性,导致评估过分依赖于主观数据的获取,加上测评的次数是每年一次,因此,对法治在年度发展中的具体变化也揭示得不够,一些样本数据是年初获得的,其中一些可能差不多到年底才能统计上来,时间跨度上的差别也有可能影响评估的实际效果,导致以偏概全情况出现。

(二)法治评估指标体系在权利指数方面存在的具体问题

美国著名文化人类学家吉尔兹曾提出:"法学与民族志,一如航行术、园艺、政治和诗歌,都是具有地方性意义的技艺,因为它们的运作凭靠的乃是地方性知识。"[①]按照他的观点,法律除了一些普遍规定的一般要求之外,其本身在形成的过程中也是受各地方实际条件影响的,是一种地方性知识,这就意味着法律在动态运作的过程中无法脱离地方特殊现实条件的影响。这一观点有一定的合理之处,它揭示了法律与具体的社会物质生活条件,特别是地方性条件的关系。由于法治建设的实践活动主要是基于包括各地方法律规定以内的法律制度的基础之上的,那么,各地方的法治实践必然呈现出明显的差异性和区别性。在对法治进行评估的过程中,要充分注意这一问题,包括在权利保障和权利维护上也是如此。也就是说,在各地方不同的法治实践中,权利保障的实际程度是有差异的。以余杭区为例,由于余杭法治指数的推行较早,且推行力度较大。近年来,余杭法治状况较为良好。这种以评促改、以评促建的方式在某种程度上推动了地方法治建设

---

① [美]克利福德·吉尔兹:《地方性知识:事实与法律的比较透视》,邓正来译,载梁治平主编:《法律的文化解释》,北京:生活·读书·新知三联书店,1994年版,第73页。

的进程。但应当注意的是，余杭法治指数最初的指标评估体系与余杭自身建设存在一定距离，还存在着一定的理论与实践相脱离的缺陷，但在近些年的指数的不断修正和完善中，评估者意识到了这些不足，开始逐渐调整这些指标，以期适应余杭本地实际。这就是学者们指出的结合本地实际情况"进行了创新，考虑地区经济政治体制及法治发展水平等因素"[①]。目前从我国地方法治评估实践中呈现的情况来说，以余杭法治指数为代表的法治评估实践是否就是能够完全契合中国法治本土化特点，能够涵盖中国国内所有省份和地区的标准范本呢？答案一定是否定的。因为各地的情况不同，不可能用一种指标体系来要求所有的地方。在具体的权利指数设计中，各地的法治评估指标体系呈现出以下几个方面的问题。

首先，从法治评估的指标体系内容设计上来看，各地法治建设评估过程中普遍缺少把权利作为一项独立指数进行设计的做法。

当前各地的法治建设指标体系在评估中主要涉及了"法治观念、法律制度、司法和执法组织建设、依法行政、法律教育与研究、法律宣传、法律监督等众多方面"[②]，其中每一个部分和内容的变化，都可能是由更多不同的指标参数进行不同描述、评价引起的。例如，涉及社会稳定和社会治安状况的变动情况，在评估时，可能既考虑在行政领域和社会领域社会治安案件发生的案发率、破案率、查处率等情况，也要考虑相关刑事案件的案发率、立案率、破案率，还可能要考虑人民法院在刑事案件审判中涉及的判决数量、罪犯人数因素，人民检察院在涉及刑事案件方面的批捕案件数量、刑事公诉案件的数量，还包括司法行政机关管理下投入到监狱的犯人数量等等，可以说，这些数据的运用能够在不同层面反映出社会稳定和社会治安的一般情况。但是，这些指标在使用的过程中，可能存在一定程度的交叉、重合甚至是重复、包容或者排斥，特别是由于获取方式和获取途径存在一

---

① 钱弘道、戈含锋、王朝霞、刘大伟：《法治评估及其中国应用》，载《中国社会科学》，2012年第4期，第147页。

② 廖奕：《法治如何评估？——以中国地方法治指数为例》，载《兰州学刊》，2012年第12期，第193页。

定的差别,在说明一种社会状况时存在着误差。这就需要对上述不同途径和方式下获取的这些数据进行筛选、整合,从而构建出科学的评价标准。然而,即使是一些评估指标体系中涉及了一定的权利指数,例如,有的指标体系在二级指数中设计了权利保障指数,但这些指数只是考虑到在司法救济中的权利保障情况,没有从法治的各个环节的角度来设计这一问题,从指标设定的角度来分析,只是把它作为一个基本方面来思考的。

第二,从法治建设指标体系反映出来的有关权利保障方面的基本情况来看,目前的有关权利指数也没有反映出我国当前权利问题的多样性与差异性。由于我国幅员辽阔、民族和人口众多、文化与自然地理环境等条件复杂,各地方的经济社会发展程度不同,民族风俗和生活习惯也有不同,在这样的背景下人们享有的权利情况也存在一些差异,即使是考虑到权利指标,但也无法使用统一的标准做出判断,容易导致以偏概全、教条化评价结果的出现。特别是由于我国目前的法治建设特别注重对不同社会公众和群众的保护,特别重视对社会弱势群体的保护,例如对妇女、儿童、老年人、残疾人等群体的特殊保护,在各地的法治评估指标体系中缺乏相应的指数。

第三,由于目前法治建设指标体系在设计目的上注重考量一个地区或者一个领域的法治建设的实际效果和发展水平,重视从整体上评价法治,因此,在一定程度上导致了法治建设指标体系存在着目标单一性[①]特点,忽视了权利之于法治建设的价值性指引。权利是法治的最核心的评价指标之一。一方面,权利可以为法治建设明确具体的目标和方向,在现代社会中法治建设就是要把反映人民利益和要求的权利诉求上升为法律规则和法律制度,通过民主程序和民主方式制定为国家的法律,并在执法和司法实践中具体落实这种保护人民权利的法律。在法律没有明确规定的情况下,法治的原则之一就是保护人民的自由和利益,要进行权利的推定。当前,在法治建设指标体系设计中,由于按照"工程建设思维"设定法治主体指标,因此,在法治评估过程中呈现一定的"功利主义"色彩,对每一年度法治

①尹奎杰:《法治评估指标体系的"能"与"不能"——对法治概念和地方法治评估体系的理论反思》,载《长白学刊》,2014 年第 2 期,第 65 页。

建设的"进步程度"或者"发展状况"进行描述和分析的时候,忽视了法治在对人权保障和权利保护方面的具体问题和进步程度。另一方面,在当前的法治建设评估的"指标体系"设计中,也会生成一种非法治化的"意图"或者"结果"。因为,任何法治建设的指标体系或者评估标准一经设计出来,在其推广和施行的过程中,就会形成一个相对独立或者相对封闭的法治评估的指标式"运行系统"。在这个"运行系统"中,一定程度上就会形成其相对独立的"隔离式"的指标化运行空间,法治建设的诸要素或者相关内容,都会按照这些指标所设定的分值、权重、结果呈现在数据化的表格之中,呈现在由指标体系设定的框架和结构之中。由这种表格化、分数化和体系化方式反映出来的国家法治建设,就成为一个区别于实际法治建设实际复杂、多样化现实的"文本式"的法治。如果指标体系的设计不够科学、全面、严谨,那么这样的指数就会成为法治建设实际情况的"异化"。虽然,目前的法治建设指标体系已经在实践中推行了多次,并根据法治建设实践的变化进行过多次的调整与修订,使得评价指标日渐完善和科学,在一定程度上已经最大限度地完成了法治建设实际情况的评价与描述,具有非常积极的影响和实在的效果,但是,我们也应该清醒地看到,如果在法治建设指标体系设计时不能全面考虑影响法治的实际性要素,这一指标体系就不可能真正科学、合理、正义地反映法治的全貌,就会使法治评估走向唯工具化、唯指标化,就会使评估"失之毫厘、谬以千里"。

第四,在具体的评估程序上,也存在的一定的问题。目前,很多法治评估程序基本上都包括以下三个方面,一是评估主体,二是具体的评估程序或者评估过程和评估步骤,三是有关评估方式的设定。

在评估主体方面,法治建设评估能否选择适当的评估主体,以保持评估过程的中立性和客观性,是一个十分关键和重要的问题。目前,一些地方采用。对公众进行调查问卷以及结合专家打分等方式进行法治建设评估。这一方式也是学习和借鉴"世界正义工程"法治评估的一种方式。在我国实际法治评估过程中,一些地方政府也采取了由行政机关自行发起评估程序,即由上级政府的法制主管部门对下级政府法治建设情况进行定期评价考察,以达到增强监督、加强管理的一种方式,这一程序设计,已经成为政府比较常见的管理和绩效考核方法。在这一过程中,一些地方政府也可能会委托某些研究机构或者高校的专家,对法治建设情况进行评估,例如,余杭区政委托浙江大学光华法学院进行的"法治余杭"评估就是这一方式的尝试。在这些评估中存在的具体的程序问题有:一是评估程序主体呈现一定的"内部化色彩"。以地方政府为主导推进的法治建设评估体系,虽然其可能委托一些第三方的研究机构或者高校的专家学者,但这些评估机构或者学者在评估过程中如果不能坚持中立的评估主体地位,就可能受地方政府政策导向的影响,使评估的中立性、客观性和独立性受到一定影响,使评估呈现出一定的主观性偏离。二是评估主体由于是受政府委托或者聘请参与评估过程的,其活动经费由政府提供,很难想象专家组能够完全不受政府的委托部门的影响来单独设计法治指标或者形成专家意见,因为即使专家组能坚持独立的意见,但政府主管部门最终能否采纳这些意见,以及认同评估结果,都可能完全取决于政府部门,目前并没有法律规定对此情况进行约束。因此,在这个意义上,专家意见是一种"软"约束,对政府主管部门不存在约束力。第三,在评估结论形成的过程中,"基于数据搜集、分析者的个人偏好不同所致,定量分析中'玩弄数据'的空间本来就不可避免,在我国政府主导下的法治建设评估中这种情况同样不可避免,甚至会更加明显"[①]。因此,从评估主体角度来看,如果评估主体不是完全中立、客观、独立地从事这一评估过程,其评估的中立性地位就可能丧失,其评价结果的客观准确性就会受到影响。

具体的评估程序一般可以概括为六个基本步骤。以浙江省杭州市余杭区法治评估程序为例,第一个步骤是进行相关的数据采集,这些数据有的是一些来自政府部门提供的客观性数据,例如围绕一级指标的政府来源数据和各部门的自我评价数据;第二个步骤是对群众满意度进行的测评,测评结果形成的就是一种主观性数据,这一数据来源采取的是调查问卷方式获得的,因此要进行一定的筛选,在筛选的基础上进行一定的量化评估并计算最终得分;第三个步骤是进行内部组的评估;第四个步骤是进行外部

---

① 侯学宾、姚建宗:《中国法治指数设计的思想维度》,载《法律科学》,2013年第5期,第9页。

组的评估；第五个步骤是由专家组进行主观打分；最后一个步骤是将评估结果进行公布和反馈。

法治建设评估采用的方法，一般可以概括为量化评估方法①和质化评估方法②这样两种方法。从我国目前在法治建设评估过程中采用的基本方法来看，这两种方式的使用呈现出了一定程度的脱节情况，一些地方过分重视量化而忽视质化，也就是过分偏重于具体的指数指标和权重计算，忽视在一般意义上对法治价值的内在属性、精神向度和原则标准的把握，忽视对其的定性分析，从而不利于对法治发展不同阶段呈现出来的价值状况、文化状况和精神实质进行分析与判断。应当自觉建立起法治价值或者法治精神向度的反思性研究，建立法治发展目标的评价体系和标准，在一定程度上克服过分强调数据化、工具化等量化方式的弊端和不足，使法治评估更为全面，既能从外在视角评价法治，也能从内在视角反思法治，使法治评估的科学性、全面性得以充分展现，避免因过分强调量化方式带来的法治评估的局部化、自发性和形式化③等弊端，克服法治评估产生的"本末倒置"现象。

当然，整个法治评估的展开过程都应当是在某一基本的评估原则指导下进行和展开的，没有了评估原则，评估过程就会失去方向。事实上，通过对法治评估程序的反思，我们能够发现，虽然我国地方法治评估中遵循了一定的评估原则，但这些原则没有建立一个共性标准，因此就会出现这样或者那样的问题或者漏洞。笔者认为，法治评估指标体系中应当重视法治评估的客观指标与主观指标在比例选取上的科学性，按照主客观统一原则

---

① 量化研究方法，是指将事物或者现象以数量化方式进行表示并进行统计、分析和解释，从而获得结果的一种研究方法和过程。见秦金亮：《心理学研究方法的新趋向——质化研究方法述评》，载《山西师范大学》，2000 年第 3 期，第 4 页。

② 定性研究方法，是根据事物或者社会现象所具有的属性和矛盾，从事物内在的规律性出发研究事物或者社会现象的一种方法。为了避免产生歧义，这里采用"质化研究"的称谓。

③ 国内政绩评估主要存在以下三个问题：一是评估的自发性、半自发性以及跟风效仿现象严重；二是评估的运动式、突击式以及形式主义痕迹明显；三是忽视开展政府绩效评估的基础性工作。此观点可参见：高洪成：《"异体评估"视域下的政府绩效评估研究》，沈阳：东北大学出版社，2009 年版，第 78—79 页。

来设计法治建设评估指标体系。在这里,本书强调的主观与客观相统一,就是要求在法治评估过程中,要强调在分解法治指标时既能够反映法治客观情况,也能够反映法治精神的一般内容。法治评估指标与法治基本原则相适应,法治具体指数设计与法治建设中的基本过程相适应,公众对法治建设的满意度与人民权利基本实现的程度相适应。申言之,要把广大公众参与法治过程、实现在法治过程中的权利状况进行全面赋分,特别是将不同类型的公众在参与法治过程中的状况反映出来,使其权利得到保护的情况在评估过程中有所展现。同时,也要考虑各地法治建设的具体差异,各地指标设计应当体现一定的多样化色彩,不应当也不能够一刀切。在遵循法治原则统一标准基础上充分体现地方特色,体现各地法治建设的共性与差异。以法治建设中有关信息公开建设的状况为例,这些指数设计中既要体现各地在信息公开上的不同制度和做法,也要体现公众在信息公开方面的知情权状况,体现不同地方的不同做法和人民知情程度,使评估和建设实际情况相对应,增强评估的针对性。

第五,法治评估效果或者结果使用上存在的问题。对于法治评估效果或者相关评估结果的使用和反馈,各地做法不尽一致。一般说来,地方法治评估的结果是作为政府绩效评价的一部分在使用,也就是作为地方政绩考核、官员绩效和奖惩评价的依据之一。这主要是基于政府管理这一功能性目的来使用的。但是,法治评估的效果,还存在着政府管理目的之外的其他功能,例如,对法治建设的社会评价、对政府法治建设的政策或者法律制定的方向调整、对执法和司法功能改进、对社会主体行为进行综合引导等方面的作用,特别是对营造良好法治氛围、法治文化和法治精神塑造、培育和引导方面的功能等。这些方面的效果有的是直接发生的,有的是间接发生的。对于法治评估结果的使用,不能单纯地只在政府内部传播或者使用,应当广泛扩大其社会影响,强化对评估结果的宣传和公布,使其在社会范围内产生良好的影响。但由于目前评估本身的科学性以及宣传方式等原因,广大社会公众尚未形成对法治评估结果的重视与关注,因此,其所能发生的影响并未实现,试图通过评估综合推进法治建设的合力也就尚未完全形成,为了评估而评估的做法依然是影响法治评估效力发挥到最大化程度的因素之一。

因此,如果不能在法治评估的具体过程中,特别是在法治建设指标体系的设计上,坚持主客观相统一原则,重视在法治建设实际状况与法治指标要素的设定中体现权利等重要指标的影响。不能在法治评估中完善相关的评估程序和评估方法,不能把法治评估结果更好应用到对公众权利保障的实际效果上,法治评估就会仍然停留在单纯为政府管理绩效服务的工具主义评估上,就不会使法治评估发挥最大限度的优势和效果。

四、中国法治建设中权利指数设计应当遵循的原则

笔者认为,从中国法治建设的实际需要出发,切实落实宪法和法律确定的公民基本权利,实现人民的权利维护与权利保障,那么,在中国法治建设中权利指数设计应当遵循如下价值导向和基本原则。

(一)法治评估应遵循的价值导向

从一般意义上来说,法治建设中的评估指数设定包括的指标设置、数据收集和指数计算等方面,都应当包括或者体现一定的法治价值导向,即有什么样的法治价值导向,就应当设计什么样的法治建设指标,反之,一定的法治建设指标,就是一定法治价值指导原则的体现。

由于我国社会主义法治建设与西方法治建设走的是不同的道路,因此,在法治建设指标体系的设置上,应当体现不同的价值目标。尽管,现代法治有一些共性的价值性因素,但我国法治建设,特别是目前已经形成的中国特色社会主义法治体系,其中已经蕴含了中国法治一些独特性要素,这是我们建构中国特色社会主义法治建设指标体系不容忽略的重要方面。

在国际上,例如世界银行等组织进行的法治建设评估,其指标设置体现了西方发达资本主义国家对法治价值的一般理解,是对西方法治价值观的强调,它更重视对法治理念的抽象理解,对被评估国家的实际情况,特别是各个国家发展过程中面临的具体问题、重点问题不够关注,实际上存在着严重脱离被评价国家实际的问题。它所强调的法治指标的普遍适用性、

一致性,忽视了法治的差异性、地方性和具体性,忽视了"具体法治"和"法治具体",没有体现各国在法治发展中的文化、经济、社会、民族及地域差别。

在我国,国内法治评估实践中既要重视法治建设的整体性,也要重视各地法治建设在实际情况上的差别,体现法治的统一性、整体性,还要体现法治的局部性、具体性,强调二者的统一。一方面,我国法治建设要在宪法和国家法律规定的范围内统一进行,国家确立的以宪法为中心的社会主义法律规范体系,为法治建设的统一性、完整性建立了强有力的制度基础。另一方面,我国各地经济社会发展存在差异,中西部、南北方,经济社会发展还不平衡,城乡之间、区域之间、地方之间还需要整体协调、局部协同、均衡发展,这是解决当前中国法治发展差异的关键"一招"。

因而,基于改善区域法治水平、服务地方经济社会发展为目的,地方法治建设指标的设置应当首先考虑各地经济社会发展的实际情况,考虑地方法治建设面临的实际问题,从各地实际情况出发,在坚持法治统一标准的基础上,以反映地方法治建设进程和改善法治实际状况为目的,以评估地方的法治建设水平为基准,从这一角度体现法治建设的统一性和局部性、普遍性与特殊性,从而展示法治建设的地方特色。[①]

从这个意义上来说,法治建设指标体系在设置的价值指向上,坚持了统一性与差异性、整体性与局部性、普遍性与特殊性相结合的特点,具体而言,还应当坚持如下基本的价值目标。

一是宪法和法律至上的目标。宪法和法律至上,是法治建设的基本原则,也是推进法治统一的基本要求,是现代法治国家实现法治统一、坚持良法之治的根本要义。在我国社会主义法治国家建设的过程中,要坚持在现行宪法确立的基本制度和规则框架内,以宪法和法律为根本依据,切实推进社会主义的政治、经济、社会、文化等各项基本制度不断完善,切实维护人民享有的各方面基本权利,切实保障国家各项事业的稳步、积极、有效推进,从而体现宪法和法律要求,切实实现国家立法、执法和司法能够按照这

---

① 参见钱弘道等:《法治评估及其中国应用》,载《中国社会科学》,2012年第4期,第150页。

一法治原则得以有效推进。

二是明确"人民主体地位",实现以人民为本,以人民权利为本的社会主义法治的价值目标。权利是法治的灵魂,也是法治的根本目的。我国宪法明确规定,依法保障全体人民的合法权利。社会主义法治建设要坚持"人民当家作主",坚持"人民中心地位"、坚持"以人民为本位",这是社会主义民主在宪法和法律上的体现,反映了社会主义法治条件下全体人民的主体地位和法律地位,为人民依法享有的各项基本权利的实现奠定了法治基础,提供了法治保障。因此,在法治建设指标体系中明确权利要素的内容,重视权利在法治建设指标体系中的作用,在具体的指标体系中增强权利指数的影响,是社会主义法治原则的内在要求,也是法治建设评估的实际需要,是法治建设指标体系不可或缺的组织部分。因此,在法治建设指标体系和法治评估过程中能够反映现行法律体系规定的各项公民权利的实现情况、在现实的执法司法实践中公民权利的保障与救济情况、在现实的法治建设过程中公民参与法治的实际情况等,应当是法治评估的一个重要方面。

三是要强化对权力规制的测量与评估。权力与权利是法治建设中一对重要的概念范畴。对权利保障的情况,往往可以从对权力规制的情况得出基本的判断。权力规制得较好,人民权利的保障情况也就较好,反之则权利的保障就会较差。从法治的基本要求上来看,能够对权力进行有效规制和监督,是防止权力失控、导致权力滥用以至于侵犯公民权利的重要保障。"把权力关进制度的笼子里",就是要加强权力规制的制度设计和监督运行,防止其对权利造成侵害。在法治建设过程中,权力的规范运行程度和公民权利的实现程度往往成正比,合法合理、有序规范的权力行使,有助于公民权利的实现和依法保护。因此,对公权力的评价可以看作是对公民权利保护评价的"试金石"或者"镜子",它可以折射和反映出公民权利保护的状况。在对地方法治建设进行评估过程中,重点将权力规制状况作为评估指标,重点评估权力的制度规制情况、权力运行情况,尤其是对行政权力运行、制度规制情况进行重点考查,有利于法治评估的全面性开展。我国目前很多地方、很多省份的法治评估指标体系中,已经开始重视对权力进行全面评估,体现了对这一问题的高度重视,例如,在余杭、昆明等地的法治评估指数体系中,对地方政府享有的行政权力这一指标赋予了很大的权重,就体现了这个特点。

四是强化程序正义在法治建设指标体系中的评价作用。在法治建设过程中,注重程序正义,是当前法治建设的重要任务之一。"程序是法律的生命",没有程序就谈不上法治。我国长期以来,在实践中存在着"重实体轻程序"的观念,忽视程序之于法治建设的重要影响。坚持社会主义法治,就要兼顾程序和实体两个方面的重要影响,要重视实体正义和程序正义的有机统一。把程序正义作为法治建设的重要指标,就是要把程序作为衡量法治建设水平的标志,因而不但要强化程序原则在立法、执法和司法中的地位和影响,还要把程序原则所要求的各项基本制度、对权利保障的基本效果等作为评价的重要因素,这样才能更好衡量法治建设水平,实现程序正义与实体正义的统一。

(二)中国法治建设指标体系中权利指数设计应遵循的基本原则

在中国法治建设指数体系设计的过程中,特别是考虑到权利应当在中国法治建设指标体系具有的地位时,应当遵循着指数构建的权利因素的实际考量,重点围绕权利指数在指标设置、权重分配、数据收集和指数计算等各环节中的地位与影响,确立权利指数对其他指数的影响、作用,以公正、科学、有效和可行为标准,把握权利在法治建设中的作用,真实反映法治建设中的权利状况。

第一,权利指数设计应当考量基本权利指标落实程度。基本权利,是由宪法规定的公民权利,是对法律规定具体权利保护的基础,也是执法、司法实践中权利得以保护的基础,公民的基本权利包括人身权利、财产权利、民主权利和经济社会文化权利等,也包括特殊群众的特殊保护方面的权利,还包括在诉讼救济等方面的程序性权利。这些权利基本指标,应当在立法评估、执法评估和司法评估的一级指标中有所反映和揭示,应当成为评价相关权力运行情况、程序保障情况的基本指标。

第二,权利指数设计应当考虑权利指数的普遍性与特殊性相结合的原则,这样才能保证权利指数在法治建设指标体系设计中的科学性。一个需要强调的方面是,要借鉴国外法治建设指标体系中权利指数设计的经验,但也要考虑我国法治建设的实际情况,要考虑在法治条件下权利保护的普遍性需求与中国发展实际相结合。在国外,特别重视对"政治权利、政治表达"这一权利指数之于法治的影响和作用,这是受西方政治意识形态影响和作用的表现,而在我国,"生存权"与"发展权"是首要人权,实现全体中国人民的经济、社会、文化权利,保护人民平等享有劳动权利、财产权利、受教育权利、消除贫困获得幸福生活等方面的权利,是衡量我国法治建设水平的重要标准。因此,不能简单地把西方国家的法治评估标准的权利因素直接照搬过来,把其权利指数直接照搬过来,应当围绕我国国情进行设计,不应把西方国家民主法治的标准作为我国法治评估和建设指标体系的唯一标准,不应把西方发达国家对发展中国家的偏见上升为法治指标体系,从而使法治评估变成某些集团、某些国家、某些意识形态标准推行其制度、思想、文化的工具。[①]另一方面,我国法治建设中人民权利保障有自身的特点和重点,有自身的现实需求和实践需要。在现阶段我国的社会主要矛盾已经发生转变的情况下,如何保障和实现人民日益增长的美好生活需要的权利,解决在法治建设和发展过程中法治资源和法治条件不平衡、不充分之间的矛盾,应当是当前法治建设的主要任务。在各地法治建设中,人民实现日益增长的美好生活需要会存在一些具体的差异,就需要结合各地经济社会发展实际,设计相关的权利指数和法治评估指标,以反映这种实际情况。

第三,在权利指数设定过程中还要坚持权利保障的客观性指标和权利实现的主观性指标相结合。在各地现有的法治建设指标体系的评估实践中,各地所采用的指数设计模式大多是客观指标与主观指标相结合的办法,例如余杭、昆明等地的法治指数的指标设置基本上客观指标占80%到85%之间,主观指标则占15%到20%。但这些指标体系中普遍缺少对权利指标设定的具体标准,没有反映出权利保障的客观性指标所占的具体比例,包括其在立法、执法和司法实践中的一般比例情况,只是把权利保障指标作为相对独立的指标单独地列出,使其与其他一级指标割裂开来,这在

[①] 参见吕艳滨:《法治评估方法重在客观直观》,载《中国社会科学报》,2014年1月15日,第七版。

实际上是无法全面或者全貌性地反映地方法治建设中权利保障的实际水平的。

综上,在中国法治建设指标体系的设定过程中,既要考虑到把基本权利作为重要的建设指标来对待,也要考虑到在立法、执法、司法等一级指标中权利指数的具体设定;既要考虑权利指标在法治建设上的统一性,也要考虑到各地法治实践中因发展差异而造成的具体权利需求和权利保障的差异,考虑权利保障的区域特点,使权利指标不但能够体现法治建设指标体系的总体性要求,也能够有针对性地在各一级指标的基础上有一定权重上的倾斜,以保障法治指标体系设置的合理性。

五、法治建设指标体系中权利指数的量化方法

法治建设指标体系中权利指数的量化方法,是一个重要的科学性问题。量化方法运用的好坏与优劣直接影响到权利评价对于法治建设的实质意义和影响,它既能反映出权利在法治建设指标体系中的实际地位,也能科学反映权利在法治实践中的具体情况,构成了影响法治建设和评估结果本身的合理性与公信力的重要方面,因此,对权利指数设定过程中采用什么样的量化方法需要进行理论的反思与评判。

(一)现有法治建设指标体系量化方法及其反思

目前,有关法治评估指标体系权重在量化分析方面运用的方法主要有"主观法"和"客观法"两大类。所谓"主观法",就是评估主体要根据对各个指标的主观重视程度来赋予相关指标具体权重的一种方法。这些方法主要分为"专家调查法"(即德尔菲法)、"循环评分法""二项系数法""层次分析法"(AHP)等。所谓"客观法",则是根据各个法治指标中其自身的作用和影响来为其确定权重并赋权的方法。这些方法主要包括"熵值法""主成分分析法""因子分析法""聚类分析法""判别分析法"等多种分析方法。

第一,无论哪种分析方法都各有优点,但各种方法又都存在自身的局限性。

在具体的法治建设指标体系使用时,应当根据具体的评估目标和指标数据情况,有侧重地选择和使用相关方法。[①]现实中,如世界银行 2004 年组织实施的"国家政策与制度评估"项目中,确定权重的方法直接采用均等分配的方法。该项目确立的 16 个指标被分为四组,每组权重均等地设置成 25%,然后在每组内部也实行平均分配。这样的方法简单易行,但是对法治本质的反映缺乏准确度,因而其合理性受到质疑。

在余杭、昆明等地一般采用的是"德尔菲法"进行多轮独立反馈,使各个专家之间互不接触(不向参评专家透露其他人员的具体信息)但又能够知悉自己意见之外的其他意见,这样做的最大特点是,既能较大限度地避免因集体讨论可能出现的对权威的屈服或对多数的盲从,又能体现专家的多数意见的作用。可以说,这一方法带有鲜明的"民主化"色彩,即在实现每个专家在评审时对问题进行独立思考的基础上,通过几轮的讨论,把每轮中专家的意见分别汇总再进行分发下去征求意见,再把新一轮形成的意见再进行整合与集中,几轮征求意见以后,直到每个专家不再改变自己的意见为止,最终达成专家间的共识。可见,"德尔菲法"既可以做到集思广益,又可以把权威意见、专家相互间的影响降到一个合理的限度之内,以保证各个专家之间的意见是在充分考虑的基础之上达成一致的意见,使评估的量化更合理。[②]以"法治昆明"评价体系为例对"德尔菲法"的适用过程进行分析。第一阶段是课题组设计专家咨询调查表,并且在咨询问卷后附上相关详细背景介绍、指标遴选的原则和具体方法说明。第二阶段是选择专家。专家构成不限于法学专业,而是涵盖了包括法学、政治学、社会学、公共管理学等多个学科在内,不同学科专家与党政机关中具有丰富实践经

---

① 汤梅、申来津:《法治政府测评指标设计及其操作实务》,载《湖北社会科学》,2009 年第 4 期,第 34 页。

② 周尚君、彭浩:《可量化的正义:地方法治指数评估体系研究报告》,载《法学评论》,2014 年第 2 期,第 126 页。

验的专业人士组成，目的是防止评价的偏颇。第三个阶段是对意见的咨询阶段。通过函件形式把调查表发给专家，专家再以匿名方式提交意见。课题组对专家意见汇总，如果发现意见差异较大，可以进行多个轮次的意见征询，形成最终一致意见。最后一个阶段是对相关数据进行处理。即将征询结果进行统计分析，从而得出比较切合实际的指标体系方案。[①] "德尔菲法"的采用，可以较好地体现地方法治评估指数体系构建过程中地域性特征，对适应当地法治状况的不同指标进行权重分配。但德尔菲法的运用也可能存在一定的问题，有学者指出："虽然组织者声明主要采取的是德尔菲法，但对于缺乏有效意见收敛的单轮征询结果而言，其科学程度本身就值行商榷，毕竟单轮征询得出的结果只是专家对指标情况最原始的主观看法"，"对数据处理并不慎重，误差是不可避免的"，"一些体系的直接赋值方式难寻得科学解释支撑"[②]。

第二，量化分析在处理数据上存在一定的困难，容易产生偏离法治建设实际情况的问题。

事实上，法治建设中会产生大量的数据信息，如何获得这些信息以及如何处理这些信息以用于对法治建设的实际情况进行评价，是对法治建设实际水平进行描述和分析的重大课题。目前，在获取信息来源的过程中，研究者通过向国家统计系统获取相关的政府统计数据和通过民意统计数据库方式取得统计数据，并以通过问卷调查方式获取相应的统计数据这两种方式。在数据使用上，一般对民间数据直接使用，而对政府数据则有的采取直接使用，有的采取间接使用[③]。在对这些数据进行标准化处理的过程中，对不同

---

① 王启超、李娜：《区域性法治评价的初步尝试——2009 年"法治昆明综合评价指标体系"是如何形成的》，载《云南大学学报》（法学版），2015 年第 11 期，第 10 页。

② 周尚君等：《法治定量：法治指数及其中国应用》，北京：中国法制出版社，2018 年版，第 192—194 页。

③ 数据的直接使用是指将收集来的数据直接运用到指标体系之中。间接使用，则是指收集到的数据对法治评估的结果而言只起到参照作用，而非决定性作用。在评估中，对上述数据还要进行一定的数据转化处理，也就是按照统一的单位、格式、标准对数据进行统计学上的标准化处理。周尚君等：《法治定量：法治指数及其中国应用》，北京：中国法制出版社，2018 年版，第 171—175 页。

数据的性质、产生的背景、统计的角度方式、用以解释和说明的问题等方面的差异和影响必须进行统计学上的整理与分析，但由于这些数据是不同政府部门统计的，且内容庞杂、数量繁多、性质各异，因此处理起来十分困难且容易出现纰漏，容易影响评价结果的科学性、客观性与真实性。

第三，在数据处理过程对无效样本的处理存在着过于草率的情况，可能影响评价结果的问题。

在有些法治评估中，评估者对调查问卷的处理存在一定的问题。例如，在对待部分数据遗漏的问卷或者未有效作答的问卷、未回复的问卷等方面，数据处理者一般采取的是将这些问卷统一看作是无效样本，在最终的统计中予以删除，从而减少了样本的数量。这一做法可能有些过于简单化，容易出现测评误差过大的情况。因为样本的减少本身就可能是误差率较大的原因之一。①因而，要认真对待统计数据中的样本处理，对上述无效样本的处理，不能简单删除，而是应当分析这些无效样本产生的原因，并采取适当补救措施，以弥补出现的问题。若无法弥补样本，则应当对上述无效样本进行适当的加权分析，以反映法治建设的实际样态。

第四，量化分析方法面临的法治建设实际情况十分复杂，不同方法运用的过程中容易导致方法间的冲突与矛盾，使评价过程出现混乱。

事实上，没有哪种量化分析只采用一种方法，常常是几种量化方法的综合运用，目的是能够更为全面地反映评价对象的全貌。然而，在多种量化方法综合运用的过程中，不同方法的组合会产生不同的效果，也会出现方法之间的复杂和混乱局面。例如，数据计算时一般采用的计算方法是："权重值同指标得分相乘"的"加权求和法"，权重值本身对评价结果的影响不言而喻，但如何确定权重，根据什么标准确定权重，以及每一不同指数的权重是否相同或者不同，这些本身也是个问题，而采取不同的方法更会产生差异极大的权重结果。

第五，量化分析的过程过于封闭，使评价结果缺乏一定的公信力。法治

---

① 参见王莲芬、许树柏：《层次分析引论》，北京：中国人民大学出版社，1990年版，第229—232页。

建设效果的取得是各方共同努力的结果，然而在对其进行评估的过程中，评估者并未把对相关数据统计、加权分析、量化评估等过程向法治建设主体公开，或者其量化公开的程度不高，使很多受评单位或者组织不能有效地了解有关评估中涉及的自身的信息，无法对其进行充分的信息反馈和监督，使得评价结果的公信力大打折扣。尽管北京、上海等地区在法治评估过程中对量化过程采取了一定程度的信息公开，例如，一些评估主体定期把评估的量化过程通过媒体予以简要说明，通过发表文章或者著作对相关量化方法等进行解释，对相关评估主题以召开专家研讨会或者论证会方式进行适当的公开，但这对于更为广泛的法治建设主体而言，公开的程度还是远远不够的。要做到和保证对法治建设指标量化的全程科学化、规范化，就要坚持评估量化过程公开的原则，通过建立相关的量化评估平台，公开接受有关公众、专家的质询、监督和审查，勇于直面公众，这样才能保证量化分析的科学性、评估结果的真实性和有效性。

（二）完善法治建设指标体系量化方法的可行性举措探讨

由于法治建设指标体系在量化方法上存在的数据收集、统计计算、量化指标、标准和量化方式主观随意性大以及量化过程不公开透明等问题，影响到量化法治研究的实际效果，因此，有必要对量化方法在法治建设指标体系中的应用进行反思与完善。事实上，国内很多学者已经充分注意到这一问题，并提出了很多相应的完善建设和对策。笔者认为，完善法治建设指标体系的量化方法，不能够完全否定量化分析对法治建设指标体系构建及评价的积极意义，而应当从分析量化方法的具体缺陷入手，针对其方法上的不足之处提出解决对策。

第一，量化分析是法治建设指标体系构建中不可缺少的研究方法。有少数学者认为由于量化分析可能产生这样或者那样的问题，就彻底否定甚至主张抛弃使用量化分析来研究法治，这种主张实际上过于极端，因为如果片面强调法治的实质要件，强调法治的复杂性而忽视其可量化的特征，我们就无法展开具体的法治实践，这必将影响法治建设的推进进程，不利于法治实践的展开。但我们同时也应当注意到，法治建设尽管是个渐进的过程，过分强调指标化也容易导致法治建设脱离实际，出现"大跃进"式的法治主观主义状况,这也是法治实践中要注意的问题。然而,就实际的法治现实而言,影响法治建设的诸种社会因素在现实中是可以通过量化数据进行描述的。一方面,强调法治的影响因素的可描述性、可量化性是坚持马克思主义认识论、坚持马克思主义方法论的必然结果。马克思主义认为,世界是可认识的,但人的认识活动和认识能力在客观上受一定的历史条件和现实条件所制约,也受到认识主体本身主观条件、认识能力等因素的限制,因此,这种认识是"在我们时代的条件下进行认识,而且这些条件达到什么程度,我们便认识到什么程度"[①]。人对于世界存在的这种认识上的局限性和有限性,决定了世界之于人的某种意义。我们用量化方式认识和评判法治,是符合人对世界的认识规律,符合对法治建设实际情况认识规律的。另一方面,在对法治建设情况进行量化的过程中,也要重视定性分析或者质化分析的作用,不能只强调量化而忽视质化的定性分析。例如,在对某类量化指标进行权重计算时,应当重视对其进行定性分析,特别是对各个指标所反映的法治实际情况进行论证、说明和阐释时,定量分析是不足以建构起我们对法治实际水平的全面系统判断的,应当通过对法治实质要件和精神要素的分析,从形式法治和实质法治的定性研究上分析各个指标之间的内在关联,说明法治的基本状况。

第二,综合评价机制的运用可以在一定程度上弥补单一量化分析的不足。当前量化分析法治建设指标体系的过程中,由于要么是由政府单方面组织的内部评估,要么是政府委托第三方或者由第三方独立操作的外部评估,这些评估在评价机制方面基本上都是各行其是,各搞一套,没有形成评估的融合机制,更未形成对于量化法治的统一认识。笔者认为,对于法治在实际中要形成一定的共识,才能有利于法治建设的实际开展,而在其指标建构中,评估指数与实践情况的分离以及不同评估主体设定不同的评估指标的做法,割裂了法治形成共识的过程,造成了法治认识的不一致。因此应当建立法治指数的综合评价机制,由政府、社会、专家、公众通过充分协商、

---

① 马克思、恩格斯:《马克思恩格斯全集》(第20卷),中共中央马克思恩格斯列宁斯大林著作编译局编译,北京:人民出版社,1972年版,第685页。

研讨,形成对于法治指数的共识性标准,并根据这一标准设定量化指标,在达成共识的基础上统一对法治建设进行评价,这样有利于对共识基础上发现的问题共同处理,有利于法治朝着更为明确的目标迈进,也有利于解决单一量化模式的不足。

第三,强化量化指标、量化方法和相关信息的反馈与公开,增强量化过程的透明度,完善量化指标的修正机制,使量化研究更加科学化。由于目前评估过程不完全公开,被评估对象、有关主体对评估设定的相关指标、使用的数据、评价的方法、结果的分析等不知情或者不完全知情,对相关内容不了解,使得法治评估成为一种"独角戏",成为评估者单方面的一种活动。然而,任何评估都是为了更好地促进法治建设的一种举措,因此,要强化对量化指标的标准设定、样本选取、量化方法、计算方式、相关信息、分析阐释论证及结论形成过程的公开,增强量化分析过程的透明度,完善量化指标的修正机制,以保证量化法治与法治实践的充分对接,推动法治评估对于法治建设实践的实际影响和效果,实现法治建设应有的指标与评估的指标相对应、相一致。

(三)分析方法的改进策略

在法治建设过程中,无论评估指标体系如何设计,其都应当是对法治建设实际情况的一种监督、反馈,不应当成为或者取代法治建设本身的实际成就,这一点早就在法治建设实践中成为共识,特别是在法治建设的评估中,不能唯指标论、唯评估结果论,这样会导致法治的功利主义,背离法治评估的初衷和目的。因此,在把权利指数引入法治建设指标体系的过程中,在运用量化方式分析权利这一指标之于法治建设的实际意义的过程中,既要看到量化分析法治的不足之处,也应当重视对已有定量分析的方式的改进,使权利指数的定量化分析建立在可信、可靠、可操作并可实现的基础上。

第一,权利指数是一种"参照性指数"。权利指数作为法治建设指标体系的组成部分,将其加入法治建设指标体系中,主要是为了使法治指数多一项参考维度通过这一指标的确立以查找或者发现国家及地方在法治建设中存在的短板与不足,明确未来法治建设的努力和改进的方向,并为法治发展提供必要的指引和目标。因而,权利指数不应当成为所谓法治建设的"依照",而应当定位为"参照"。这主要是因为,一方面,法治指数的各项具体指数(包括权利指数)在现实中实际上是一些动态的指标,是变化的,但在指标体系中设定的权利却是静态的、不变的。以不变的指标来描述动态的事实本身就存在着把客观现实主观化,把事物动态发展过程的复杂事实简单化等问题,容易偏离实际,也容易丧失准确性、真实性。如果再把这种统计学上的数据简单归结为实践的本来面目,还可能犯下主观主义、教条主义的错误,因此,这些数据只是决策或者实践的"参考",而非决定性因素。另一方面,法治建设需要理性的文化,尽管量化法治在一定程度上实现了法治的数据化、可视化,实现了以理性方式认识法治、判断法治发展水平的目标,但要警惕这种方式的过分简单化和机械化,防止在量化过程中因量表误差、样本误差、计算误差带来的不利影响,注意防止"失之毫厘,谬以千里",并同时克服那些片面夸大法治指数,特别是其中权利指数的影响,防止出现"法治竞赛",防止过分强调这些指数带来的负面影响,避免法治绩效主义和功利主义的双重影响。

第二,权利指数是一种"多元性指数"。作为一种多元性指数,权利指数的来源是多样的,内容是多样的,表现形式也是多样的。正如法律对于不同类型权利的制度设定有着明显的多样性差异一样,在法治建设的实践中,对不同主体、不同类型的权利保障方式也是多样的。在法治建设指标体系形成的过程中,除了设定法治建设中各个不同方面涉及的权利指数之外,还应当看到这些权利指数的数据来源是涉及不同主体、法律活动、法律关系、法律案件、法律事实中的权利问题,有些权利是制度性权利,有些权利是现实中的利益需要满足和保护的权利,有些权利是在程序中需要保障和维护的权利,有些权利是在现实中受到侵害的权利,有些是在权利实现中受到了制约、限制或者妨碍的权利;有些是法定权利而另一些是约定权利;有些是基本权利而另一些是具体权利;有些是对新型权利提出的主张;有些则是需要对方履行义务或者责任才能实现的权利等等。这些权利类型、权利来源、权利内容、权利表现形式上的多样性,决定了权利指数在法治建设指标体系中的表现状况是不一而足的。对其的研究和反思也应当是建立在多样化认识基础之上的,在认识其多样性的同时,意识到其对法治建设的多样化影响。在建立法治建设指标体系的权利指数的过程中,应当把多样化的权利要素考虑进来,使其能够与多样化的法治内容相适应,防止因指数单一影响到评价效果。

第三,权利指数是一种"差异化指数"。权利指数所具有的"差异性",表现在权利本身的差异性上,这些方面主要包括:一是不同权利主体对权利需求的现实表现是存在差异的。例如,对两性平等的需求,女性显然比男性对性别平等权要求更为强烈。二是不同性质的权利在内容和实现方式上存在着一定的差异性。例如,财产权与人格权相比,在请求方式、保护程度、保护方式上存在着明显差异。一般而言,财产的权利受到侵害后,义务人是可以通过替代履行方式满足权利人请求的,例如,财产的损害赔偿请求可以通过赔偿损失的方式满足权利人的请求,这是一种替代履行方式,但侵害人格权的行为尽管在法律上也规定了损害赔偿的方式,但财产的赔偿终究无法取代对权利人在人格、精神方面的利益损失。三是权利在外在表现形式上也存在着程度上的差别。按照美国分析实证法学家霍菲尔德的分析,权利在现实中存在着表现上的差别,这些差别有:有的权利是可以支配他人行为的一种"权力",例如"物权",是可以要求他人为或不为行为的一种"支配权";而有的权利仅仅意味着主体的某项"自由权",也就是主体拥有权利,当且仅当主体在法律允许的范围内有某项自由,例如言论自由权;还有的权利则意味着他人履行一定的义务才能得以实现,例如"债权"就是这样一种"相对权",如果债务人不履行义务,则债权就无法实现;还有的权利则意味着是某种法律上的"豁免",某个主体拥有某项权利,当且仅当其在法律上享有"豁免权",法律如无豁免的制度规定,则主体不享有此项权利①。这些权利概念在现实中的差别应在法治指标体系的安排中体现出不同的特点来,因此要引起注意。

---

① 霍菲尔德区分了"权利"这个词经常是不加区分地被用来指示的四种概念:"权利"(right)、"自主权"(privilege)、"权力"(power)、"免除"(immunity)。参见 Wesley Newcomb Hohfeld, Fundamental Legal Conceptions As Applied in Judicial Reasoning and Other Legal Essays, ed. Walter Wheeler Cook(New Haven: Yale University Press, 1923).

第四，权利指数是一种"开放性指数"。在全面推进法治建设的过程中，我们同时还面临着全面深化改革的严峻挑战。人们在改革和发展过程中享有权利的程度以及权利受到保护的程度，既是法治建设的本身成就的展示，也是改革过程中提供给人们的机会有多少、改革有多少种现实的可能性的展示，正是在这个意义，权利指数本身就意味着是一种开放程度的体现。正如著名经济学家诺思在《制度、制度变迁与经济实绩》一书中指出的，在"自然的国家"中，人们处在一种"机会和权利受限的秩序"（limited access order）之中，权利的保障和机会的保护是有限的，而在法治的国家中，人们的机会和权利则是开放的，其受到的保护是充分的、全面的①。作为"开放性"的权利指数，它不但可以反映出社会的开放程度，也可以反映出法治条件下对权利主体所提出的权利主张、权利诉求、权利需要的满足程度，在这个意义上，权利是法治的"试金石"。随着我国法治建设的不断深化，人们所享有的权利、法治所保障的权利不断扩大，法治条件上容纳的权利类型，以及保障的权利范围、深度和广度都有了和长足的进步，这些也应当反映在法治建设指标体系之中，成为评价法治的重要参考。

第五，权利指数是一种"发展性指数"。权利指数构成了评价法律与社会发展的某种评价性指标。权利的进步状况和发展状况如何，反映了一个国家或者地区法律与社会发展的基本程度。正是在这个意义上，法律的发展，最终表现为权利的发展。从理论上说，权利的发展"意味着支持那些资格、利益、力量或主张并因此使它们成为权利的道德、法律和社会体制的进步，并因此意味着权利的社会配置方式的改善，意味着社会正义的增进"②。这是因为，"权利从最一般的意义上来说，它首先意味着'资格''利益''力量'或者'主张'，权利的发展必然带来主体资格的改善、主体利益的增进、主体能力的提升以及主体主张的实现，它也必将带来人在社会中地位的提升和价值的改善，使个人在社会的发展中获得更大的自由与独

---

① 参见［美］道格拉斯·C. 诺斯：《制度、制度变迁与经济绩效》，杭行译，上海：格致出版社，2014 年版，第 1 页。

② 夏勇主编：《走向权利的时代：中国公民权利发展研究》，北京：社会科学文献出版社，2007 年版，绪论，第 8 页。

立"①。因此,由权利发展或者进步所带来的不仅是个人的发展或者进步,而是全社会的道德、法律和社会体制的发展与进步。因为,一方面,为保证个人的自由、利益、主张或者资格,社会必须形成一种稳定的得以确保个人自由与尊严的秩序,必须确保当个人的权利受到侵害时存在一套行之有效的法律救济与保障制度,并借之以防恶制恶。权利的发展不但赋予了个人自由与利益发展的正当性,更为重要的是,它也使以个人自由与利益发展为基础的社会秩序具备了合法性或者正当性。而且,权利的发展与进步也意味着人的社会关系的改善或者说社会秩序的进步。社会是由人构成的,反而言之,"人是一切社会关系的总和"②。人在社会中不但要获得他人的认同与尊重,还要获得他人对其的社会性承认。个人只有做到与他人在社会交往中的互相认同与理解,才能得以在社会上立足。从法律上来说,就是个人的权利获得社会共同体的认同。权利的发展在社会关系的意义上意味着人与人之间社会结合方式的改变,意味着一个权利主体对另一个权利主体的认同与尊重。一定的社会秩序因此发展为以尊重社会群体所有成员的个体性权利为最终目标,这样的社会秩序必然把个人权利预设作为制度设计的首要方向,正如梁漱溟先生所说的:"经济上的富、政治上的权,综操于社会,分操于人人。"③同时,权利的发展必将最大限度地带来社会的正义。自由、秩序、和谐、友爱、尊重、理性这些要素是一个正义的社会不可或缺的价值与理念,也是正义的社会的基本标志,而实现社会正义,也正是当代中国法治国家建设和和谐社会构建的一项基本要义。所以,把权利指数作为评价法治建设整体情况的重要因素,把权利的发展看作是法律发展的关键,也正是把个人的自由增长、对他人的友爱与尊重,把形成人与人互相认同的和谐的社会关系与权利关系作为基本内容的,这些是理性的人的发展的基本反映,也是社会追求合理性、正当性的观念反映。

---

① 夏勇主编:《走向权利的时代:中国公民权利发展研究》,北京:社会科学文献出版社,2007年版,绪论,第8页。

② 马克思、恩格斯:《马克思恩格斯全集》(第1卷),中共中央马克思恩格斯列宁斯大林著作编译局编译,北京:人民出版社,1995年版,第56页。

③ 梁漱溟:《山东乡村建设研究院设立旨趣及办法概要》,载《梁漱溟先生纪念文集》,北京:中国工人出版社,1993年版,第37页。

六、中国法治建设中权利指数设计的基本方案

基于前文分析,从宏观上而言,笔者认为,中国法治建设中权利指数设计的具体方案如下:

(一)在法治建设指标体系中设定权利指数的基本要求

法治建设是一项长期、系统、复杂、全面的工程,它包含了国家治理过程中有关制度、机制的完善,也包含有关组织、人员队伍的建设,还包含有关主体的行为以及与行为相对应的观念、文化方面的提升与改善。权利不但是法治建设中的制度性要素,也是构成法治建设的观念、文化的核心要素,更是关涉法治过程中每一个主体的自身地位、利益和资格的重要因素。因此,设计我国法治评估中的权利指数,首先需要从整体上全面考虑权利之于法治的地位和意义,从顶层设计的角度确定法治建设指标体系中权利的地位,以期求得一个有关法治建设指标体系中权利指数的一般认识和基本原则。

在法治建设中,权利与权力构成了法治建设的核心内容。国家权力由立法权、行政权、司法权、监察权等基本权力构成。无论是哪种类型的权力,它们都始终来源于权利、服务于权利、受权利的监督与制约。因此,评价法治建设中权力运行的合法性、合理性、正当性等,也在某种程度上体现了以"权利为目的"的法治基本特点。因此,权利指数在这个意义上相对于权力而言,也应当在整个法治建设指标体系中处于更为核心的地位,它能够充分体现权利保障在法治建设中的核心地位与明确的价值目标导向。

权利是利益和自由在法律上的合法化表达。对法律保护的利益和自由的法律评价,也是构成对权利进行评价的基本内容。在法治建设指标体系中,要体现对合法权利和自由的评价指标,使权利评价的内容更为全面。它包括对权利主体(包括合法的利益主体)、对合法的利益保护类型、对公民

依法行使各方面自由权利的状况,以及公民在民主权利行使、立法参与、行政参与、司法救济、社会救助等方面的权利实现评价,这些评价构成了权利评价的重要方面。

社会主体(包括公民个人、组织)对义务和责任的履行,特别是国家对义务和责任履行情况的监督、制约和规范,都在一定程度上体现了对权利的保障与维护作用。在法治建设指标体系中,也应当设计和考虑反映有关义务和责任履行情况的指标。

注重实体性权利与程序性权利并重保护是权利保障的重要内容。在法治建设指标体系中,不但要考查实体性权利在法律规范性文件的制度保障、在执法司法实践中的实际保障情况,也要考查程序性权利在法律规范性文件、执法司法实践中的保障情况,这是权利的法治保障的重要方面和基本要求,离开了哪个方面,权利保障都是不全面的。

(二)在法治建设指标体系中设定权利指数的基本思路和基本框架

在法治建设指标体系中设定权利指数的基本思路:

按照我国法治建设的根本任务和总体目标,依照宪法和法律的有关规定,遵循自上而下的建构主义的法治建设指标体系的设计逻辑,在充分考虑我国法治现状和国情的基础上,认真对待各地法治建设的差异与不同,明确权利之于法治建设的实质性影响,科学设计法治建设指标体系中的权利指数,合理安排权利、利益、自由、义务、权力、责任等相关范畴在法治评估诸指标中的权重,使权利指数符合法治建设指标体系的总体要求[①]。

法治建设指标体系中设定权利指数的基本框架:

一是明确权利指数是法治建设指标体系的一级指数。把宪法规定的公民基本权利的要求落实到法治建设指标体系之中,并把它作为评价法治建设水平的基本标准。例如,把我国现行宪法中已经确认和规定的公民享有的民主权利,包括平等权、选举权与被选举权,言论、出版、集会、游行、结

---

① 巢陈思、尹奎杰:《地方法治评估中权利指数的设计与应用》,载《人民论坛·学术前沿》,2008 年第 14 期,第 83 页。

社、示威、自由，宗教信仰自由，人身自由，文化教育权利，社会经济权利，监督权与请求权，特定主体的权利等作为重要的立法、行政和司法的评价指标，也要把其他社会主体在宪法和法律上享有的权利列入指标体系考量的范围之内。要从概念化视角对权利的制度规定进行一定的理论抽象，对现有宪法和法律规定的基本权利进行科学分类，例如，借助于对权利的分类理论中有关"消极权利""积极权利"的划分，来明确上述基本权利实际状况的适当比重与分值。

二是明确立法、执法、司法等法治环节中权利指数的应有权重。在立法评估中，应当明确法律作为体现最广大人民群众的根本利益的基本制度保障，公民各项权利的法律制度落实情况应当是评价的主要方面，要重点考查人民在参与立法方面的权利实现状况；在执法评估中，要侧重考查各项法律规定的权利转化为现实中实际权利的保护情况的评估，重点考查包括政府行政权力在内的各项公共权力是否受到制约，是否依法行使；在司法评估中，重点考查公民权利受到侵害的情况，以及事后是否得到有效救济与保护的状况；在守法评估中，要重点考查公民对于自身权利实现的满意程度，是否有意愿通过法治化渠道实现自身诉求的愿望等等。结合这一分析，我们可以初步将法治建设指标体系中权利指数的内容分为五个基本的方面：即宪法和法律规定的基本权利是否严格落实；公民依法享有的各项基本权利是否得到有效行使和保护；公权力机关（立法、行政、司法、监察等）是否主动作为、依法作为保障和救济公民权利；公民参与国家公权力活动的渠道是否通畅；公民对国家保障权利实现的状况是否满意。这五个方面的指标权重应在各个一级指标中占一定的权重和比例。

三是具体的权利指数设计方案。综合比较各地已有的法治指数实践，根据课题组在调研中获取到的有关资料，经过研究[①]，确定了在坚持法治的基本内涵的前提下，明确权利指数所占比重，尝试构建表 5-1 所示的法治评估指标体系中的权利指数。该体系包括立法、行政、政治民主、司法、监督、

---

① 课题组成员先后赴机关、企事业单位、村委会（居委会）、学校等发放调查问卷、访谈等，获取有关权利方面的一手资料，经过总结提炼，概括了表 5-1 中的有关权利指数的内容。

法治文化和法律资源 7 个一级指标,兼顾了工作职能、社会评价、社会效果的统一,注重权利指数评价的科学性、全面性。在该指标体系的构建中,并没有将公民的主观感受作为单独的一级指标,而是以满意度、公共安全感等形式融合在三级指标中。将主观评价放置到具体的指标项目中,能够更形象深刻反映出民众对该项法治评估项目的直观感受,对该项目的评估也更为详细全面。

表 5-1 法治建设(评估)指标体系中权利指数的构成

一级指标	二级指标	三级指标
立法方面的权利指数	立法数量	权利保障立法总体情况
		公民参与立法的数量
		公民意见采纳的数量
		涉及权利条款的立法数量
	立法质量	专家意见和相对人意见
		立法论证与风险评估中的有关权利状况
		立法成本与立法投入到权利保障状况
	立法程序	立法公开(公众知情权情况)
		立法各环节完成情况(公民参与)
行政方面的权利指数	行政决策	民主决策(含公众参与)
		决策程序法治化(涉及人民利益重大决策)
		政务公开
	行政组织(行政权力)	权力清单(正负面)公示
		权力滥用、行政不作为案件数量
		行政权违法行使案件数量

续表

一级指标	二级指标	三级指标
行政方面的权利指数	行政行为	执法的权利保障情况
		放管服改革数据
		行政性立法及规范性文件制定、许可、强制、处罚等法定行为落实数据（涉及相对人权利）
		公众满意度
	行政监督与救济	行政复议案件受案、结案率
		行政赔偿案件受案、结案率
		行政调解、仲裁案件受案、结案率
		信访率与办结率
政治民主方面的权利指数	依法执政	执政中民主权利维护与保障情况
		队伍建设
		党务公开
		公众测评
		党委决策机制健全程度
		党风廉政建设和反腐败工作成效
	民主党派	参政程度
		党派建设与服务社会
	选举参与	选民实际参加数量
		选举程序公正性
	基层民主建设（基层群众自治权）	社区基层民主建设
		农村基层民主建设
		基层调解和纠纷解决

续表

一级指标	二级指标	三级指标
司法方面的权利指数	审判工作	审判中的权利保障
		案件审判数量
		案件办理效率
		法院工作人员素质培训
		职务违法犯罪率
		新型权利诉求的审理
		有关上诉、当事人申请再审审判
	检察工作	检察中权利保障情况
		检察监督
		案件办理
		职务违法犯罪
		当事人申请再审
		检察院工作人员素质培训
	公安工作	社会治安情况
		交通事故与安全
		公众对工作满意度
		刑事案件侦破工作
		公安干警素质培训
		职务犯罪、违法行政
		公安机关保障权利案件数

续表

一级指标	二级指标	三级指标
司法方面的权利指数	司法行政及其他行政机构和主管部门工作	监狱（看守所等）工作
		戒毒工作
		社区矫正和安置办教工作
		行政调解、裁决、公证案件数量
		其他行政主管机关（部门）在行使行政调解、行政仲裁权力过程中保护权利情况
	司法体制改革	各级法院体制改革
		各级检察院体制改革
监督方面的权利指数	人大监督	对行政机关的执法检查
		对政府年度工作目标的监督检查
	监察监督	反腐倡廉制度
		领导干部工作监管
		案件移送司法机关数量
	政协监督	政府工作协商参与
		年度地方性法规协商
		本地重大活动事前协商
	新闻舆论监督	监督范围
		监督效果
	公众及社会监督	市长、县长、乡长等公开电话、公开信箱等监督处理的受理数与处理率
		公众合理化建议采纳率

续表

一级指标	二级指标	三级指标
法治文化方面的权利指数	守法	普法次数与人数
		守法状况
		刑事犯罪率
		民事纠纷解决途径选择
		公共安全感
	学术交流	国家工作机关学术交流
		高校学术交流
	法学研究	成果数量
		成果应用
		研究人员
法律资源方面的权利指数	法律机构及从业人员	法律从业人员
		法律机构数量
	法律援助	经费投入
		案件数量
		结案质量
	法律人才培养	高校法学教育
		社会法学培训
		法律职业从业资格通过情况

按照表一的设计要求,它包括以下方面的内容。

立法方面。建立部门齐全、结构合理、体系科学的法律体系是法治建设的首要任务。如果按照亚里士多德的提法:"法治应该包含两重意义:已成立的法律获得普遍的服从,而大家所服从的法律又应该本身是制定良好的法律。"[①] "良好的法律"早在两千年前就已经成为评价法治的重要标准,在现代法治过程中,法治建设对于立法的要求已不限于对立法数量的需求,对立法的质量也提出了更高的要求。因而,在立法数量上,地方法治指数体系构建更加关注地方立法权的实现和规范。在立法质量上,科学立法、民主立法也需要得到衡量。同时,优质的立法活动必须坚持合法正当的立法程序,在注重数量和质量的同时,不可忽略立法的程序正义的实现。在立法中强调权利的重要性,包括考查在立法中公众参与的基本情况,公众提出的立法建议和意见的采纳情况、立法中涉及公民权利的保障的相关条款的落实情况,特别是地方立法中权利条款的实现情况,立法中相对人意见、第三方意见的采纳情况等等。

行政方面。行政法治是全面实现法治的重点所在。法治的目的之一就是限制公权力,行政权作为公权力的重要组成部分与人民的生活息息相关,因而更应得到重点严密的评价和规制。对行政的评估,包括对行政权力行使状况的评估,也包括重大行政决策中公众参与度、知情权等方面的考查,还包括对各种行政行为的参与情况、程序权利的保障情况以及在行政活动中的具体权利的保护与实现情况,特别是通过行政程序救济和维护自身合法权利的情况,防止行政权力对权利的侵害。

民主政治方面。政党制度是民主政治建设的重要组成部分,对执政党的评价构成了法治水平测量的重要一环,同时民主党派的现实情况也是民主政治水平的体现。宪法赋予了公民选举权,因而在民主政治方面,要对公民的政治权利的实现进行衡量。还要考虑基层自治中公民自治权利实现的状况,以及在基层组织中处理纠纷的状况,是否有效维护了公民的合法权益。

司法方面。司法是社会正义的最后一道防线。司法公正、司法效率的价

---

① [古希腊] 亚里士多德:《政治学》,吴寿彭译,北京:商务印书馆,1965 年版,第 199 页。

值必须在法治指数中得以体现,这些在一定程度上也体现了对公民权利的维护与救济。按照不同的司法职能,要分别对法院、检察院、公安机关等维护和保障公民权利的情况进行评估,也要对司法行政机关、其他国家行政机关行使部分司法、行政职能,维护和保护公民权利方面的状况进行评估。

监督方面。法治的实现,需要存在有效、严格、全面的监督体系,为保障法治的顺利进行,确保人民当家作主,实现法治的统一提供强有力保证。要充分发挥人大、纪检、司法、政协、社会的监督功能和作用,在法治评估中,考查在监督过程中人民权利实现的状况。通过监督体系,实现"以权利制权力",以人民通过法律赋予其他机关和组织的监督权力制约权力,使监督产生"督法"和"护法"的功效,切实维护人民权利。

法治文化方面。法治文化是法治建设的重要组成部分。公民的守法情况、学术交流和学术研究都能不同程度地反映出该地法治实现程度,也反映了人们在守法上的权利实现情况。法治的建设不能脱离公民的参与,公民对法律的理解,对自身权利的认识都是法治水平的现实折射。学术交流和学术研究为法治建设提供高层次、高质量的理论依据和思想基础。

法律资源方面。法律机构的数量、法律职业从业人员的数量和水平以及法律援助的投入大小都反映出人民对于法律的需求状况,反映出国家应当满足人民对于权利保护的法治需求状况。法律人才的培养为法治建设提供人才保障,同时也反映出人民对法律的追求和信仰。法律资源的多寡直接关系着当地公民参与法律生活和接受法治成果的程度。

(三)法治建设指标体系中权利指数的权重确定原则

在构建法治指数的过程中,权利指数在整体法治评估指标体系中的权重如何,以什么样的标准或者方法确定其应当具有的权重,既是个重要的理论问题,也是一个重要的实践问题。因为,它既涉及权利与法治背后的理论与观念的联系,也涉及在实践中权利与法治的实际关系。

从理论上来看,权利指数既可以直接地与法治建设中的其他指标一起构成一种具体的、可供量化的实在指标,在衡量法治建设实际情况上发挥"实"的功能,也可以通过确定一些指导具体法律制度的原则性功能,也即发挥"权利保障"原则对具体法律制度或者法律规则、法治实践的指导功能。这样,权利指数就能够从"实"与"虚"的两个层面发挥其应有的影响和作用。我们在设计法治建设的指标体系的过程中,主要是考查其作为"实"的意义上的权重问题,而非在"虚"的层面,也就是并未把权利从观念、精神和文化层面对法治的影响考虑进来,这样做的主要理由是尽可能使权利指数在评估法治建设水平时能够具有可量化性和可操作性。

因此,在这个意义上,权利指数的权重配置本书主要考虑了以下几个方面的内容。

一是在现实的法治建设中,特别是在立法、执法、司法等各个法治实践环节中哪些方面具有具体的权利要求或者权利要素,要把它从其他要素中分离出来,同时处理好与其他要素的关系,而非笼统地提"权利保障要素"。

二是要识别出权利作为法治建设各级指标中的相关影响因素和相关变量因素,分析哪些变量是影响权利的主要因素,哪些是影响权利的次要因素,把那些主要因素作为分析和判断权利的重要指标,赋予相应的权重,并通过算术平均法计算出这些变量对权利有代表性影响的指标性数据。

三是根据调查或者统计得来的数据情况,提炼或者聚合相关代表性数据,对其进行权重配置,权重配置具体方法主要有两种。一种方法是"平均赋权法",即根据相关数据把权重平均分配给每一项指标,但这种方法过于简单,不符合实际情况。另一种方法是对权利进行比重确定,笔者认为后一种赋权方式是可行的,因为这一方法可以最大限度反映法治建设的实际情况。

四是对代表性数据所形成的指标和数据进行相关的回归性分析,从而获取误差变量和参数的估计值。根据这一计算结果来确定具体的赋权比重。如果赋权比重与权重配置高的数据变量之间的关联性较大,且得到的误差估计值较低,则可以配以较高的权重,反之则配以较低的权重。

综上,本书对权利指数未进行具体权重的分配只讨论了其权重确定的原则和方法,这主要是考虑到在实践中,不同类型的法治评估对于权利指数所考虑的角度和实际需要有所差异,因而本部分只确定了赋权的基本原则和思路,并未涉及具体的分值。

第六章　法治建设指标体系中权利指数的相关问题

研究法治建设指标体系中的权利指数问题,也应当研究评估过程中的相关评估主体、方式和效果、评估程序、应用及限度等问题,因为这些问题的处理与解决,也会影响到法治建设指标体系中权利指数的设定,影响法治建设指标体系的整体性与科学性。

一、法治建设指标体系中权利指数设定中存在的主体问题

笔者认为,研究权利指数在法治建设指标体系中设定的主体问题,应当首先明确法治建设指标体系的设定与其评估主体之间的关系。一般说来,法治建设指标体系的设定者,也是法治评估过程的主持者,二者存在一定的重合性。目前开展的各类法治评估基本上都遵循了这样的主体原则,也就是指标体系的设定者与对法治建设实际评估的主持者不做明显的区分。但在实践中,这一模式显然存在一定的弊端,指标体系的设定与对指标体系的适用(评估)的分离,是确保指标体系得以客观化、中立化开展的基本前提和保障。

（一）当前法治建设指标体系设定和评估主体的特点

从我国当前法治建设指标体系和评估活动开展的状况来说，其指标设定和实施评估的主体是同一个主体或者基本上是同一个主体，主要有三种情形。

第一种情形是"内部主体"模式，这一情形下的法治建设指标体系和评估主体是由国家机关或者国家机关内设机构主导下开展的，本质上是一种"机关内部"的指标化设计与评估行为。以我国已经开展的"环境保护方面的法治评估"为例，这一评估的指标体系一般由环保部门设定，并由其组织的专项评估推进，虽然其可能在评估专家中引入第三方，但其评估的主体仍然是以环保机构为主体。又如在立法领域里开展的地方立法后评估，基本上也是以立法机关及其内部机构为主体开展的评估，这种评估也带有很强的"内部化"色彩。[①]随着司法体制改革的不断推进，对司法系统和司法机关实施的工作绩效考核、案件质量评估，从某种意义上来说，也是一种带有鲜明"内部化"主体特征的评估。这种评估虽然指标体系是上级司法机关，或者是最高人民法院或者最高人民检察院设计的，但其评估的对象主要是司法系统内部，本质上是一种系统内评估，由于评估主体与被评估主体在工作性质、权力属性方面存在着很大程度的一致性、相似性，因此评估的专业性较强，评估方式和评估结果也带有很强的相对封闭性。一方面是因为评估数据可能主要来源于司法系统内部的一些管理方面和案件处理方面的法律文书、统计台账、司法统计报表、纪检统计报表等专门数据，另一方面虽然涉及一些诸如公众满意度调查方面的数据，但这个后一方面的数据显然在整体评估中并不占主导地位，这说明这一评估的主体更为关注内部评价，而非外部评价。[②]

第二种情形是"外部主体"模式，它是指法治建设指标体系的设计和评估活动的实施是由国家机关以外的社会机构（或者第三方）作为主导

---

① 汪全胜：《论立法后评估主体的建构》，载《政法论坛》，2010 年第 5 期，第 44 页。

② 胡铭、王震：《司法公正评估体系的建构与应用》，载《法治研究》，2015 年第 1 期，第 15 页。

力量来推动,这些第三方机构可能是高校等科研单位、专业的评估机构或者有一定研究能力的社会组织。在法治建设指标体系的设定方面,这种第三方机构由于占有一定的学术资源和理论研究能力,其所提出的法治指标有时是超前的,有时又带有鲜明的理论化或者学术化色彩,可能与政府期待或者国家机关工作人员的理解存在不同之处,因此,其指数设定带有鲜明的专家化、专业化色彩,而评估过程由于也是第三方"外部主体"来主持,则这一评估过程也被视为是一种中立化程度较高的评估。一般来说,国外法治建设指标体系的设定和评估通常采用的是由高校研究机构、国际组织等一些第三方开展的模式。例如"世界治理指标"就是世界银行组织专家发起,由丹尼尔·考夫曼(Daniel Kaufmann)等各学科的专家学者共同组成专家委员会具体实施,并由一定的公众满意度测评作为补充的指标实施模式。在调查中,这一模式的实施要借助于民意调查机构协助完成问题调查[1],并在此基础上委托第三方进行统计计算和分析,专家根据这个结果进行最终评判,具有较强的中立性。又如美国的坎贝尔研究所对很多国家立法情况开展过多次的立法后评估,为相关国家立法状况的改善提供了一些参考性建议。[2]我国目前由中国政法大学政府研究院发布的"中国法治政府评估"的指数设定和评估活动就带有鲜明的专家评估色彩。

第三种情形是"混合主体"模式,指的是法治建设指标体系的设定和评估是由内部主体和外部主体共同完成的一种实施模式。在这种主体的"混合编队"模式下,内部主体与外部主体要对指标体系达成共识,并据此共识进行指标的评判,它需要参与各方权利相当、地位相当,这样才能使指标的设定与评估的意见得以在平等的基础上达成一致,这样也才能够使混合主体的作用发挥到最大限度。因而,这种指标体系的设定与评估既能体现主体的共同意志,也反映相关的外部意见,既体现了内部对法治的理解与判断视角,也体现了外部的认识与评价视角,从效果上来看,能够比较全面反映法治建设的各方面观点和认识。在具体的实践中,也可以根据内部

---

① Daniel W. Williams. Evolution of Performance Measurement Until 1930. Administration and Society. 2004. Vol36No2, pp131-165.

② 汪全胜:《论立法后评估主体的建构》,载《政法论坛》,2010 年第 5 期,第 45 页。

主体和外部主体在实际的指标设定与评估过程中发挥作用的不同,划分为"国家或政府(内部)主导型模式""社会(外部)主导型模式"以及"国家与社会(内外)联动型模式"[①]。

在我国法治建设的具体要求评估实践中,最初采用的主体模式是内部主体模式。由于2014年《中共中央关于全面推进依法治国若干重大问题的决定》将法治纳入了考核范围,使得法治评估进一步上升到国家战略,成为国家战略的重要组成部分,因此,法治评估的模式也逐渐多元化起来,除了政府、人大、法院等为主导的内部评估模式以外,开始逐步出现了由学者或者科研单位开展的外部评估,并逐渐过渡到混合评估模式上来。

(二)对内部主体模式的反思

法治指标体系的设定与评估活动在实施的过程中存在着两种不同的评价与看法,形成了不同的意见。一种看法和意见是,以政府为主导的内部评估由于侧重于对政绩的判断,因而其不可能更多关注社会需求,特别是公民权利的实现。有学者甚至写文章对以政府为主导或者政府为代表的内部模式进行反思,认为必须对这种内部模式进行必要性和可行性论证,否则这一评估很容易变成政府"自说自话"的行为,无法产生应有的社会效果。[②]另一种看法和意见是,内部模式的主要问题是这种模式实施的过程和结果都由内部主体自行设计与编排,程序相对封闭,外部的人很难了解,其对相关法治建设指标的量化标准、信息来源、样本选取、计算方式等都由内部主体自行确定,因此对这一方式产生不信任感,认为相关的法治指标体系有值得争议之处。[③]

---

① 王锡明:《地方立法后评估程序研究》,载《人大研究》,2011年第10期,第28页。

② 这方面的文献有很多,在此只列举一部分仅供参考。例如金善达:《法治指数评估的制度建设研究》,载《福建法学》2014年第4期;孟涛:《法治指数的建构逻辑:世界法治指数分析及其借鉴》,载《江苏行政学院学报》2015年第1期;钱弘道:《余杭法治指数的实验》,载《中国司法》2007年第9期;王敬波:《法治政府的评估主体、指标与方法》,载《改革》,2014年第9期。

③ 参见尹奎杰:《法治评估指标体系的"能"与"不能"——对法治概念和地方法治评估体系的理论反思》,载《长白学刊》2014年第2期;陈林林:《法治指数中的认真与戏谑》,载《浙江社会科学》,2013年第6期,第146页;傅达林:《"法治政府指标体系"应植入更多的民意基因》,载《民主与科学》,2008年第4期;志灵:《"法治指数"无法衡量所有法治现状》,载《法制日报》,2008年4月8日。

在这些反思之中,除了认为内部主体模式在评估中存在的一些技术上的因素(例如,如何确定法治的要素、如何对相关要素量化设计,以及如何计算相关量化指标等)被考虑到之外,其中最为饱受争议和关注的就是内部主体自身的价值取向、实施目的和工作态度问题。在内部主体模式中,主体出于什么目的、基于什么立场、采用什么样的标准和尺度来评估自身开展的法治建设,这些是影响指标设定与评估结果客观性的重要因素。从我国已经开展的部分内部主体模式情况来看,一些指标在评估结果中的公众评估方面得分不高,评估结果中呈现的公信力相对较差,可能在某种程度上恰恰是因为这种模式是由主体自身设定自身行动的指标,自身评价自身、自我评价自我的方式造成的,例如,立法机关对自身立法水平的评估或者政府部门对自身法治建设水平进行的评估,难以摆脱“自说自话”的嫌疑①,“自己的刀削不了自己的把”,评估主体无法解决自身必须面临的自我评价的难题。由于在法治建设中评估结果往往涉及各部门的利益,因而评估活动很容易使部门为了防止利益受损而呈现出某种价值偏好,使得“说好话的多,说难听的少”。

其次是无论指标体系的设定还是开展的评估活动,都是一项专业性很强的活动,内部主体模式面临的最大困难是其专业性不够,同时也存在着“不识庐山真面目,只缘身在此山中”的认识原因,对法治认识的局部化可能是内部评估面临的最大难题。内部模式中内部主体在面对法治指标划分、指标样本设定、评估对象选取、评估方法运用以及相关数据筛选和计算等方面,如果没有经过专门的培训,很难满足和适应这种专业化活动需要。事实上,在法治指标体系的设定与评估过程中,往往还会涉及业务性更强的专业领域,例如,在环境保护、食药品安全、金融财税等领域进行的立法后评估,就需要内部主体不仅具有法律方面的业务知识,也需要具有相关领域的业务知识,以保证内部模式能够客观反映并符合行业发展的实际需要。

第三,在评估中还存在一定的“运动式”评估倾向,没有把评估常态

---

① 江德华:《谨防“法治指数”变为“自说自话”》,载《21世纪经济报道》,2008年4月8日。

化。常态化的评估是对法治建设形成质量监控闭环需要的基本保证,也是督促和激励法治建设实践得以良性发展的必然要求。在当前,一些由内部主体主持的法治评估由于缺少常态化机制,没有形成固定的规律性评估,因此不利于对指数化的评估结果进行长时间的观察和对比,也不利于就评估中发现的问题进行及时总结,更不利于对法治建设形成常态化的反馈机制。且这种运动式评估活动往往成本较高,花费较大,每次开展评估都抽调专门的人员、划拨单独的经费,从而耗费了较大的人力和财力,因此需要进行相应的调整和改变。

(三)对外部主体模式的反思

鉴于内部主体模式存在的问题和弊端,一些学者主张在评估时引入外部主体参与,增强评估的客观性、中立性,并降低成本。外部主体参与评估过程,主要是以专家学者和某些社会公众参与为主。在浙江省杭州市余杭区和上海市闵行区开展的法治评估中,由于吸收了一些专家学者和社会公众参与其中,他们提出的意见和主张在一定程度上影响了评估的效果,促进了法治评估的改善,也较为全面地反映了法治建设中存在的实际问题和取得的成绩,因此这一"混合编队"的模式收到了较好的效果。中国政法大学法治政府研究院开展的"全国法治政府评估项目"中,指数设计由高校的研究机构设计并提出,为此很多专家进行了深入的理论研究和学术归纳,并将形成的指标体系以中立第三方的身份为政府法治建设开展评估,在持续多年评估的基础上不断完善相关指标体系和评估办法,出具年度法治政府建设评估报告,收到了较好的社会效果。然而在外部主体参与的法治评估模式中,也存在一定的问题,需要反思。

一是在获取信息和资料方面存在一定的缺陷。与政府部门主持的内部评估相比,第三方评估最大的困难是信息和资料获取不方便。政府部门可以通过自身掌握的政府数据库直接调取证据,也可以通过部门协调在内部解决资料获取的问题,但高校作为研究机构,在获取政府资料方面存在困难,即使是能够进行民间调查,有的公众也不一定愿意积极配合,存在着一定的信息和资料获取困难的问题。中国政法大学法治政府研究院的评估组在法治评估中发现,由于"受制于政府公开的数据不足和向政府获取信息的困难,加上课题组的研究水平和研究力量的限制,报告难免存在不足之处"①。虽然高校或者第三方评估机构具有较好的专业优势和学术优势,但其与法治实践毕竟还有一定距离,获取与实践相关的数据和资料殊非易事,需要政府有关部门、社会各界的广泛支持和参与。同时,评估主体中的研究者们要花费大量的时间、精力进行走访、调研,并对获取的数据进行统计学意义的标准化处理,并进一步进行总结、提炼与分析。正如有学者指出的那样,"知识分子误以为自己是超脱于场外的局外人,而忽略了自己也受制于场内的种种力量,以及自己习性的制约"②,所以,外部主体模式也存在着由于某些指标因欠缺相应的数据而被放弃使用,而某些指标也会因为只有少数人进行了回答或者只做出了部分的回答而被评估者忽略,这样的评估现象不同程度地存在于外部主体模式之中,在一定程度上限制或者削弱了外部主体专业性优势的发挥。

　　二是外部主体作为中立第三方的作用有时难以得到充分发挥。虽然,外部主体参与指数设定和评估过程最直接的目的,就是要解决内部主体专业性弱、程序上不中立这样的问题,但是在实践中,即使是第三方机构参与了指数设定和评估,其中立地位有时也是很难保持的。这是因为,一方面,一些第三方机构本身就是依附于政府部门设立的,其设立时的主要任务就是要完成政府评估任务,在这个意义上,政府就是这个第三方机构的"衣食父母",其主要业务来源和经费获得就是由政府提供;另一方面,某些评估机构是附设在高校或者研究机构的,性质上是事业单位,在实践中有时也存在不自觉地接受来自政府部门,特别是主管的教育部门或者政府其他主管部门指示的倾向。并且,从外部主体内在人员的构成上来说,有的专家在设计法治指数时,出于主要为政府部门考虑的需要,常常会受政府部门意见的影响,使得意见的做出不能真实反映个人想法。为此,这种外部主体模式有时也会显得不够中立,"它不可避免地成为政府实现某种目标的工

---

① "中国法治政府评估"课题组:《中国法治政府评估报告》(2013),载《行政法学研究》,2014年第1期,第10页。

② 张玲:《第三方法治评估场域及其实践逻辑》,载《法律科学》,2016年第5期,第18页。

具,从而功利主义色彩比较浓厚"[1]。

三是外部主体中社会公众参与的程度和效果仍然不好。以一些地方法治建设评估中获取的有关数据来看,公众参与并不十分踊跃。在余杭法治指数中,公众满意度占35%,而其他一些地方的法治建设评估中有的因为公众不能积极参与而不设置相关的公众满意度指数,有的只设置了20%的公众满意度指数,这反映了公众参与程度不高的问题。而且,事实上,很多地方的法治建设评估中,专家参与度都不高,甚至是没有专家参与,有的地方法治评估甚至沦为了政府的"敲门砖和遮羞布"[2]。

(四)法治指标体系中权利指数设定在主体模式完善方面应当注意的相关问题

内部主体模式与外部主体模式都存在着先天的不足,对法治建设都无法做到完全客观、中立、全面的评估。考虑到权利指数之于法治建设的重要意义,在法治建设指标体系设定和评估主体模式选择上,既要考虑到传统各种模式存在的问题及优势,也要重视权利指数之于法治建设整体要求的重要意义和实质影响,从我国现实的基本情况出发,充分发挥专家与社会公众在法治指标体系设定和评估中的作用,实现主体模式的转化。

一是从权利角度考量法治建设的目标与法治评估指标体系的一致性进路,选择适当的主体模式。

与法治建设的实际目标不太一样的是,法治评估的进路可以分为价值性评估进路与制度性评估进路两种类型。在价值性评估进路中,评估者通常关注的是"法治的现实情况是否符合法治的价值"的问题,法治评估指标体系设定的重点是有关法律制度的动机、目的,而不是制度本身的实施;但制度性评估进路关注的重点则是已经形成的法律制度、法治机构是否能够得以合理有效的运行,其运行机制是否畅通,运行方式是否符合法治要求,并通过对现有法律制度的实施情况来衡量和判断法治建设的实际情

---

① 汪全胜:《法治评估主体的模式探析》,载《法治研究》,2015年第2期,第116页。
② 杜福海:《法治指数不能成为政府的敲门砖和遮羞布》,载《法制日报》,2008年7月6日。

况。目前,从浙江省杭州市余杭区的法治指数和各省广泛推行的地方法治评估指标体系来看,其中大多数的指标体系都关注和强调了法治相关机构职能的落实与制度建设的规范性展开,是一种制度性评估进路的产物和体现。而在这种进路下由于其以制度的运行作为评价视角,在做到满足我国法治建设与规划的即时性要求的情况下,可以使中国法治不偏离预期的规划道路[①],因而取得了一些实际效果。但是,这是否就意味着制度性进路是当前法治建设指标体系设定和评估的必然选择呢?答案当然不是必然的。因为随着我国法治建设的不断深入发展,法治相关的各项基本制度日趋完善,越来越多的现代价值要素融入法治实践中,也在一定程度上将其带入到相应的指标体系设定之中,从而推动了法治价值实质提升。可以这样讲,制度性法治评估进路在法治建设的过程中会逐渐从关注形式法治转向关注实质法治,从关注法治的形式性要素转向到关注法治的实质要素上来,这种演变趋势说明,要以动态的、发展的眼光来培育及构建更完善的指标设计及评估主体模式。一方面,由于混合式主体目前仍然存在着地位不对等、信息不对称等问题,需要在结构上不断增强内外主体的专业交流、信息共享、权利平等,增强二者之间的对话交流与合作;另一方面,要把权利观念、权利价值、权利思维灌输或者输入到各种不同的主体中来,使相关评估能够在法治指标体系设定与实施的过程中彰显权利之于法治的实质价值,真实体现权利对于每位主体的重要性,从而推动法治指标体系的设定与评估主体能够运用权利的标准和逻辑设计相应的主体模式,最大限度地保障权利主体参与到法治评估的全过程,使主体的法治价值判断和权利需求得以落实,推动法治指标体系的设定和评估更为正当。

二是提升主体能力,完善成员构成,充分关注主体权利的实现程度。

法治指标体系设定与评估主体的能力包括指数设定和评估两个方面的能力,在设定与评估主体不能完全分离的情况下,这两个方面的能力又是交织在一起的,它包括对法治指标的概念化与要素分解能力、指标体系设定的科学化能力、与评估有关的信息收集能力、样本分析能力、评估与

---

① 张德淼、李朝:《中国法治评估进路之选择》,载《法商研究》,2014 年第 4 期,第 8 页。

判断能力等等,这些能力是对法治建设指标体系的设定与评估进行整体把握、细节落实、客观判断、综合分析、中立判断时必须具有的基本素养和能力。作为我国法治建设的一种路径,法治评估中评估人员的能力素养是我们要考虑的实际因素,除了要注意这些人员能否对我国的法治建设进行客观中立评价外,还应当注意其能否在评估中站在人民立场上,从维护和保障人民权利的角度对法治进行判断和评估。在完善相关主体的成员构成时,要充分运用民主机制和民主原则,遵循少数服从多数,科学确定成员之间的权利义务,充分尊重成员在指标体系设定方面的自主权和独立发表意见的权利,使指标体系的设定符合民主化原则。

在评估过程中,笔者认为,为实现指标设定主体、评估主体的分离,实现评估主体构成的多元化,可将评估主体可以分为发起主体、实施主体和参与主体。评估的发起主体是通过确定评估目标、提供资金支持、成立或指定评估实施主体的一类主体。评估的实施主体则可具体分为指标的设定主体、具体的评估实施主体。后者负责制定评估步骤、明晰评估方法。评估的参与主体则是通过提供评估数据,参与评估过程,反映评估信息,是评估结果形成的重要组成部分,参与主体的质与量也是影响评估结果公信力的关键。[①]对评估发起与组织主体而言,需考虑其独立性与客观性,实施主体要保持中立,参与主体要具有广泛的代表性。我国一些地区的专项评估虽然注意了参与主体的广泛性,规定了公众参与,但是参与渠道不畅通、公众评估所占权重较低,这些还是与广泛性的要求不符。扩大民主参与的范围,增加和丰富不同类型的参与主体,能够更为全面地反映法治实际,也能够把人民对权利的需求体现在评估之中。因此,完善我国法治评估主体模式,应该朝着切实保障主体构成的独立性、中立性与广泛性的方向发展。

三是优化内部主体模式,增强内部监督以确保评估的客观性。

从我国法治评估的实践来看,已有的评估基本上是在制度性进路下的考查,由于我国走的是政府推进型法治道路[②],通过立法部门、政府部门、

---

① 汪全胜:《法治评估主体的模式探析》,载《法治研究》,2015年第2期,第114—115页。
② 蒋立山:《中国法治道路初探》(上),载《中外法学》,1998年第3期,第16页。

司法部门等国家机关内设部门推进法治评估,可以体现这种推进型法治的完善与提升,那么其设定的内部主体评估程序就基本上能够满足我国法治建设的这一即时性要求。同时,我国的非政府组织和社会组织尚未成熟起来,非政府组织和社会组织参与法治评估的现实条件尚不具备,完全摆脱政府主体来推行第三方评估在现实中仍然存在着一定的困难。从这个意义上来说,内部评估存在一定的现实合理性,也存在一定的可操作性。然而,限于内部评估的中立性较差这一问题,笔者主张从以下两个方面完善内部监督,以确保评估的客观性与中立性。一方面,应当进一步加强专家和公众在法治评估中参与的程度,拓宽参与渠道,丰富参与方式,利用现代大数据技术增强信息的说服力。另一方面,也可以设立一个相对独立的法治评估审查主体或监督主体,通过对法治评估的过程和结果进行审查或者监督,确保法治评估活动得以客观、中立开展。例如,在立法后评估中,可以成立由上一级人大常委会组织的审查或者监督机构对下一级人大立法后评估过程进行监督或者审查;在法治政府建设评估中,可以成立由同级人大或者司法机关组成的审查或者监督机构对评估活动进行监督。就像有的学者建议的那样,"将人大作为法治指数评估的监督主体比较适宜。因为在我国当前的政治体制和权力架构中,人大是国家权力机关,人民代表大会是由人民选出的代表组成的,在很大程度上可以代表民意,对当地的法治状态进行评估亦是其履行监督权的需要。如果由人民代表大会启动并主导评估,或者由人大对评估活动实施具体的监督和审查,那么评估的结果将更具有代表性和公信力"[①]。这一观点在一定程度上体现了我国民主政治体制的优势,也能够充分实现对内部评估的有效监督,落实评估中的民主原则,具有较强的合理性。

　　四是完善第三方法治建设指标体系的设定和评估机制,扩大专家和公众参与效果。

　　为了克服法治建设指标体系和法治评估中过分强调绩效化、政绩化的

---

① 金善达:《法治指数评估的制度建设研究》,载《福建法学》,2014 年第 4 期,第 15 页。

问题，"防止出现华而不实的官僚式指数或景观式指数"①，在法治评估主体的完善中，可以根据法治实践发展的需要逐步建立和完善第三方的指标设定和评估机制，开展"由政策制定者与执行者之外的人员进行的正式评估，包括受行政机构委托的研究机构、专业评估组织（包括大专院校和研究机构）、中介组织、舆论界、社会组织和公众特别是利益相关者参与等多种评估主体"②，这种评估由于其组织性质和活动方式是独立于政府之外的，因而被认为是"独立的第三方评估"，其"主体是指有别于公共组织与私人组织的、对立法实施效果进行评估的非营利组织，它主要包括受立法机关委托的大学研究机构、专业评估组织，不包括立法机构、法律执行者以及由立法机构临时组织的、由立法机构主导控制的专家评估"③。从目前国际的通行做法来看，存在两种类型：一种类型是完全自发的第三方评估，例如"世界正义工程"的法治评估；另一种是受委托开展的第三方评估，例如我国余杭区的评估是地方党委和政府委托大学研究人员开展的评估。虽然现阶段我国完全由第三方独立开展的法治评估还不多见。为此，应当加强从制度上为建立和完善第三方从事法治指标体系设定和评估机制的立法保障，为第三方独立开展指标体系设定和评估提供合法的保障和健康发展的制度性要素，使其开展的评估活动做到有法可依④。同时，要对不同类型的社会中介组织的独立性加以规范，比如审批权限的划分、给予优惠政策、对中介组织从业人员的资格考核和审查，加强对其运作过程中的监督。⑤此外，也要注重改善第三方主体的物质条件，从一定的资金和物质

---

① 傅达林：《"法治政府指标体系"应植入更多的民意基因》，载《民主与科学》，2008 年第 4 期，第 20 页。

② 程祥国、李志：《刍议第三方政策评估对我国的启示》，载《行政与法》，2006 年第 3 期，第 30 页。

③ 汪全胜、金玄武：《论构建我国独立第三方的立法后评估制度》，载《西北师大学报》（社会科学版），2009 年第 5 期，第 96 页。

④ 王春英：《浅议我国 NGO 管理中的第三方评估机制》，载《学会》，2009 年第 6 期，第 25 页。

⑤ 丁邦开、丁凤楚：《社会中介组织法律地位》，南京：东南大学出版社，2008 年版，第 136-143 页。

保障上保障、鼓励和支持第三方主体的发展,在现有的条件下,可以通过项目推动方式,把法治评估纳入国家财政支持的研究项目中,第三方可以通过项目申报以获取专项支持,也可以通过社会上的一些资助获得相应的资金支持开展法治评估。为此,学者们也建议通过对第三方主体设置"规范的名称和相应的组织机构、固定的住所、相应的专职工作人员以及一定规模的会员组织或成员、合法的资产和经费来源、自己的章程"[1]等,完善资质,确定合法地位。在此基础上,扩大专家与社会公众参与,通过社会调查、座谈会等方式获取社会公众对法律法规实施效果的意见。

总之,我国的法治建设指标体系的推行以及由此展开的法治评估活动既是对全球化的一种参与和回应,也是"中国特色市场经济法治、国内区域'县际竞争'的产物"[2],在建设"法治国家、法治社会、法治政府"的基本共识下,法治建设指标体系所承载的工具理性特色与政府推动型的法治建构模式具有天然的亲和性,以地区为基础开展的地方法治评估在一定范围内强化了这一工具理性式的法治推进模式。然而,随着法治建设的不断推进,反思法治建设工具理性问题,增加价值合理性和实质合理性对法治评估的评价要素,使法治评估更趋向于价值合理性与实质合理性,是未来法治评估工作的一种趋势。当然,由于我国目前法治指标体系的推进与法治评估仍然处于起步和探索阶段,相关主体模式的探索与法治实践的探索遥相呼应,构成了当前法治建设一种独特的风景。法治建设指标体系和法治评估作为法治建设的产物和其效果的呈现方式,是一种提升国家治理能力的政治选择,我国目前的法治评估主体模式存在的诸种问题,也正是这一呈现方式的必然反映而已。

---

①汪全胜、金玄武:《论构建我国独立第三方的立法后评估制度》,载《西北师大学报》(社会科学版),2009年第5期,第100页。

② 钱弘道、戈含锋、王朝霞、刘大伟:《法治评估及其中国应用》,载《中国社会科学》,2012年第4期,第159页。

二、法治建设指标体系中权利指数的设定及评估程序问题

随着法治建设的不断深入,我国各地法治指标体系的设定和评估程序的探索也取得了一定成就,也存在着一些共性问题。

(一)我国各地法治指标体系在设定和评估程序中存在的共性问题

在我国各地推行的法治指标体系设定过程中,由于有些类型的法治指标存在"参考范本",导致了很多法治指标体系设定上存在着雷同性,忽视了某些地方指标的差异性,使得法治建设指标体系在设定和评估程序中出现了一些共性现象。

一是各地法治建设指标体系的设定和评估程序在价值取向和原则采取上存在一定的共性问题。在法治建设指标设定的过程中要充分考虑法治建设的内在价值与外在价值来设定相应的指标,目前,有关指标体系反映外在价值,例如程序公开、信息公开、程序参与等方面的指标,也包括听证次数、调研次数这类外在的数量化指标,这实际上主要体现的是形式法治的观念,对一些内在价值指标的关注程度不够,相关的指标所占比重也较小。在法治评估程序中,也存在着与指标体系一样的价值上的雷同问题,例如把社会公众能够熟知的一些事项视为是体现外在价值的评价标准,看公众是否回答了问卷,以及反馈了多少问卷,重数量而轻质量等等,这些都是重视评估的外在价值、忽视内在价值的表现。

二是各地法治指标体系设定和评估程序的具体步骤和环节存在雷同。一般的法治评估指标体系设定和评估过程大致可以分为以下几个步骤或者环节:"一是制定评估指标体系;二是确定评估组织及实施主体;三是进行数据收集与整理;四是实施评估;五是对评估结果进行验证或者检验"[①],

---

① 汪全胜:《法治指数的中国引入:问题及可能进路》,载《政治与法律》,2015 年第 5 期。

这样的做法也可以概括为"数据收集""群众满意度测评""内部评价及外部评价""专家打分"几个阶段。这两种步骤或者环节都存在"数据收集"环节和对指标的打分评价这样的环节，其中关键是有关指数设定的内容，无论是否明确地在事前设定，这一环节都应当是指标体系实施的重要方面。因此，如何设定科学的指标体系就是关键，一般说来，各地法治建设指标体系的设定都是事前先设定了指标体系，而后根据这一指标体系进行评估。但由于事前设定的指标体系有些内容在实践中难以找到对应的相关的具体数据，特别是采取问卷法或者访谈法无法生成相应的数据，会导致一些指数失真或者失灵现象，不利于程序的具体操作。因此，应当对相关指标体系建立一种程序的容错机制，即有些指标如果不能直接取得相应数据，应当在程序设计上允许修正相关指标，以一些间接指标或者替代性指标来描述相关内容，但需要程序上的补救和修正。

三是各地法治指标体系设计和评估程序中存在着在具体程序设定上的雷同，有简单照搬某些程序做法的问题。法治评估中，除了一些基本的评估程序要采取，在相关数据采集和获取方法等方面也有诸多雷同之处。以余杭、上海和昆明三地为例，其评估的主体、有关数据采集方式与来源、评估方法的采用等方面具有雷同之处，见表6-1。

表6-1　余杭、上海、昆明的法治评估的共通程序

	余　杭	上　海	昆　明
组织主体	区委法治领导小组	依法治市办	市委法治昆明领导小组
数据来源	政府部门、群众满意度	法律专业人士、社会公众、执业律师	第三方评估团队获取
评估主体	内部组、外部组、专家组	领导、专家	内部评估组、社会评估组、专家评估组

（二）我国法治建设指标体系设定和评估程序的完善路径

法治建设指标体系的设定和评估程序存在着较大趋同性、雷同性,应针对不同评估类型、评估对象、评估目的和评估要求进行相应的程序设计。具体可从以下两个方面来完善相应的程序机制。

在指标体系的设定程序中,首先是组建相关的指标设定小组,选择和配备相关的专家,其成员应包括一些法学专家、法律实务专家、统计学专家等。其次要进行有关法治建设指标的调查研究,收集国内外有关资料,建立资料库或者信息库,开展指标体系的比较研究,通过比较研究分析不同类型指标体系设定的优劣,确定适合本次评估要求的指标体系。第三是要对法治进行概念提炼和要素分解,确定相关的指标体系,明确指标层级,对不同层级不同类型的指标进行赋权。第四是组织小组讨论,研究指标体系设定的科学性与规范性。第五是进行指数校验,对相关指数建立相关分析的量化模型,考虑计算误差等。

在法治评估的具体程序中,可以设计有关的启动程序、实施程序和出具结果的程序,详细框架见图 6-1。

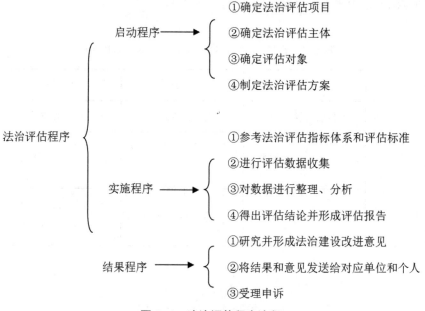

图 6-1　法治评估程序流程

　　一是要完善评估的启动程序。在法治评估的启动程序中,要注意研究法治评估项目的性质和目标,确定评估的主要任务,制定相应的评估方案。同时,应当明确法治评估主体,确定评估对象,使评估工作有针对性。在评估主体确定时,酝酿设立专家评估委员会。例如,某些地方的法治评估中采取的是由行业内专家组成评估小组,成员是随机方式选取的政府官员、执法人员、法官、立法会议员和法律专业人士;在浙江省杭州市余杭区推行的法治评估程序中,程序启动按照先内后外、先评后审的方式开展评估①;而在四川省的法治评估程序设计上,则采取了上级评估、自我评估加社会评估的方式。总体来说,这些评估程序各有特点,但仍然存在诸如主体不能完全中立表达意见、评估指标体系与实际评估过程相脱节、部门意志或者上级意志影响专家判断、缺少行业性专家等问题。同时,在启动程序开始之前,也未能将指标的设定程序与启动程序完全分开,导致在评估中设定指标,出现一定的指标反复问题,需要明确将二者分离,建立各自相对独立的程序机制。

　　二是要完善评估中的数据采集程序。法治评估的数据采集一般采取的是主客观数据采集相结合的方式,除了以直接的问卷、网络调查等形式获得公众对法治的态度和看法外,主要依靠向政府部门获取相关数据,这是一种主客观相结合的数据取得方式,好处是可以使客观数据和主观评价相互印证,但缺陷也是这两个方面的数据都可能存在一定的不完全性。因此,建立法治大数据是必要的。一些政府建设的智慧网络数据平台,是一种可行办法,它可以弥补目前部门提交数据不全面、部门化等问题,更能体现数据的原始性、真实性。此外,目前的数据取得也有委托第三方获取的方式,但在具有相应资质和能力的社会调研机构建立起来之前,需要加强国家投入和政策扶持力度,鼓励和支持有关社会力量的投入,以使具有相应能力和资质的社会主体可以参与到这个过程中,推动调研工作的专业化。

---

　　① 上级评估:依法执政为省委办公厅,科学立法为省人大常委会机关,依法行政为省法制办,公正司法为省委政法委,社会法治为省依法治省办和省综治办,学法用法为省司法厅,监督保障为省纪委机关和省依法治省办。自我评估主体为被评估对象。社会评估主体为受委托的第三方。

三是完善法治评估结果的反馈机制。法治评估的结果一经作出,就具有一定的社会影响,它既是对现有法治建设状况的描述和评价,也是对法治水平的一种判断和打分,应当发挥其应有的作用。因此,应当建立适当的法治评估结果的反馈机制,使法治评估过程形成"质量闭环",达到以评促建、以评促改的目的。法治评估不能仅仅停留在向社会发布评估报告,或者通过开个记者会或者新闻发布会就了事,而应当把相关的评估指标反馈给相关的国家机关或者部门,使其能够充分认识到在相关指标上的差距及存在的问题,进行问题的及时发现、及时分析、及时判断、及时整改。这有利于法治建设指标回应法治建设实践要求,有利于切实推动法治建设水平的提升。

三、法治建设指标体系中权利指数设定的局限性问题

法治建设指标体系中的权利指数设定,对于明确法治建设的目标和价值取向,有着重要意义,但也存在一定的局限。

一是权利指数对于权利法律制度安排的影响有限。作为一种外在评价性因素,权利指数只是通过理想化的制度标准来评价现有立法的效果,并不是对立法的指导,因此,其对权利制度安排的影响是有限的。首先,法律上权利的制度安排总是根源于一定的社会物质生活条件和社会生产方式的,不同的社会物质生活条件和社会生产方式决定了不同法律权利的制度安排。前现代社会中由于物质生活条件和生产方式所限,决定了人对人的依赖,因此,人身依附为主的法律制度中,绝大多数的劳动者是不享有权利的,法律上只承认和保护少数统治者的特权。到了现代社会,物质生活条件和社会生产方式的变革带来了法律上权利制度的变革,以资本主义生产方式为主导的社会生产关系强调个人利益至上,因此也就出现了资产阶级主张的"权利至上"。其次,法律制度对权利的确认和保护,本质上是对其所承认和维护的社会利益进行确认和维护,并不是任何利益都能获得法律承认和维护的。因此,法律上对权利的制度安排所表达的利益安排是有限的。在这一点上,权利指数能够在某种意义上揭示和表达出法律对于利益进行

资源配置时的局限性。另外,任何权利的实现都是有成本的。设计权利指数,也应当看到这一点。 正如有学者指出的,"权利是昂贵的,因为救济是昂贵的。实施权利是费钱的,特别是统一而公平地实施;到了法律权利还没被实施的程度,那它就是空有其名"①。正是在这个意义上说,权利是有限度的,权利指数更是有限的,通过权利指数来评价法律制度上的权利安排,其作用更是有限的。

二是权利指数对于法治建设过程中权利保障的实际影响是有限的。一方面,法治建设中的权利保障都是个体性的或者个案性的,对权利的保障都是因为某个案件中的当事人认为自己的权利受到了侵害,从而依据法律规定的程序提起诉讼或者寻求其他法律救济,法律程序对于这种权利侵害的保护是以个案的方式呈现出来的。然而,在法治指标体系中的权利指数所反映的则是一种权利保障的总体情况,对个案上能否公正、有效地保障了公民的个人权利,则体现不够充分。虽然政府和相关法律部门的首要义务或者责任就是要保障人民的权利,但在现实的法治实践中,这一点贯彻也并不彻底,一些政府机关由于忙于各种行政事务,有时会脱离权利保障这一根本的法律目的。马克思曾经指出,"资产者不允许国家干预他们的私人利益,资产者赋予国家的权力的多少只限于为保证他们自身的安全和维护竞争所必需的范围之内"②。按照马克思这段话的说法,代表了国家的政府及其法律部门对人民负有一定的消极保障义务,即政府不得利用行政权力侵犯和妨碍公民权利的行使与实现,政府还应当通过行政权力的行使制止和惩罚那些侵犯了公民权利的行为,保障和救济公民的权利。

另一方面,在评价和衡量政府在保障人民权利的现实效果上,学术界不但提出了所谓"积极权利"的概念,即要求政府必须运用一定的行政权力为公民权利的行使与实现积极地创造条件,而且也要求政府必须通过一

---

① [美]霍姆斯、孙斯坦:《权利的成本》,毕竟悦译,北京:北京大学出版社,2004 年版,第 26 页。

② 马克思、恩格斯:《马克思恩格斯全集》(第 3 卷),中共中央马克思恩格斯列宁斯大林著作编译局编译,北京:人民出版社,1965 年版,第 412 页。

定的直接干预手段,保障和促进人民的健康权、劳动权、发展权、劳动权、娱乐权、受教育权等社会、经济、文化权利的实现。同时,随着治理现代化理论引入到现代政府治理过程之中,以评估方式来推进政府义务的落实成为现代政府治理和保障人民权利的重要手段,权利指数当然成为其中重要的指标之一。

三是权利指数在现实的权利救济方面的影响和社会作用可能也是很有限的。事实上,当今社会中存在的权利冲突其在解决方式已经是一种多元化的取向,虽然,其中很大一部分纠纷的解决最后仍然要靠国家司法机关的介入,运用司法审判的方式来解决和处理,但越来越多的权利主体已经开始寻求司法外的权利救济机制来解决权利冲突了。仅就人们通过在司法途径获得权利冲突的解决和寻求救济这个角度来说,人们对于权利的维护或者对相应的公平与正义的要求,主要取决于是否具有中立公正的司法程序和司法机制,是否具有一支廉洁、高素质的司法职业队伍,这类指数相对于具体的权利保护来说,作用不但有限,影响也较为间接。特别是当运用非诉讼程序来维护权利,解决权利冲突时,涉及权利指数的评价就更为有限,因为非诉讼机制中要解决纠纷,权利主体必须对自身的权利做出一定的妥协和让步,在这个方面,权利指数是不好确定的,特别是对主持调解、仲裁等非诉讼程序进行的主体而言,不容易确定其对相关权利主体权利的保护情况,其工作要求中的程序、制度、主体能力的权利性评价指数与这一程序的实质目的相比,也相去甚远。正是在这个意义上,权利指数也是十分有限的。只有当权利这一概念和要素更为广泛、深入地被广大司法人员、非诉讼程序的主持者都普遍接受和认同后,通过权利指数的评价才能使这些主体在保障公众权利、维护公众权利方面发挥更好的效果和作用。

参考文献

一、中文著作

[1] 邓正来 . 中国书评（第 3 辑）[M]. 桂林：广西师范大学出版社，2005.

[2] 丁邦开，丁凤楚 . 社会中介组织法律地位 [M]. 南京：东南大学出版社，2008.

[3] 风笑天 . 社会学研究方法 [M]. 北京：中国人民大学出版社，2009.

[4] 公丕祥 . 权利现象的逻辑 [M]. 济南：山东人民出版社，2002.

[5] 高清海 . 哲学的奥秘（《高清海哲学文存》第 2 卷）[M]. 长春：吉林人民出版社，1997.

[6] 高洪成 . "异体评估"视域下的政府绩效评估研究 [M]. 沈阳：东北大学出版社，2009.

[7] 季卫东 . 大变局下的中国法治 [M]. 北京：北京大学出版社，2013.

[8] 龚祥瑞 . 比较宪法与行政法 [M]. 北京：法律出版社，2003.

[9] 梁治平 . 法律的文化解释 [M]. 北京：生活·读书·新知三联书店，1994.

[10] 梁培宽 . 梁漱溟先生纪念文集 [M]. 北京：中国工人出版社，1993.

[11] 毛泽东 . 毛泽东文集：第 7 卷 [M]. 北京：人民出版社，1999.

[12] 齐二石 . 公共绩效管理与方法 [M]. 天津：天津大学出版社，2007.

[13] 全钟燮 . 公共行政的社会建构：解释与批判 [M]. 北京：北京大学出版社，2008.

[14] 苏力.道路通向城市——转型中国的法治 [M].北京：法律出版社，2002.

[15] 王莲芬，许树柏.层次分析引论 [M].北京：中国人民大学出版社，1990.

[16] 夏勇.走向权利的时代：中国公民权利发展研究 [M].北京：社会科学文献出版社，2007.

[17] 尹奎杰.权利正当性观念的实践理性批判 [M].北京：科学出版社，2008.

[18] 杨春福.自由权利与法治：法治化进程中公民权利保障机制研究 [M].北京：法律出版社，2007.

[19] 叶传星.转型社会中的法律治理——当代中国法治进程的理论检讨 [M].北京：法律出版社，2012.

[20] 负杰，杨诚虎.公共政策评估：理论与方法 [M].北京：中国社会科学出版社，2006.

[21] 姚建宗.美国法律与发展研究运动述评 [M].北京：法律出版社，2006.

[22] 姚建宗.法律与发展研究导论 [M].长春：吉林大学出版社，1998.

[23] 朱景文.现代西方法社会学 [M].北京：法律出版社，1994.

[24] 张文显.思想与修辞：法学范畴与法理研究学术研讨会全实录 [M].北京：法律出版社，2018.

[25] 张文显.法哲学范畴研究（修订版）[M].北京：中国政法大学出版社，2001.

[26] 张文显.法理学 [M].北京：法律出版社，1997.

[27] 郑永流.法哲学——与法社会学论丛：第 4 卷 [M].北京：中国政法大学出版社，2001.

[28] 周尚君.法治定量：法治指数及其中国应用 [M].北京：中国法制出版社，2018.

[29] 中国社会科学院法学研究所.中国法治发展报告 No.12(2014)[M].北京：社会科学文献出版社，2014.

[30] 中国政法大学法治政府研究院.法治政府蓝皮书：中国法治政府

评估报告（2016）[M]. 北京：中国社会科学文献出版社，2016.

二、中文译著

[1] 亚里士多德 . 政治学 [M]. 颜一，秦典华，译 . 北京：中国人民大学出版社，2011.

[2] 亚里士多德 . 政治学 [M]. 吴寿彭，译 . 北京：商务印书社，1965.

[3] 哈耶克 . 自由秩序原理 [M]. 邓正来，译 . 上海：上海三联书店，1997.

[4] 富勒 . 法律的道德性 [M]. 郑戈，译 . 北京：商务印书馆，2005.

[5] 戴雪 . 英宪精义 [M]. 雷宾南，译 . 北京：中国法制出版社，2001.

[6] 昂格尔 . 现代社会中的法律 [M]. 吴玉章，周汉华，译 . 南京：译林出版社，2001.

[7] 艾萨克·牛顿 . 自然哲学的数学原理 [M]. 赵振江，译 . 北京：商务印书馆，2006.

[8] 勒内·达维 . 当代主要法律体系 [M]. 漆竹生，译 . 上海：上海译文出版社，1984.

[9] 戴维·约翰·法默尔 . 公共行政的语言 [M]. 吴琼，译 . 北京：中国人民大学出版社，2005.

[10] 科斯塔斯·杜兹纳 . 人权的终结 [M]. 郭春发，译 . 江苏：江苏人民出版社，2002.

[11] 霍布斯 . 论公民 [M]. 应星，冯克利，译 . 贵阳：贵州人民出版社，2003.

[12] 霍姆斯，孙斯坦 . 权利的成本 [M]. 毕竟悦，译 . 北京：北京大学出版社，2004.

[13] 博登海默 . 法理学：法律哲学与法律方法 [M]. 邓正来，译 . 北京：中国政法大学出版社，1999.

[14] 康德 . 法的形而上学原理——权利的科学 [M]. 沈叔平，译 . 北京：商务印书馆，1991.

[15] 比克斯，等 . 法律实证主义：思想与文本 [M]. 陈锐，编译 . 北京：清华大学出版社，2008.

[16] 奥斯丁.法理学的范围 [M].刘星，译.北京：中国法制出版社，2002.

[17] 凯尔森.法与国家的一般理论 [M].沈宗灵，译.北京：中国大百科全书出版社，1996.

[18] 狄骥.宪法论：第 1 卷 [M].钱克新，译.北京：商务印书馆，1959.

[19] 庞德.普通法的精神 [M].唐前宏，等，译.北京：法律出版社，2001.

[20] 马克思、恩格斯.马克思恩格斯全集：第 1 卷 [M].中共中央马克思恩格斯列宁斯大林著作编译局编译，北京：人民出版社，1995.

[21] 马克思、恩格斯.马克思恩格斯全集：第 3 卷 [M].中共中央马克思恩格斯列宁斯大林著作编译局编译，北京：人民出版社，1960.

[22] 马克思、恩格斯.马克思恩格斯全集：第 20 卷 [M].中共中央马克思恩格斯列宁斯大林著作编译局编译，北京：人民出版社，1972.

[23] 贝思·J·辛格.可操作的权利 [M].邵强进，林艳，译.上海：上海人民出版社，2005.

[24] 梅因.古代法 [M].沈景一，译.北京：商务印书馆，1959.

[25] 梅里曼，等."法律与发展研究"的特性 [J].俗僧，译.比较法研究，1990(2).

[26] 罗尔斯.正义论 [M].何怀宏，译.北京：中国社会科学出版社，1998.

[27] 列奥·施特劳斯.霍布斯的政治哲学 [M].申彤，译.南京：译林出版社，2001.

[28] 道格拉斯·C.诺斯.制度、制度变迁与经济绩效 [M].杭行，译.上海：格致出版社，2014.

[29] 汤姆·宾汉姆.法治 [M].毛国权，译.北京：中国政法大学出版社，2012.

[30] 戈尔丁.法律哲学 [M].齐海滨，译.北京：三联书店，1987.

三、英文资料

[1] Benny Y. T. Tai. Developing an Index of the Rule of Law: Sharing the

Experience of Hong Kong[J]. Asian Journal of Comparative Law,2007.

[2] Raz.The Authority of law : Essays on Law and Morality[M].Oxford: Clarendon Press ,1979.

[3] Juan C. Botero and Alejandro Ponce. Measuring the Rule of Law[R]. The World Justice Project-Working Papers Series No. 001. 2011,5.

[4] D. Karfmann, A. Kraay and P. Zoido-Lobaton.Governance Matters[R]. World Bank Policy Research Working Paper No.2195, 1-4 (1999).

[5] D. Karfmann, A. Kraay and P. Zoido-Lobaton.Governance Matters[R]. World Bank Policy Research Working Paper No.2196, 1 (1999).

[6] D. Karfmann, A. Kraay and M. Mastruzzi. Governance Matters Ⅷ : Aggregate and Individual Governance Indicators[R].World Bank Policy Research Working Paper No.4978, 7 (1999).

[7] Mark David Agrast, Juan Carlos Botero, Alejandro Ponce-Rodríguez and Claudia Dumas.The World Justice Project Rule of Law Index:Measuring Adherence to the Rule of Law around the World[J] .Presented at the World Justice Forum Vienna,2008.

[8] Mark David Agrast, Juan Carlos Botero, Alejandro Ponce.The World Justice Project Rule of Law Index: Measuring Adherence to the Rule of Law around the World[J]. Presented at the World Justice Forum IIVienna,2009.

[9] WJP. The World Justice Project Rule of Law Index[M].2014.

[10] WJP. The World Justice Project Rule of Law Index[M].2010.

[11] Newcomer K. Using Performance Measurement to Improve Programs[J].New Directions for Evaluation, 1997(75).

[12] See Mary Ann Glendon.Rights Talk[M]. The Free Press，1991.

[13] Kenneth Einar Himma.Legal Positivism[J].the Internet Encyclopedia of Philosophy, 2001(5).

[14] Danniel W. Williams. Evolution of Performance Measurement Until 1930 [J]. Administration and Society. 2004.

[15] Anthony J. Sebok.Positiviely Positivism: Legal Positivism in American Jurisprudence[M].Cambridge University Press,1998.

[16] John Austin. Lectures on Jurisprudence or the Philosophy of Positive Law[M]. Robert Campbell (ed.) 5th edn, John Murray, 1911.

[17] H. L. A. Hart. Are There any Natural Rights? See J.Waldron, Theorys of Rights[M]. Oxford University Press, 1984.

[18] Joseph Raz.Right-based Moralities, See J.Waldron, Theorys of Rights[M].Oxford University Press, 1984.

[19] Richard E. Flathman. The Practice of Rights[M].Cambridge University Press, 1976.

[20]Richard Holton. Positivism and the Internal Point of View[J].Law and Philosophy (17), Kluwer Academic Publishers, 1998.

[21] Wahba M. A., Bridwell L. G. Maslow reconsidered: A review of research on the need hierarchy theory[J].Organizational Behavior and Human Performance，1976.

[22] Wesley New comb Hohfeld.Fundamental Legal Conceptions As Applied in Judicial Reasoning and Other Legal Essays [M].New Haven: Yale University Press,1923.

四、论文

[1] 陈海嵩 . 环境侵权案件中司法公正的量化评价研究 [J]. 法制与社会发展，2018，24(06).

[2] 陈小华 . 异化与复归：政府绩效评估的反思性研究 [J]. 中共浙江省委党校学报，2012，28(01).

[3] 陈柳裕，唐明良 . "地方法治"的正当性之辩——在特殊性与统一性之间 [J]. 公安学刊 . 浙江公安高等专科学校学报，2006(02).

[4] 陈林林 . 法治指数中的认真与戏谑 [J]. 浙江社会科学，2013(06).

[5] 蔡定剑 . 依法治国评述 [J]. 法学，1997(08).

[6] 杜维超，钱弘道 . 大数据方法在法治评估中的应用：理论前景及技术架构 [J]. 社会科学战线，2018(12).

[7] 杜福海 . 法治指数不能成为政府的敲门砖和遮羞布 [N]. 法制日报，2008-07-06.

[8] 丁黄锴.福建省法治建设测评指标体系的优化研究 [D].福建农林大学，2014.

[9] 董彪,李建华.我国民法典总则中法律行为构成要素的立法设计——以权利本位为视角 [J].当代法学，2015，29(05).

[10] 范茜.邵阳市法治建设测评指标体系的优化分析 [J].法制博览，2017(15).

[11] 付子堂.民生法治论 [J],中国法学.2009(06).

[12] 付子堂.地方法治建设评估机制的全面探索 [N].法制日报，2012-08-08(009).

[13] 付子堂,张善根.地方法治建设及其评估机制探析 [J].中国社会科学，2014(11).

[14] 高鸿钧.美国法全球化：典型例证与法理反思 [J].中国法学，2011(01).

[15] 黄良进,肖松.美国政府绩效评估法治化：历程、特点与启示 [J].学术界，2009(03).

[16] 黄良进,曹立锋.英国政府绩效评估法治化历程对我国的启示 [J].福建论坛 (人文社会科学版)，2008(11).

[17] 黄辉.法治评估的范畴：内涵、价值和类型 [J].江西社会科学，2018，38(04).

[18] 侯学宾,姚建宗.中国法治指数设计的思想维度 [J].法律科学 (西北政法大学学报)，2013，31(05).

[19] 胡兴儒,林必恒,徐汉明.论法治建设指标体系的特性与功能 [J].社会治理法治前沿年刊，2014.

[20] 胡铭,王震.司法公正评估体系的建构与应用 [J].法治研究，2015(01).

[21] 黄姗姗.法治指标体系研究 [D].西南财经大学，2010.

[22] 黄薇.法治政府绩效评估中的公民参与研究——以江苏省常熟市为例 [D].上海交通大学，2012.

[23] 何家弘,廖明.执法观应从权力本位转向权利本位——执法观念二人谈 [N].检察日报，2004-03-25(004).

[24] 赫然.行政相对方权利本位探析——现代行政法学视角的转换及其意义 [J]. 社会科学战线，2005(01).

[25] 胡成蹊.权利质量之探析 [J]. 厦门大学法律评论，2013(01).

[26] 韩大元.中国宪法文本中"法治国家"规范分析 [J]. 吉林大学社会科学学报，2014，54(03).

[27] 戢浩飞.量化法治的困境与反思——基于法治评估体系实施状况的视角 [J]. 天津行政学院学报，2014，16(04).

[28] 戢浩飞.法治政府指标评估体系研究 [J]. 行政法学研究，2012(01).

[29] 季金华.论司法权威的权利文化基础 [J]. 河北法学，2008(11).

[30] 纪哲."中国法治评估报告 2015"在中国人民大学发布 [J]. 中国行政管理，2016(05).

[31] 靳海婷.权利本位理念下的消费者权益保护地方立法的转型——以广西地方消费者保护立法为例 [J]. 法制与经济，2015(Z1).

[32] 金善达.法治指数评估的制度建设研究 [J]. 福建法学，2014(04).

[33] 金崇保.襄阳市法治城市建设的探索与实践 [J]. 社会治理法治前沿年刊，2014(00).

[34] 姜微波,石璐.社区治理法治化建设的绩效评估——以四川省 C 市 L 社区为例 [J]. 天水行政学院学报，2017，18(06)

[35] 江必新,王红霞.法治社会建设论纲 [J]. 中国社会科学，2014(01).

[36] 江德华.谨防"法治指数"变为"自说自话"[N].21 世纪经济报道，2008-04-08.

[37] 蒋传光,郑小兵.法律在应有权利向实有权利转化中的作用 [J]. 江苏警官学院学报，2006(04).

[38] 康兰平.表征与建构：量化法治评估的方法论之争及其实践走向 [J]. 理论与改革，2018(01).

[39] 康兰平.法治评估理论的跃升空间：实效法治观与我国法治评估实践机制研究 [J]. 法制与社会发展，2017，23(04).

[40] 卢扬帆.法治政府绩效评价内容及指标设计 [J]. 甘肃政法学院学报，2016(03).

[41] 鲁楠.世界法治指数的缘起与流变 [J].环球法律评论，2014，36(04).

[42] 陆宜峰，李恒.法治政府建设砥砺前行——《湖北省法治政府建设指标体系》施行一年回眸 [J].楚天主人，2011(12).

[43] 廖奕.法治如何评估？——以中国地方法治指数为例 [J].兰州学刊，2012(12).

[44] 李华玫.烟草"法治指数"体系之构建与基本路径 [A]. // 中国烟草学会.中国烟草学会 2012 年学术年会论文集 [C].中国烟草学会：中国烟草学会，2012.

[45] 李朝.量化评估中的"法治概念"与"概念化"[J].河北法学，2017，35(05).

[46] 李林.推进法制改革　建设法治中国 [J].社会科学战线，2014(11).

[47] 李龙.用科学的发展观统领中国法学的全局——再论人本法律观 [J].武汉大学学报 (人文科学版)，2005(04).

[48] 李寿初.权利是法治之本 [J].法学杂志，2004(04).

[49] 李德恩.调解立法理念之转换：从国家本位到权利本位 [J].大连理工大学学报 (社会科学版)，2010，31(01).

[50] 李步云.法治中国的十条标准 [N].光明日报，2016-08-01(010).

[51] 李桂林.法律与发展运动的新发展 [J].上海政法学院学报，2006(05).

[52] 李拥军，郑智航.从斗争到合作：权利实现的理念更新与方式转换 [J].社会科学，2008(10).

[53] 栗英桥.量化法治中国实践研究 [J].法制与社会，2014(34).

[54] 吕明.刚性维权与动态维稳——"权利本位说"在维稳时代所遭遇的挑战 [J].法律科学 (西北政法大学学报)，2011，29(04).

[55] 吕艳滨.法治评估方法重在客观直观 [N].中国社会科学报，2014-01-15(A07).

[56] 刘文，吕世伦.论权利意识与法治 [J].北方论丛，2004(01).

[57] 刘风景.权力本位：司法解释权运行状况之分析 [J].中国青年政治学院学报，2005(01).

[58] 刘爱龙. 我国区域法治绩效评估体系建构运行的特征、困境和出路 [J]. 法学评论，2016，34(06).

[59] 刘学毅. 德尔菲法在交叉学科研究评价中的运用 [J]. 西南交通大学学报 (社会科学版)，2007(02).

[60] 马陇平. 论社会主义核心价值观融入法治建设的途径 [J]. 兰州文理学院学报 (社会科学版)，2018，34(04).

[61] 马长山. 法律的"人本精神"与依法治理 [J]. 法制与社会发展，2004(04).

[62] 马立俊. 法治政府考核标准研究 [D]. 吉林大学，2013.

[63] 莫于川. 法治国家、法治政府、法治社会一体建设的标准问题研究——兼论我国法制良善化、精细化发展的时代任务 [J]. 法学杂志，2013，34(06).

[64] 孟涛. 国际法治评估的种类、原理与方法 [J]. 清华法治论衡，2015(02).

[65] 孟涛. 法治指数的建构逻辑：世界法治指数分析及其借鉴 [J]. 江苏行政学院学报，2015(01).

[66] 孟涛. 论法治评估的三种类型——法治评估的一个比较视角 [J]. 法学家，2015(03).

[67] 孟涛. 国际法治评估的种类、原理与方法 [J]. 清华法治论衡，2015(02).

[68] 倪斐. 地方先行法治化的基本路径及其法理限度 [J]. 法学研究，2013，35(05)：63.

[69] 钱弘道. 余杭法治指数的实验 [J]. 中国司法，2008(09).

[70] 钱弘道. 2008 余杭法治指数：数据、分析及建议 [J]. 中国司法，2010(03).

[71] 钱弘道. 2011 年度余杭法治指数报告 [J]. 中国司法，2012(11).

[72] 钱弘道. 2012 年度余杭法治指数报告 [J]. 中国司法，2013(11).

[73] 钱弘道. 互联网金融法治指数构想 [J]. 社会治理法治前沿年刊，2016(00).

[74] 钱弘道，戈含锋，等. 法治评估及其中国应用 [J]. 中国社会科学，

2012(04).

[75] 屈茂辉,匡凯.社会指标运动中法治评价的演进 [J].环球法律评论,2013，35(03).

[76] 秦麟征.关于美国的社会指标运动 [J].国外社会科学，1983(02).

[77] 秦金亮.心理学研究方法的新趋向——质化研究方法述评 [J].山西师大学报 (社会科学版)，2000(03).

[78] 任瑞兴.法治中国建设中的公民权利质量 [N].中国社会科学报，2018-04-24(003).

[79] 舒泰峰,赵春丽.余杭首尝"法治指数" [J].浙江人大，2008(06).

[80] 孙国东.试论法治转型的社会理论逻辑——兼及转型中国的"社会主义法治" [J].法学评论，2012，30(03).

[81] 孙谦.法治建构的中国道路 [J].中国社会科学，2013(01).

[82] 孙建.我国法治城市评估的发展与现状研究 [J].中国司法，2014(03).

[83] 滕宏庆,赵静.我国城市群的法治差序研究——以粤港澳大湾区城市群法治指数为例 [J].探求，2018(03).

[84] 汤梅,申来津.法治政府测评指标设计及其操作实务 [J].湖北社会科学，2009(04).

[85] 陶萍."权利本位"下司法公开的检讨与重构 [J].湖北函授大学学报，2014，27(16).

[86] 汪全胜.法治评估主体的模式探析 [J].法治研究，2015(02).

[87] 汪全胜.论立法后评估主体的建构 [J].政法论坛，2010，28(05).

[88] 王勇.论法治评估的功能局限与实践定位——基于"法治"与"评估"的双重困境 [J].中国法律评论，2018(03).

[89] 王凤,尹奎杰.转型时期法治评估主体模式的不足与完善 [J].行政与法，2017(08).

[90] 王浩.论我国法治评估的多元化 [J].法制与社会发展，2017，23(05).

[91] 王利军.法治建设指数评估创新实践研究——以河北省设区市法治建设指数评估为例 [A]// 河北省人民政府法治办公室、河北省法学会.雄

安新区建设法治保障——第八届法治河北论坛文集 [C]. 河北省人民政府法治办公室、河北省法学会：河北省法学会，2017.

[92] 王家福,李步云,等 . 论依法治国 [J]. 法学研究，1996(02).

[93] 王京放 . 从权力本位向权利本位转变——略论树立新的劳动教养执法理念 [J]. 中国司法，2008(06).

[94] 王锡明 . 地方立法后评估程序研究 [J]. 人大研究，2011(10).

[95] 王瑞芳,吕景城 . 对扩大我国公民有序政治参与的现实思考 [J]. 经济与社会发展，2006(02).

[96] 王启梁,李娜 . 区域性法治评价的初步尝试——2009 年"法治昆明综合评价指标体系"是如何形成的 [J]. 云南大学学报 (法学版)，2015，28(06).

[97] 魏红英 . 纵向权力结构合理化：中央与地方关系和谐发展的基本进路 [J]. 中国行政管理，2008(06).

[98] 许涤龙,欧阳胜银 . 法治社会建设评价指标体系构建与初步分析 [J]. 法治湖南与区域治理研究，2011，3(03).

[99] 徐汉明,张新平 . 社会治理法治建设指标体系的设计、内容及其评估 [J]. 社会治理法治前沿年刊，2014(00).

[100] 徐亚文 ."以人为本"的法哲学解读 [J]. 中国法学，2004(04).

[101] 徐显明 . 法治的真谛是人权——一种人权史的解释 [J]. 学习与探索，2001(04).

[102] 徐爱国 . 西方国家法治的形成对中国的参照 [J]. 人民论坛，2013(14).

[103] 俞伟飞 . 法治指数中国化应用的探索与思考 [J]. 成都行政学院学报，2013(06).

[104] 余正琨 . 我国司法改革之检讨 [J]. 求实，2006(08).

[105] 於兴中 . 自由主义法律价值与法律全球化 [J]. 清华法学，2002(00).

[106] 尹奎杰 . 法治评估指标体系的"能"与"不能"——对法治概念和地方法治评估体系的理论反思 [J]. 长白学刊，2014(02).

[107] 尹奎杰 . 法治评估绩效主义逻辑的反思与重构 [J]. 社会科学战

线，2018(02).

[108] 尹奎杰 . 我国法治评估"地方化"的理论反思 [J]. 东北师大学报 (哲学社会科学版)，2016(06).

[109] 云泽宇 . 基于层次分析的法治政府评估研究 [J]. 管理观察，2018(29).

[110] 姚颉靖，彭辉 . 上海法治评估的实证分析 [J]. 行政法学研究，2015(02).

[111] 易卫中 . 地方法治建设评价体系实证分析——以余杭、昆明两地为例 [J]. 政治与法律，2015(05).

[112] 姚建宗，侯学宾 . 中国"法治大跃进"批判 [J]. 法律科学 (西北政法大学学报)，2016.

[113] 杨海坤 . 我国法治政府建设的历程、反思与展望 [J]. 法治研究，2015(06).

[114] 杨海坤，金亮新 . 中央与地方关系法治化之基本问题研讨 [J]. 现代法学，2007(06).

[115] 杨春福 . 保障公民权利——中国法治化进程的价值取向 [J]. 中国法学，2002(06).

[116] 志灵 . "法治指数"无法衡量所有法治现状 [N]. 法制日报，2008-04-08.

[117] 朱金坤 . 用量化考评提升社会管理科学化水平 [N]. 光明日报，2011-10-06(003).

[118] 朱未易 . 地方法治建设绩效测评体系构建的实践性探索——以余杭、成都和香港等地区法治建设为例的分析 [J]. 政治与法律，2011(01).

[119] 朱景文 . 司法满意度的社会评价——以 2015—2017 年法治评估数据为基础 [J]. 中国应用法学，2018(03).

[120] 朱景文 . 中国法治评估指标体系及总体状况分析 [J]. 人民论坛·学术前沿，2018(04).

[121] 朱景文 . 法律全球化:法理基础和社会内容 [J]. 法制现代化研究，2000(00).

[122] 周尚君，彭浩 . 可量化的正义：地方法治指数评估体系研究报告

[J]. 法学评论，2014，32(02).

[123] 占红沣，李蕾. 初论构建中国的民主、法治指数 [J]. 法律科学（西北政法大学学报），2010，28(02).

[124] 赵庆华. 论法治湖南建设评价 [J]. 法治湖南与区域治理研究，2011，3(03).

[125] 赵盛阳. 构建地方法治指数的理论阐释 [J]. 学术交流，2018(02).

[126] 赵俊，郭川阳."法治中国"考评指标体系研究 [J]. 社会治理法治前沿年刊，2014(00).

[127] 赵迅. 法治转型中"人"的定位探究——个体主义还是整体主义 [J]. 政治与法律，2012(11).

[128] 章友德、张伟. 论依法行政的评估主体选择 [J]，西华大学学报，2010(01).

[129] 张保生，郑飞. 世界法治指数对中国法治评估的借鉴意义 [J]. 法制与社会发展，2013，19(06).

[130] 张志铭，徐媛媛. 宣示法治：文本、立场与实践 [J]. 中州学刊，2014(12).

[131] 张德淼. 法治评估的实践反思与理论建构——以中国法治评估指标体系的本土化建设为进路 [J]. 社会治理法治前沿年刊，2014(00).

[132] 张文显. 人权保障与司法文明 [J]. 中国法律评论，2014(02).

[133] 张文显，于宁. 当代中国法哲学研究范式的转换——从阶级斗争范式到权利本位范式 [J]. 中国法学，2001(01).

[134] 张义显. 建设中国特色社会主义法治体系 [J]. 法学研究，2014，36(06).

[135] 张帆，吴大华. 论我国地方法治环境生成评估指标体系的设计——以贵州省为例 [J]. 法制与社会发展，2013，19(03).

[136] 张霞. 以科学思维完善法治评估 [J]. 人民法治，2019(05).

[137] 张魁兴. 为何文明指数独缺法治指数？[J]. 宁波经济（财经视点），2005(06).

[138] 张德淼，康兰平. 迈向实证主义的中国法治评估方法论——以世界正义工程法治指数建构方法为镜鉴 [J]. 理论与改革，2015(06).

[139] 张慧屏 . 建法治政府：深圳再探路 [N]. 深圳商报，2009-01-04(A05).

[140] 张冬梅，曾忠禄 . 德尔菲法技术预见的缺陷及导因分析：行为经济学分析视角 [J]. 情报理论与实践，2009，32(08).

[141] 郑智航 . 中国量化法治实践中的指数设计——以法治政府指数与司法公正指数的比较为中心 [J]. 法学家，2014(06).

[142] 郑重 . 传统无讼观与权利本位辨异 [N]. 人民法院报，2015-08-07(007).

[143] 郑方辉，陈磊 . 法治政府绩效评价：可量化的正义和不可量化的价值 [J]. 行政论坛，2017，24(03).

[144]"中国法治政府评估"课题组，应松年，马怀德 . 中国法治政府评估报告 (2013)[J]. 行政法学研究，2014(01).

五、辞书、工具书

[1] 邓伟志 . 社会学辞典 . 上海：上海辞书出版社，2009.

[2] 中社会科学院语言研究所词典编辑室编 . 现代汉语词典（第5版）. 北京：商务印书馆，2005.

[3] 孙国华 . 中华法学大辞典 · 法理学卷 . 北京：中国检察出版社，1997.

[4] 薛波主编：元照英美法词典，北京：法律出版社，2003.

[5] 中国大百科全书总编辑委员会 . 中国大百科全书 · 法学卷，北京：中国大百科全书出版社，2006。

六、网页

[1]《中国司法文明指数报告 2017》新闻发布会，参见 http://www.legaldaily.com.cn/direct_seeding/node_92541.htm. 2019 年 8 月 2 日访问。

[2]《聚焦：中国政府法治评估报告（2018）发布》，参见 https://www.sohu.com/a/256087357_407288，2019 年 8 月 2 日访问。

[3] http://site resources.World Bank.org/PROJECTS/Resources/409401244163232994/6180403-1372096800800/webFAQ12.pdf,p.2.2019 年 8 月 2 日访问。